万国威 著

留守儿童的福利态度与儿童福利制度的转型升级

THE WELFARE ATTITUDE OF LEFT-BEHIND CHILDREN AND THE TRANSFORMATION AND UPGRADING OF THE CHILD WELFARE SYSTEM

社会科学文献出版社
SOCIAL SCIENCES ACADEMIC PRESS (CHINA)

国家社科基金项目“我国独居留守儿童的福利态度、国家责任及多元治理机制研究”（编号为17CSH060）

目　录

表 目 录

图目录

第一章
问题的提出

一 留守儿童是检验儿童福利制度的关键

态度是需要的表达，通过系统考察某类人群的福利态度不但有助于了解其真实的福利诉求，而且能够显著增强社会政策的回应性、可及性和有效性，因而其对全球各国打造高质量的民生保障体系具有重要意义，对于我国这样的高度关注民生福祉的国家而言尤为如此。近年来，面对民众随物质生活水平不断提高及不确定现代性风险增长而与日俱增的社会福利需要①，党和政府敏锐意识到提高社会政策“获得感”的时代意义，并在 2017 年 10 月 18 日召开的中国共产党第十九次全国代表大会上提出中国社会的主要矛盾已经转化为“人民日益增长的美好生活需要和不平衡不充分的发展之间的矛盾”②，这昭示着满足人民美好生活需要的社会政策建设开始被党和政府赋予高度的政治意涵。2018 年底，《在庆祝改革开放 40 周年大会上的讲

① 从理论上看，社会福利具有广义与狭义的概念争议。其中前者主要指“为弱者提供的福利性服务与保障”，并将其视为社会保障框架的组成部分。而后者则主要指“国家依法为公民提供旨在保证一定生活水平和尽可能提高生活质量的资金、物品、机会和服务的制度”，并多将社会保障视为部分的、基础的、物质的、简单的或现实的社会福利。在本文中，我们将狭义定义表述为“狭义社会福利”或者“民政福利”，将广义概念表述为“广义社会福利”或通称为“社会福利”。

② 《习近平：决胜全面建成小康社会 夺取新时代中国特色社会主义伟大胜利——在中国共产党第十九次全国代表大会上的报告》，《人民日报》2017 年 10 月 28 日，第 1 版。

话》中，习近平总书记再次重申“不断实现人民对美好生活的向往”和“必须始终把人民对美好生活的向往作为我们的奋斗目标”[①]，阐释了党和政府对于民众基本福利需要及其满足的高度尊重。在2020年通过的“十四五”规划中，党突出强调要“不断增强人民群众获得感、幸福感、安全感”[②]，体现了国家对于利用广义社会福利制度来满足民众需要、不断提升社会政策可获得能力的拳拳期待。而在2024年两会期间，李强总理再次做出了“不断增强人民群众的获得感、幸福感、安全感”的重要承诺[③]，展现了政府对民众福利获得感的持续关注。

儿童福利制度是检验社会政策可获得能力的重要领域。从世界范围来看，基于“儿童利益最大化”原则的儿童福利建设业已成为各国社会政策领域的普遍共识。然而实践中，近年来世界范围内的儿童保护与照料风险仍然异常突出，2020年世界卫生组织（WHO）发布的一份涵盖155个国家的统计报告显示，2019年全球2~17周岁的儿童中有一半经历过暴力，12.0%的儿童遭受过严重的躯体虐待[④]，15.0%的青少年参与过校园欺凌[⑤]。近年来，我国也出现多起儿童侵害案例，如毕节留守儿童集体取暖死亡事件、温岭幼儿园虐童事件和河北邯郸校园欺凌致死事件等。这些事件在引起社会舆论普遍关注的同时也深刻反映出当前我国儿童福利建设仍有巨大的提升空间。

之所以产生上述问题，一方面可能源于城镇化的加速、离婚率的提高、

① 习近平：《在庆祝改革开放40周年大会上的讲话》，《人民日报》2018年12月19日，第2版。

② 《中共中央关于制定国民经济和社会发展第十四个五年规划和二〇三五年远景目标的建议》，《人民日报》2020年11月4日，第1版。

③ 李强：《政府工作报告——二〇二四年三月五日在第十四届全国人民代表大会第二次会议上》，《人民日报》2024年3月13日，第1版。

④ “虐待”（abuse）一词在国外文献中使用得比较频繁，该领域也是国外儿童问题研究中最为重要的议题，但是考虑到中国文化中对于“虐待”一词的理解与西方国家具有很大的偏差，故可以将其理解为“伤害”的概念。相关问题参见乔东平等2015年发表在《江苏社会科学》上的文章《中西方“儿童虐待”认识差异的逻辑根源》。

⑤ WHO，“Global Status Report on Preventing Violence against Children 2020”，https：//www.who.int/publications/i/item/9789240006379.

个人主义思潮的涌现及核心家庭的普遍化使得家庭功能性障碍日益突出，以单亲家庭子女、事实无人抚养儿童、困境儿童、农村留守儿童及残疾儿童等为代表的占总数三成左右的院外特殊弱势儿童面临着愈加广泛的“照顾赤字”[①]；另一方面，我国长期坚持的补缺型儿童福利制度主要将保障重点放置在孤弃儿童和事实无人抚养儿童两类困境儿童身上，这使得儿童福利财政投资在整体社会保障财政投资中的占比及中央财政在儿童福利财政投资中的占比长期偏低[②]，加之我国社区的福利服务功能局限及志愿部门功能模糊[③]，从而通过制度方式来促进家庭再功能化的能力可能严重不足。在此基础上，基层政府在儿童福利建设领域中的“兜底”能力正面临挑战，由家庭问题转变为儿童发展问题的可能性明显提升，亟须通过制度优化举措来重塑我国多元共治的儿童福利新格局。

农村留守家庭既是去功能化家庭的典型代表，亦是我国近年来院外儿童福利转型过程中重点关注的家庭类型。留守儿童问题本质上是我国农村基本公共服务不充裕和社会保障“织密兜牢”状况不佳的集中反映，是我国特定经济社会背景下的阶段性产物，是中国式现代化建设进程中必须清除的痛点堵点。尽管囿于概念界定标准的差异，我国农村留守儿童的数量一直存在较大的学理争议，但是当前多数研究仍然主张我国留守儿童的数量可达数千万[④]，且相比于父母监护儿童，其在照料养育质量[⑤]、家庭与学校教育[⑥]、医

---

① Chen, L., Yang, D., & Ren, Q., *Report on the State of Children in China*, Chicago: Chapin Hall at the University of Chicago, 2015, p. 2.

② 万国威、裴婷昊：《迈向儿童投资型国家：中国儿童福利制度的时代转向——兼论民政部儿童福利司的建设方略》，《社会工作与管理》2019 年第 4 期。

③ 陆士桢、蔡康鑫：《社会治理现代化视野中的志愿服务运行与管理》，《中国青年社会科学》2021 年第 6 期。

④ 段成荣：《解决留守儿童问题的根本在于止住源头》，《武汉大学学报》（人文社会科学版）2016 年第 2 期。

⑤ 叶敬忠、王伊欢、张克云等：《父母外出务工对留守儿童生活的影响》，《中国农村经济》2006 年第 1 期。

⑥ 段成荣、吕丽丹、王宗萍：《城市化背景下农村留守儿童的家庭教育与学校教育》，《北京大学教育评论》2014 年第 3 期。

疗卫生[①]和精神健康[②]等方面均面临着更严峻的挑战，亟须通过儿童福利制度的转型升级来保障留守儿童的健康成长[③④]。考虑到父母迁移对儿童身心健康造成的重大威胁，近年来留守儿童问题也引起了国家政策层面的高度重视。2016 年 2 月，国务院颁布《关于加强农村留守儿童关爱保护工作的意见》（国发〔2016〕13 号），试图通过“强化家庭监护主体责任”“落实县、乡镇人民政府和村（居）民委员会职责”“加大教育部门和学校关爱保护力度”“发挥群团组织关爱服务优势”“推动社会力量积极参与”等多项举措来确保多元主体形成合力，以应对留守儿童的潜在危机。实践中，随着强制报告、庇护安置、评估帮扶和监护干预等一系列保障机制的形成以及儿童督导员、儿童主任岗位的设置，我国农村留守儿童可以获得的社会福利资源近年来快速增加，针对留守儿童的恶性侵害事件得到了有力遏制，留守儿童的生存与发展空间得到了持续改善。然而，仍然有部分留守儿童因父母及亲属等监护者的缺席而需要独自面对日常生活中的不确定风险，其在监护照料、安全保障、身心健康和危险应对等方面面临的问题相比于非留守儿童更为严峻，业已成为最需要夯实政策保障的人群。基于此，本研究希望以留守儿童为研究对象，通过对其福利态度及背后的风险逻辑进行深入解析来明确阐释我国留守儿童关爱保护的国家责任，厘清未来儿童福利制度的转型升级应当如何开展。

二　研究回应的四个基本问题

本研究的基本问题主要有四个：首先，分析我国当前儿童福利体系的历史脉络与基本框架。具体问题包括：我国儿童福利与西方国家儿童福利有何异同？

---

① 宋月萍、张耀光：《农村留守儿童的健康以及卫生服务利用状况的影响因素分析》，《人口研究》2009 年第 6 期。

② 范兴华、余思、彭佳等：《留守儿童生活压力与孤独感、幸福感的关系：心理资本的中介与调节作用》，《心理科学》2017 年第 2 期。

③ 刘继同：《中国现代儿童福利服务体系制度化建设论纲》，《探索与争鸣》2021 年第 10 期。

④ 彭华民：《中国组合式普惠型社会福利制度的构建》，《学术月刊》2011 年第 10 期。

我国儿童福利体系的建设脉络和既有框架如何？我国留守儿童关爱保护政策是如何嵌入儿童福利体系中的？我国留守儿童关爱保护的具体政策安排有哪些？其次，解构我国留守儿童的福利态度。具体问题包括：我国留守儿童对于国家提供的哪类或者哪些公共福利项目具有较高的认可度？他们可获得的国家福利是否在范围上充裕、在程度上深入、在过程上可及？他们对于国家福利的输出效果如何评价？是否以及为什么会出现福利态度上的独特性？其上述福利态度的形成具有何种内在逻辑？再次，讨论我国既有儿童福利体系的制度局限与转型升级方案。具体问题包括：我国既有儿童福利体系是否能够为留守儿童提供完全的兜底保障和关爱保护？当前福利多元主体在留守儿童福利提供中的主要角色和基本功能如何？福利多元组合是否需要进行转型升级？未来儿童福利制度的建设应当怎么与社会保障架构的改革相对接？最后，思考我国留守儿童关爱保护的构建方向及儿童福利建设的多元治理机制。具体问题包括：如何依循留守儿童的福利态度构建福利共治新格局？如何构建普惠性广、可及性高和协同性强的儿童福利新格局？在机制建设方面应当如何做好政策优化？

三　研究在学理与应用上的价值

本研究的学术价值一方面在于从福利接受者角度准确评估各类留守儿童的福利获得感，讨论困境儿童形成福利态度的逻辑，完善中国语境下特定人口福利态度的测量及学理分析；另一方面厘清我国福利多元主体的动态权责关系及其转换形式，观察家庭福利、国家福利和非正式福利的互动关联，促进福利多元主义理论的中国化，因而在学理上对于留守儿童、福利态度和福利多元主义的理论研究都具有重要意义。从应用价值来看，留守儿童面临的风险目前是我国农村儿童群体中风险程度最高的一种类型，增强其政策的回应性、可及性和有效性对于未来农村留守儿童关爱保护政策的优化提质及广义儿童福利体系的战略部署意义重大。本研究的实证调查数据有利于国家职能部门依据留守儿童的福利获得感来明确自身职能使命，建构福利态度基础上的多元治理框架，并对各级政府和群团组织提升农村基本公共服务质量以及实现共同富裕建言献策。

第二章
既有文献的系统回顾

一 留守儿童的概念、风险与群体差异

（一）留守儿童的概念内涵

“留守儿童”（left-behind children）是由父母跨区域劳动力迁移而带来的亲子分离人群，通常认为他们广泛分布在中国、印度、菲律宾、印度尼西亚、泰国、越南、斯里兰卡、墨西哥、埃塞俄比亚、秘鲁和危地马拉等国家，并普遍被证实留守儿童相比于父母监护儿童存在更为严重的躯体健康问题、教育机会剥夺问题、认知能力问题、情绪障碍问题和越轨行为问题[①][②][③][④][⑤]，故全球有大量研究针对留守儿童开展了丰富的理论解析与实证

---

① Graham, E., & Jordan, L. P., “Migrant Parents and the Psychological Well-being of Left-behind Children in Southeast Asia”, *Journal of Marriage and Family*, Vol. 73, 2011, pp. 763-787.

② Wickramage, K., Siriwardhana, C., & Vidanapathirana, P., “Risk of Mental Health and Nutritional Problems for Left-behind Children of International Labor Migrants”, *BMC Psychiatry*, Vol. 15, 2015, pp. 1-12.

③ Lu, Y., “Parental Migration and Education of Left-behind Children: A Comparison of Two Settings”, *Journal of Marriage and Family*, Vol. 76, 2014, pp. 1082-1098.

④ Nguyen, C. V., “Does Parental Migration Really Benefit Left-behind Children? Comparative Evidence from Ethiopia, India, Peru and Vietnam”, *Social Science & Medicine*, Vol. 153, 2016, pp. 230-239.

⑤ Davis, J., & Brazil, N., “Migration, Remittances and Nutrition Outcomes of Left-behind Children: A National-level Quantitative Assessment of Guatemala”, *PLoS ONE*, Vol. 11, 2016, p. e0152089.

调查。我国对“留守儿童”的相关研究肇始于 20 世纪 90 年代初期，但其早期概念主要指代“父母在国外工作而由于种种原因留在国内的儿童”[①][②]，因而其与现有留守儿童定义的内涵和外延均有较大区别。1995 年，孙顺其虽开始采用留守儿童概念来指代“外出务工人员子女”并予以早期探讨[③]，但之后十年有关留守儿童的研究却长期沉寂，并未成为学术界关注的焦点。留守儿童问题真正引起学术界广泛关注的时间点大致为 2005 年，这一年教育部“中国农村留守儿童问题研究”工作会议的召开使得诸多学者开始聚焦外来务工子女的关爱保护议题，留守儿童的相关研究遂呈现井喷式发展。以“中国知网”的统计结果为例，2005 年以前留守儿童相关研究的数量仅为 20 篇，2005~2007 年则连续攀升至 105 篇、294 篇和 729 篇，此后每隔五年的年均发表数量分别稳定在 907 篇、1403 篇和 1418 篇[④]，显示经过十余年的发展，我国留守儿童研究业已成为广义儿童福利研究的重要议题。

从概念上讲，我国留守儿童的定义在长期学术研究中具有三个方面的典型争议：一是基于留守儿童年龄上限的争议，即留守儿童的年龄上限应设置为 14 周岁、16 周岁还是 18 周岁？二是留守儿童父母离家人数的争议，即父母一方离家的儿童是否应当被视为留守儿童？三是留守儿童父母离家时间的争议，即究竟是父母外出就统计为留守儿童还是父母离家三个月、半年抑或一年才能够统计为留守儿童？由于概念界定上的争议，在学术领域有关农村留守儿童规模的推测结果也就大相径庭。例如，段成荣等人基于第六次全国人口普查结果推测的农村留守儿童规模大致为 6100 万[⑤]，但刘志军基于第五次全国人口普查以及 2005 年全国 1%人口抽样调查数据推测的农村留守

---

① 上官子木：《“留守儿童”问题应当引起重视》，《神州学人》1994 年第 6 期。

② 一张：《“留守儿童”》，《瞭望新闻周刊》1994 年第 45 期。

③ 孙顺其：《留守儿童实堪忧》，《教师博览》1995 年第 2 期。

④ 查询方法为以“留守儿童”为篇名，以所在年代为筛选指标，主要统计目标时间段的发文数量，统计时间为 2022 年 3 月 19 日，查询网站为 https://kns.cnki.net/kns8/defaultresult/index。

⑤ 段成荣、吕利丹、王宗萍：《城市化背景下农村留守儿童的家庭教育与学校教育》，《北京大学教育评论》2014 年第 3 期。

儿童规模为 1250 万～1600 万[①]；两者所估数据呈现的巨大分野很难以单纯的统计时间差异来解释。上述学理上的概念争议及建基其上的统计数据甚至一度演化为不同部门的数据交锋，一个典型的例证是 2013 年全国妇联发布的官方报告曾采取较为宽泛的概念将全国留守儿童的数量统计为 6103 万[②]，但民政部随后采取较为狭义的概念测算出 2016 年全国留守儿童数量约为 902 万[③]。为了减少概念混淆而引起的统计分歧，国务院在《关于加强农村留守儿童关爱保护工作的意见》（国发〔2016〕13 号）中采取了狭义概念对留守儿童加以界定，将其定义为“父母双方外出务工或一方外出务工另一方无监护能力、不满十六周岁的未成年人”，这似乎在官方领域终结了留守儿童的概念争论。民政部以此为依据统计出 2018 年底全国农村留守儿童数量约为 697 万，并以四川、安徽、湖南、河南、江西、湖北和贵州等七个省份的留守儿童数量最多[④]。但在学术领域，考虑到上述概念中“无监护能力”的识别相当困难，且单亲缺席与双亲缺席通常也会呈现差异性的养育质量，故如今仍然有不少学者在统计中将“父母一方离家”的儿童也视为留守儿童，并分别以单亲留守儿童和双亲留守儿童予以研究[⑤⑥]。本研究也基本坚持了此思路，将农村留守儿童视为“父母一方外出务工或父母双方同时外出务工并被其滞留在户籍所在地的不满十六周岁的未成年人”。

---

① 刘志军：《留守儿童的定义检讨与规模估算》，《广西民族大学学报》（哲学社会科学版）2008 年第 3 期。

② 全国妇联课题组：《全国农村留守儿童　城乡流动儿童状况研究报告》，《中国妇运》2013 年第 6 期。

③ 《全国范围内摸底排查　农村留守儿童 902 万》，中央人民政府网站，http：//www.gov.cn/xinwen/2016-11/10/content_ 5130733.htm，2016 年 11 月 10 日。

④ 《全国农村留守儿童数量下降》，中央人民政府网站，http：//www.gov.cn/xinwen/2018-10/30/content_ 5335992.htm，2018 年 10 月 30 日。

⑤ Guo，J.，Ren，X.，Wang，X.，& et al.，“Depression among Migrant and Left-behind Children in China in Relation to the Quality of Parent-child and Teacher-child Relationships”，*PLoS ONE*，Vol. 10，2015，p. e0145606.

⑥ Sun，X.，Tian，Y.，Zhang，Y.，& et al.，“Psychological Development and Educational Problems of Left-behind Children in Rural China”，*School Psychology International*，Vol. 36，2015，pp. 227-252.

（二）留守儿童的突出风险

当然，无论采取哪类概念界定形式，我国农村留守儿童相比于父母监护儿童所存在的更多风险均已被学术界广泛认可，尤其以心理健康、家庭监护、学校教育和社会融入四个领域的学术共识最为集中，这也与国际范围内有关留守儿童的学理研究在结论上具有相似性。其中在心理健康领域，一些研究不但观察到留守儿童具有较高的概率罹患特定的心理病症，例如更严重的抑郁情绪障碍①、更高水平的孤独感②、更不健全的人格③、更多的网络成瘾④和更有限的幸福感⑤，而且发现留守儿童在抗逆力或心理弹性方面也展现出明显的劣势⑥，故强化针对留守儿童的早期不良情绪处置及事后心理干预似乎成为多数学者的共识。在家庭监护方面，部分研究发现留守儿童所在家庭的“拆分型家庭模式”已经严重影响了其亲子关系及家庭教育质量⑦⑧，另有研究则观察到留守儿童在家庭照料质量、家庭伤害和家庭忽视等方面相比于非留守儿童面临着更为窘困的局面⑨⑩。在学校教育领域，留守儿童因监护形式变化而引发的羸弱学校教育质量被普遍观察到，大量调查

---

① Liang, Y., Wang, L., & Rui, G., “Depression among Left-behind Children in China”, *Journal of Health Psychology*, Vol. 22, 2017, pp. 1897-1905.

② 范兴华、余思、彭佳等：《留守儿童生活压力与孤独感、幸福感的关系：心理资本的中介与调节作用》，《心理科学》2017 年第 2 期。

③ 王东海：《农村留守儿童人格教育刍议》，《西北人口》2008 年第 5 期。

④ 金灿灿、屈智勇、王晓华：《留守与流动儿童的网络成瘾现状及其心理健康与人际关系》，《中国特殊教育》2010 年第 7 期。

⑤ 张莉、申继亮：《农村留守儿童主观幸福感与公正世界信念的关系研究》，《中国特殊教育》2011 年第 6 期。

⑥ 李永鑫、骆鹏程、谭亚梅：《农村留守儿童心理弹性研究》，《河南大学学报》（社会科学版）2008 年第 1 期。

⑦ 谭深：《中国农村留守儿童研究述评》，《中国社会科学》2011 年第 1 期。

⑧ 段成荣、吕利丹、王宗萍：《城市化背景下农村留守儿童的家庭教育与学校教育》，《北京大学教育评论》2014 年第 3 期。

⑨ 叶敬忠、王伊欢、张克云等：《父母外出务工对留守儿童生活的影响》，《中国农村经济》2006 年第 1 期。

⑩ 万国威、裴婷昊：《留守儿童的虐待风险及其治理策略研究》，《人口学刊》2020 年第 3 期。

发现留守儿童在学习成绩①、高中入学机会②、学习求助行为③、学校表现④、教师关怀程度⑤、校园欺凌⑥和学校教育生态⑦等多方面相比于非留守儿童均存在明显的劣势。而从社会融入角度去观察，留守儿童通常被认为在亲社会性⑧、越轨行为控制⑨和社会适应性⑩等方面相比于父母养育儿童存在更高的脆弱性，故其社会化进程更加艰难⑪。除了上述诸领域的负面影响以外，留守儿童相比于普通儿童在身体健康状况⑫、家务劳动时间⑬以及医疗

① 辜胜阻、易善策、李华：《城镇化进程中农村留守儿童问题及对策》，《教育研究》2011 年第 9 期。

② 吕利丹：《从“留守儿童”到“新生代农民工”——高中学龄农村留守儿童学业终止及影响研究》，《人口研究》2014 年第 1 期。

③ 朱丹、易红、鲁志敏：《初中农村留守儿童学业求助的特点研究》，《中国特殊教育》2007 年第 11 期。

④ Jia, Z. , Shi, L. , Cao, Y. , & et al. , “Health-related Quality of Life of Left-behind Children: A Cross-sectional Survey in Rural China”, *Quality of Life Research*, Vol. 19, 2010, pp. 775-780.

⑤ 陈国华：《农村中小学教师对留守儿童的认知》，《西北人口》2010 年第 5 期。

⑥ Zhang, H. , Zhou, H. , & Cao, R. , “Bullying Victimization among Left-behind Children in Rural China: Prevalence and Associated Risk Factors”, *Journal of Interpersonal Violence*, Vol. 36, 2021, pp. NP8414-NP8430.

⑦ 潘璐、叶敬忠：《“大发展的孩子们”：农村留守儿童的教育与成长困境》，《北京大学教育评论》2014 年第 3 期。

⑧ 胡翼青、戎青：《电视与留守儿童人际交往模式的建构——以金寨燕子河镇为例》，《西南民族大学学报》（人文社会科学版）2011 年第 10 期。

⑨ Hu, H. , Lu, S. , & Huang, C. C. , “The Psychological and Behavioral Outcomes of Migrant and Left-behind Children in China”, *Children and Youth Services Review*, Vol. 46, 2014, pp. 1-10.

⑩ Zhang, J. , Yan, L. , Qiu, H. , & et al. , “Social Adaptation of Chinese Left-behind Children: Systematic Review and Meta-Analysis”, *Children and Youth Services Review*, Vol. 95, 2018, pp. 308-315.

⑪ 唐有财、符平：《动态生命历程视角下的留守儿童及其社会化》，《中州学刊》2011 年第 4 期。

⑫ Jin, X. , Chen, W. , Sun, I. , & et al. , “Physical Health, School Performance and Delinquency: A Comparative Study of Left-behind and Non-left-behind Children in Rural China”, *Child Abuse & Neglect*, Vol. 109, 2020, p. 104707.

⑬ Chang, H. , Dong, X. , & Macphall, F. , “Labor Migration and Time Use Patterns of the Left-behind Children and Elderly in Rural China”, *World Development*, Vol. 39, 2011, pp. 2199-2210.

卫生服务享有[①]等领域所显示的群体弱势性也被学者们普遍观察到。同时，当前研究还发现留守儿童面临的多重困境通常与其家庭结构的脆弱性及潜在变化有关，家庭去功能化所导致的亲子关系的脆弱性[②]、师生关系质量的低下[③]、同伴关系的羸弱[④]以及社会保护网络的不足[⑤]均是导致留守儿童遭受上述风险的诱因。而“童伴妈妈”（children's companion mother program）[⑥] 和“儿童俱乐部”（children's clubs）[⑦] 等实务干预行动的实施也被认为能够有效缓解家庭去功能化的不利影响，调查显示专业干预举措能够有效地增进留守儿童的身体健康、学业成绩和安全监护等福祉并应对其潜在风险。

（三）留守儿童的群体差异

留守儿童所面临的突出风险存在着显著的群体异质性，一般而言儿童人口学特征、家庭监护类型和父母外出时间对于留守儿童所遭遇的不利处境具有最为重要的影响。在儿童人口学特征的测量中，Chang 等针对中国农村留守儿童时间分配的研究发现性别因素的重要意义，调查显示留守女

---

① 宋月萍、张耀光：《农村留守儿童的健康以及卫生服务利用状况的影响因素分析》，《人口研究》2009 年第 6 期。

② Zhang, H., Zhou, H., & Cao, R., “Bullying Victimization among Left-behind Children in Rural China: Prevalence and Associated Risk Factors”, *Journal of Interpersonal Violence*, Vol. 36, 2021, pp. NP8414-NP8430.

③ Guo, J., Ren, X., Wang, X., and et al., “Depression among Migrant and Left-behind Children in China in Relation to the Quality of Parent-child and Teacher-child Relationships”, *PLoS ONE*, Vol. 10, 2015, p. e0145606.

④ Zhang, Y., & Zheng, X., “Internal Migration and Child Health: An Investigation of Health Disparities between Migrant Children and Left-behind Children in China”, *PLoS ONE*, Vol. 17, 2022, p. e0265407.

⑤ Zhao, X., Fu, F., & Zhou, L., “The Mediating Mechanism between Psychological Resilience and Mental Health among Left-behind Children in China”, *Children and Youth Services Review*, Vol. 110, 2020, p. 104686.

⑥ Guan, S., & Deng, G., “Whole-community Intervention for Left-behind Children in Rural China”, *Children and Youth Services Review*, Vol. 101, 2019, pp. 1-11.

⑦ Zhao, C., Zhou, X., Wang, F., and et al., “Care for Left-behind Children in Rural China: A Realist Evaluation of a Community-based Intervention”, *Children and Youth Services Review*, Vol. 82, 2017, pp. 239-245.

童相比留守男童的劳动时间往往更长，且其相比留守男童也面临着更多的家务负担[①]。Wang 等基于重庆市的调查则验证了年龄因素的重要影响，据测量，不同年龄阶段的留守儿童具有差异性的抑郁风险，尤其以 2～3 岁年龄组和 16～17 岁年龄组儿童的抑郁风险最高[②]。Dai 等围绕四川留守儿童的调查证实低龄留守儿童相比于大龄留守儿童的情绪问题更为严重，他们通常具有更低的幸福感和自尊水平[③]。而 Zhao 等的研究表明性别和年龄的双重影响，调查显示留守女童相比于留守男童面临更多的心理健康问题，且低龄留守儿童的心理健康问题相比于大龄留守儿童也更为严重[④]。上述研究证实父母迁移对不同性别和年龄留守儿童所造成的影响可能存在差异。

另一类研究观察到留守儿童突出风险与家庭监护类型的潜在关联。其中部分研究比较了父母监护类型与其他监护类型的区别。例如，Zhou 等的实证调查发现只有当父母双方同时迁移或非父母监护人是主要照顾者时，父母迁移才会对儿童的教育表现产生不利影响[⑤]。杨通华等的调查表明不同监护类型的留守儿童具有显著的心理健康差异，父母监护类型对于儿童心理健康的损伤远大于祖辈监护类型[⑥]。另有研究则对父亲和母亲作为监护者的监护类型进行了比较。例如，杨菊华等利用人口普查数据发现与母亲一起生活的留守儿童具有改善的教育机会，但与父亲一起生活的留守儿童则具有更为羸

---

① Chang, H., Dong, X., & Macphall, F., "Labor Migration and Time Use Patterns of the Left-behind Children and Elderly in Rural China", *World Development*, Vol. 39, 2011, pp. 2199-2210.

② Wang, L., Feng, Z., Yang, G., and et al., "The Epidemiological Characteristics of Depressive Symptoms in the Left-behind Children and Adolescents of Chongqing in China", *Journal of Affective Disorders*, Vol. 177, 2015, pp. 36-41.

③ Dai, Q., & Chu, R.X., "Anxiety, Happiness and Self-esteem of Western Chinese Left-behind Children", *Child Abuse & Neglect*, Vol. 86, 2018, pp. 403-413.

④ Zhao, F., & Yu, G., "Parental Migration and Rural Left-behind Children's Mental Health in China: A Meta-analysis based on Mental Health Test", *Journal of Child and Family Studies*, Vol. 25, 2016, pp. 3462-3472.

⑤ Zhou, M., Murphy, R., & Tao, R., "Effects of Parents' Migration on the Education of Children Left Behind in Rural China", *Population and Development Review*, Vol. 40, 2014, pp. 273-292.

⑥ 杨通华、魏杰、刘平等：《留守儿童心理健康：人格特质与社会支持的影响》，《中国健康心理学杂志》2016 年第 2 期。

弱的教育机会①。李钟帅等基于中国健康与营养调查截面数据的分析结果证实父亲外出在长期对留守儿童的身体健康具有促进作用，但母亲外出对于留守儿童尤其是学龄期儿童则存在显著的负面影响②。而李庆海等基于安徽和河南的研究发现不同外出务工形式对于留守儿童学习成绩的影响是差异显著的，母亲经常外出的留守家庭对于留守儿童的学业影响最大③。上述研究普遍证实家庭监护类型和留守儿童的潜在不利影响具有密切关联，父母同时外出的负面影响一般高于一方单独外出，而母亲迁移的负面影响一般高于父亲迁移。

还有部分研究着重围绕父母外出时间对留守儿童的影响进行观察，其研究结果较为统一，即父母外出时间增加会带来更大的负面影响。例如，Sun等来自我国中部地区的调查发现父母迁移时间的缩短会有力改善留守儿童的情绪适应力④。侯玉娜基于五省的调查显示母亲长时间外出对于留守儿童的适应性会造成隐性的负面影响⑤。王玉龙等发现农村留守儿童亲子依恋和情绪调节能力的关系受留守时间的调节，留守时间越长，情绪调节能力的发展越依赖亲子依恋安全性⑥。刘红艳等针对陕西 38 所学校的调查发现父母每年外出四个月以上的留守儿童具有严重的心理健康损伤，但父母短期外出造成的负面影响不大⑦。而周福林对留守家庭进行的分析也发现外出居住时

① 杨菊华、段成荣：《农村地区流动儿童、留守儿童和其他儿童教育机会比较研究》，《人口研究》2008 年第 1 期。

② 李钟帅、苏群：《父母外出务工与留守儿童健康——来自中国农村的证据》，《人口与经济》2014 年第 3 期。

③ 李庆海、孙瑞博、李锐：《农村劳动力外出务工模式与留守儿童学习成绩——基于广义倾向得分匹配法的分析》，《中国农村经济》2014 年第 10 期。

④ Sun, X., Tian, Y., Zhang, Y., and et al., "Psychological Development and Educational Problems of Left-behind Children in Rural China", *School Psychology International*, Vol. 36, 2015, pp. 227-252.

⑤ 侯玉娜：《父母外出务工对农村留守儿童发展的影响：基于倾向得分匹配方法的实证分析》，《教育与经济》2015 年第 1 期。

⑥ 王玉龙、姚治红、姜金伟：《农村留守儿童亲子依恋与情绪调节能力的关系：留守时间的调节作用》，《中国临床心理学杂志》2016 年第 3 期。

⑦ 刘红艳、常芳、岳爱等：《父母外出务工对农村留守儿童心理健康的影响：基于面板数据的研究》，《北京大学教育评论》2017 年第 2 期。

间、外出距离都深刻影响留守儿童的成长[①]。上述研究提醒我们，即使留守儿童相比于父母监护儿童具有更普遍的劣势，但是不同外出时间对留守儿童所造成的脆弱性可能具有较大的差异。

二　福利态度的测量、概貌与中国情境

（一）福利态度及其测量

态度被定义为“个人对某个对象（如国家福利）的可观察的评价反应”[②]。作为福利获得感的直接体现，福利态度（welfare attitudes）在理论上通常是指“个体如何评价社会服务或社会保障政策并形成支持或不支持倾向的意愿”[③]，其主旨在于厘清“国家的福利责任边界”[④]。一些类似的概念如“福利国家态度”（attitudes to welfare state）、“福利的公众舆论”（public opinions to welfare）、“福利思想”（welfare ideology）或者“再分配态度”（attitudes to redistribution）通常也成为福利态度相关讨论的重要议题。从学术发展脉络来看，虽然主观福利议题在20世纪30年代就已经悄然出现[⑤]，但是其现代视域下的系统阐释却源于20世纪70年代以来理论界对于福利国家危机后公共组织分配正义性（distributional justice）的反思，即“一个

① 周福林：《从已婚妇女的子女状况看留守儿童的形成》，《统计研究》2008年第6期。

② Goerres, A., & Prinzen, K., “Can We Improve the Measurement of Attitudes towards the Welfare State? A Constructive Critique of Survey Instruments with Evidence from Focus Groups”, *Social Indicators Research*, Vol. 109, 2012, pp. 515-534.

③ Wong, T. K., Wan, S. P., & Law, K. W., “High Expectations and a Low Level of Commitment: A Class Perspective of Welfare Attitudes in Hong Kong”, *Issues & Studies*, Vol. 44, 2008, pp. 219-247.

④ Kulin, J., “Values and Welfare State Attitudes: The Interplay between Human Values”, Published in *Attitudes and Redistributive Institutions across National Contexts*, Print & Media, Umea, Sweden, 2011.

⑤ Erskine, H., “The Polls: Government Role in Welfare”, *The Public Opinion Quarterly*, Vol. 39, 1975, pp. 257-274.

社会或群体应当如何将稀缺资源和产品分配给有竞争性需要和主张的个人”[①]。一些学者围绕此问题进行了深入的解释，例如 Rothstein 在谈及福利国家分配合法性（legitimacy of distribution）时坚持目标、过程和结果三个条件是检验福利国家成功的关键，即首先国家必须提供可信赖的公正的社会分配计划，其次其社会分配的程序必须是正义的，最后国家的社会分配必须是公正且可合理负担的；只有上述三个条件达成，福利国家才被认为能够满足民众的福利期望并具有合法性[②]。囿于福利分配合法性的时代要求及基于西方选举政治的利益考量，西方各国自两次石油危机以来开始热衷于通过理论或量化方法来衡量公众对于社会福利回应性、可及性和有效性的主观评价，并希望准确研判不同群体的观点差异和矛盾冲突，故福利态度研究逐步进入西方学术视域中。

20 世纪 90 年代以前，福利态度研究往往依据一个或者几个追踪性的问题概貌性地观察民众对于福利支出的看法[③]，其主要目标是观察社会主流意识是否支持福利国家的建设[④]。这一测量的结果虽然是有益的，但是其测量仍然具有两个不可回避的漏洞：一方面，单向度测量方法的不稳定性所引发的批判是显而易见的，因为问题的顺序、措辞、选项和特定社会事件所带来的影响都会显著干扰测量结果[⑤]，从而使福利态度测量结果的真实性受到质疑；另一方面，福利态度测量中通常会表现出兼具积极与消极倾向的矛盾心理[⑥]，如被访者在享受福利待遇方面通常意愿较高但在支付成本方面具有抵

---

① Roemer, J. E., *Theories of Distributive Justice*, Harvard: Harvard University Press, 1996.

② Rothstein, B., *Just Institutions Matter: The Moral and Political Logic of the Universal Welfare State*, Cambridge: Cambridge University Press, 1998.

③ Alston, J., & Dean, I., “Socioeconomic Factors Associated with Attitudes toward Welfare Recipients and the Cause of Poverty”, *Social Service Review*, Vol. 46, 1972, pp. 13-23.

④ Hasenfeld, Y., & Rafferty, J. A., “The Determinants of Public Attitudes toward the Welfare State”, *Social Forces*, Vol. 67, 1989, pp. 1027-1048.

⑤ Zaller, J., & Feldman, S., “A Simple Theory of the Survey Response: Answering Questions versus Revealing Preferences”, *American Journal of Political Science*, Vol. 36, 1992, pp. 579-616.

⑥ 另一些研究主张由于价值观的稳定性和现代社会的信息通畅性，因而福利态度具有稳定性和单向性。

触心理，这使福利态度的单维度测量有时难以选择进而影响了测量结果。学术界逐步认识到，合理评价福利国家的责任履行需要依赖更加多元的证据，正如 Svallfors 在文章中一针见血指出的那样，“福利政策可以而且应该被视为一种多维的、高度复杂的现象。与其将公众对福利政策的支持分析建立在单一的‘支持或反对福利国家’的基础上，还不如承认，对福利政策的态度可能是支离破碎的，甚至是相互矛盾的”[①]。

至 20 世纪 80 年代中后期，福利态度的测量开始逐步变得更加多维度。其中，一项旨在开展全球跨国比较的“国际社会调查计划”（the International Social Survey Program，ISSP）在 1985 年有关“政府角色”（role of government）的调查中就使用了多维度的测量方法来观察民众的福利态度，其内容主要包含公众在税收增长情况下对“工作提供”、“物价控制”、“疾病照顾”、“老龄经济保障”、“促进工业增长”、“失业援助”和“缩小贫富差距”七个公共福利项目的支持度[②③]。1991 年，Svallfors 进一步提出通过“分配维度”（distributional dimension）、“行政/执行维度”（administrative, or implementation dimension）、“成本维度”（cost dimension）和“滥用维度”（abuse dimension）四个层面来考察福利国家有效性，并分别用于衡量民众对于不同项目的社会支出态度、对福利机构和程序的态度、对福利资金成本绩效的态度以及对权力滥用的态度[④]。1995 年，Roller 则将对福利态度的测量归结为两个具体面向[⑤]，一是国家履行福利分配责任的“范围”（range）或“广泛性”（extensiveness），即国家应当负责哪些福利政策领域的任务；

① Svallfors，S.，“The Politics of Welfare Policy in Sweden：Structural Determinants and Attitudinal Cleavages”，*British Journal of Sociology*，Vol. 42，1991，pp. 609-634.

② 在之后的测量中，ISSP 将测量维度扩展到 10 种类型，新增“教育资助”“住房保障”“环境保护”。

③ ISSP，ISSP 1985 - “Role of Government”，https：//www. gesis. org/en/issp/modules/issp - modules-by-topic/role-of-government/1985.

④ Svallfors，S.，“The Politics of Welfare Policy in Sweden：Structural Determinants and Attitudinal Cleavages”，*British Journal of Sociology*，Vol. 42，1991，pp. 609-634.

⑤ Roller，E.，“The Welfare State：The Equality Dimension”，in Borre，O. & Scarbrough，E.（edits），*The Scope of Government*，No. 3，Oxford：Oxford University Press，1995.

二是国家扮演福利分配角色的“程度”（degree）或“强度”（intensity），即国家在特定福利项目上的投入力度。几乎同时，Sihvo 和 Uusitalo 将福利态度划分为五个基本维度，即“福利责任”（responsibility for welfare）、“财政”（financing）、“福利国家的效益”（use of the welfare state）、“产出”（outputs）和“福利国家的影响”（effects of the welfare state）[①]，其通过综合性的测量指标探索了公众对于福利组合责任分配、公共支出规模、投资过度或缺失、收入与服务充分性和减少不平等效应五个面向的评价[②]。上述研究很好地打破了对福利国家的二元评价论，并试图构建一种看似完整且合理的综合评价框架。但由于其对各项因素分别予以测量而忽视了各个因素之间潜在的关联性，且没有对多维度的福利态度测量框架进行批判性测试[③]，因而上述多维度福利态度的测量框架似乎徒有其表，未能拟合成一种真正能够衡量国家福利责任边界的重要手段。

21 世纪以来，多维度福利态度测量框架的整合性得以加强，福利态度的测量在既有研究基础上更加关注对政策目标、执行与输出的融合评估，其测量框架也变得愈加复杂。与此同时，只关注是否支持福利国家的单维度测量也被进一步摒弃，学术界的普遍共识是“仅仅通过观察人们对福利国家的总体看法或从一维角度审视态度，无法充分调查和理解福利国家的合法性”[④]。2012 年，Van Oorschot 等经过系统的模型检验将福利态度的测量框架设计为 10 个维度，分别用以评测国家在福利责任履行过程中的“平等原则”（principle of equality）、“主动性原则”（principle of activation）、“政府保护弱势群体的角

① Sihvo, T., & Uusitalo, H., “Attitudes towards the Welfare State Have Several Dimensions: Evidence from Finland”, *Scandinavian Journal of Social Welfare*, Vol. 4, 1995, pp. 215-223.

② Sihvo, T., & Uusitalo, H., “Attitudes towards the Welfare State Have Several Dimensions: Evidence from Finland”, *Scandinavian Journal of Social Welfare*, Vol. 4, 1995, pp. 215-223.

③ Van Oorschot, W., & Meuleman, B., “Welfarism and the Multidimensionality of Welfare State Legitimacy: Evidence from the Netherlands, 2006”, *International Journal of Social Welfare*, Vol. 21, 2012, pp. 79-93.

④ Roosma, F., Gelissen, J. & Van Oorschot, W., “The Multidimensionality of Welfare State Attitudes: A European Cross-national Study”, *Social Indicators Research*, Vol. 113, 2013, pp. 235-255.

色”（role of government-protection of the weak）、“政府防范社会风险的角色”（role of government-protection from social risks）、“支持政府开支”（support for government spending）、“感知的社会福利过度使用”（perceived overuse of social benefits）、“感知的社会福利使用不足”（perceived underuse of social benefits）、“福利国家结果评估”（evaluation of the outcomes of the welfare state）、“感知社会后果”（perceived social consequences）和“感知经济和道德后果”（perceived economic and moral consequences）[①]。另一个更具代表性的研究是Roosma等提出的分类模型，他们将“福利组合”（welfare mix）、“国家目标”（goals of the state）、“广度”（range）、“程度”（degree）、“再分配设计”（redistribution design）、“执行过程”（implementation process）与“结果”（outcomes）七个项目作为考评国家福利责任边界及其履行状况的核心内容，并在实际操作中选择其中的五个维度进行了检验[②]。在此基础上，Cheng和Ngok也提出了中国版福利态度测量的维度，他们将福利态度的测量分为三个层次，一是“责任”（responsibility），即公众对政府在福利提供中的角色及其在福利组合结构中责任划分的基本态度；二是“效率”（efficiency），指在再分配过程中对既定福利计划的财务、充足性和质量的基本态度；三是“有效性”（effectiveness），即公众对特定福利项目和后果的基本态度[③]。整体上看，对于公共福利项目的倾向性支持通常是“不确定的、矛盾的或者是无法回应的”，并与传统上“稳定的、容易的和随时可衡量态度的观点相矛盾”[④]，因

① Van Oorschot, W., & Meuleman, B., “Welfarism and the Multidimensionality of Welfare State Legitimacy: Evidence from the Netherlands, 2006”, *International Journal of Social Welfare*, Vol. 21, 2012, pp. 79-93.

② Roosma, F., Gelissen, J. & Van Oorschot, W., “The Multidimensionality of Welfare State Attitudes: A European Cross-national Study”, *Social Indicators Research*, Vol. 113, 2013, pp. 235-255.

③ Cheng, Q., & Ngok, K., “Welfare Attitudes towards Anti-poverty Policies in China: Economical Individualism, Social Collectivism and Institutional Differences”, *Social Indicators Research*, Vol. 150, 2020, pp. 679-694.

④ Goerres, A., & Prinzen, K., “Can We Improve the Measurement of Attitudes towards the Welfare State? A Constructive Critique of Survey Instruments with Evidence from Focus Groups”, *Social Indicators Research*, Vol. 109, 2012, pp. 515-534.

而采取多维角度开展福利态度测量业已成为学术界的主流。在多维度测量中，基于目标、过程和结果的整合评估是当前研究的主要形式（见图 2-1）。

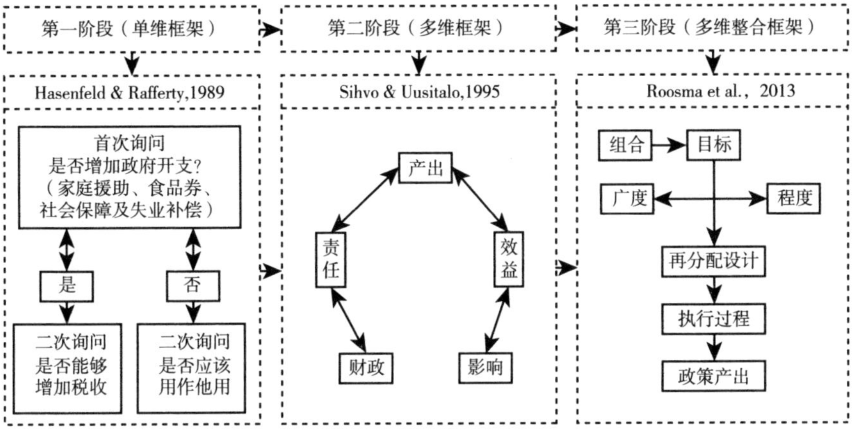

图 2-1 福利态度测量的时代演进

（二）福利态度的基本概貌

福利态度本质上是一种感知性的国家福利责任认同以及责任履行状况的评价体系，因而针对福利接受者进行实证性测量是观察其福利态度的最重要方式。从既有实证调查结果来看，民众对国家承担福利责任多持积极态度，即使在付出税收等相应代价的前提下这一特征也没有显著变化，这显示公众对国家福利提供仍保持了较高的热情。Bradshaw 等基于英国的研究显示，约有 62%的被访者主张增加税收来换取更好的社会福利服务，72%的民众甚至认为社会福利相比于国防和海外援助更应获得财政优先权①。芬兰的调查反映出约 70%的民众认为由国家提供专门的救助和福祉是有必要的，仅有不到 11%的民众对此表示明确的反对②。瑞典的情况也类似，对福利国家制

① Bradshaw, J., & Mayhew, E., "Public Attitudes to Dependency and the Welfare State", *International Journal of Market Research*, Vol. 46, 2004, pp. 49-64.

② Kallio, J., & Kouvo, A., "Street-level Bureaucrats' and the General Public's Deservingness Perceptions of Social Assistance Recipients in Finland", *Social Policy & Administration*, Vol. 49, 2015, pp. 316-334.

度能力的不信任并未转化为广泛的反福利情绪，民众依然愿意增加社会支出以改善社会福利[①]。而在加拿大，77%的被访民众认为国家有必要缩减贫富差距，56%以上的民众认为国家有责任为公民提供体面的生活[②]。当然，福利态度的人口学差异似乎也不可避免。由于女性群体普遍更具关心、体贴和奉献的信念，通常认为女性相比于男性对社会福利项目具有更高的支持度[③]。年轻一代较年长一代对国家福利的期许也更加积极，Ljunge 将之解释为"年轻一代更普遍地认为自己对国家福利的获得是有权且合理的"[④]。对于欧美国家而言，种族因素对于福利态度的影响也得到证实，具有种族偏见的美国白人更容易反对社会福利项目[⑤]。而在中国，户籍制度似乎也阻碍人们在福利态度方面达成共识，有学者发现农村居民对于国家的福利期待要低于城市居民[⑥]。同时，越来越多的学者发现民众在福利态度中所表现出的矛盾心理。Roller 指出民众对于福利政策的目标、手段和结果具有不同的评价，对于政策目标的支持并不能全部转化为对其结果的积极评价[⑦]。Sihvo 等指出人们对福利国家的态度是多面向的，既对其政策目标和范围表示肯定，又对其效率、有效性和结果表示批评[⑧]。而 Roosma 等学者也认为，国民对福利国家的态度可能是"应然"（should）和"实然"（is）的组合，而非"积极"（positive）或"消

---

① Edlund, J., "Trust in the Capability of the Welfare State and General Welfare State Support: Sweden 1997-2002", *Acta Sociologica*, Vol. 49, 2006, pp. 395-417.

② Jager, M. M., "What Makes People Support Public Responsibility for Welfare Provision: Self-interest or Political Ideology?", *Acta Sociologica*, Vol. 49, 2006, pp. 321-338.

③ Blekesanue, M., & Quadagno, J., "Public Attitudes toward Welfare State Policies", *European Sociological Review*, Vol. 19, 2003, pp. 415-427.

④ Ljunge, M., "Increasing Demandson the Welfare State? Trends in Behavior and Attitudes", *CESifo Economic Studies*, Vol. 57, 2011, pp. 605-622.

⑤ Gilens, M., "Racial Attitudes and Opposition to Welfare", *The Journal of Politics*, Vol. 57, 1995, pp. 994-1014.

⑥ Han, C., "Attitudes toward Government Responsibility for Social Services: Comparing Urban and Rural China", *International Journal of Public Opinion Research*, Vol. 24, 2012, pp. 472-494.

⑦ Roller, E., "The Welfare State: The Equality Dimension", in Borre, O. & Scarbrough, E. (edits), *The Scope of Government*, No. 3, Oxford: Oxford University Press, 1995.

⑧ Sihvo, T., & Uusitalo, H., "Attitudes towards the Welfare State Have Several Dimensions: Evidence from Finland", *International Journal of Social Welfare*, Vol. 4, 1995, pp. 215-223.

极”（negative）的组合[①]，故支持社会福利项目的民众不一定会对其结果表示满意。上述研究彰显出不同板块的福利态度测量结果并非铁板一块。

由于公众的福利态度是多元化的，因此围绕福利态度影响诱因而展开的学术讨论也广泛存在。从宏观视角来看，福利体制（welfare regime）因素是当前学术界讨论最多且争议最大的基础性诱因。主流观点认为，公民对国家履行福利责任的态度与一国所从属的福利体制密切关联[②③]，并往往依循从自由主义、保守社团主义到社会民主主义的次序而呈现由低到高的变化[④⑤]，其背后的原因可能来自不同福利体制对于社会共识和公共话语的重塑[⑥]。正如 Edlund 所宣称的那样，“从福利国家体制的角度来解释福利态度差异，结果支持了福利政策的设计和范围塑造并决定其自身合法性的观点”[⑦]。这种结论也得到了非欧美国家的验证，如东亚福利体制内部所存在的家庭互济观念就被证明与该福利体制具有密切关系[⑧]。但体制性因素也受到了一定的诟病，一方面单一福利体制内部通常也存在巨大的国别差异[⑨]，另一方面从属

---

① Roosma, F., Van Oorschot, W., & Gelissen, J., “The Preferred Role and Perceived Performance of the Welfare State: European Welfare Attitudes from a Multidimensional Perspective”, *Social Science Research*, Vol. 44, 2014, pp. 200-210.

② Heien, T., & Hofacker, D., “How Do Welfare Regimes Influence Attitudes? A Comparison of Five European Countries and the United States 1985-1996”, Paper presented at the ECSR-Workshop “Causes and Consequences of Socio-Economic and Political Attitudes in Eastern and Western Europe”, Mannheim, Germany, 1999.

③ Arts, W., & Gelissen, J., “Welfare States, Solidarity and Justice Principles: Does the Type Really Matter?”, *Acta Sociologica*, Vol. 44, 2001, pp. 283-299.

④ Larsen, C., “The Institutional Logic of Welfare Attitudes: How Welfare Regimes Influence Public Support”, *Comparative Politics*, Vol. 41, 2008, pp. 145-168.

⑤ Jaime-Castillo, A. M., “Public Opinion and the Reform of the Pension Systems in Europe: The Influence of Solidarity Principles”, *Journal of European Social Policy*, Vol. 23, 2013, pp. 390-405.

⑥ Jakobsen, T. G., “Welfare Attitudes and Social Expenditure: Do Regimes Shape Public Opinion?”, *Social Indicators Research*, Vol. 101, 2011, pp. 323-340.

⑦ Edlund, J., “Trust in Government and Welfare Regimes: Attitudes to Redistribution and Financial Cheating in the USA and Norway”, *European Journal of Political Research*, Vol. 35, 1999, pp. 341-370.

⑧ Lee, Y., & Ku, Y., “East Asian Welfare Regimes: Testing the Hypothesis of the Developmental Welfare State”, *Social Policy & Administration*, Vol. 41, 2007, pp. 197-212.

⑨ Svallfors, S., “Worlds of Welfare and Attitudes to Redistribution: A Comparison of Eight Western Nations”, *European Sociological Review*, Vol. 13, 1997, pp. 283-304.

于不同福利体制的国民在福利态度上也经常会相当接近[①]，因此福利态度的分化似乎难以用体制性因素来全部解释。而一国的宏观经济状况通常成为体制性因素的学理补充。一些研究发现，经济发达程度对于公民福利态度产生了深刻的影响，当各国经济发展水平比较接近时，其公民态度的差异几乎消失[②]；也有研究发现，同一区域内发达国家与欠发达国家相比，其公民对于社会福利项目的投入更具认可度[③]。另一类研究则聚焦特定国家或地区经济增长速度的影响力，这种观点普遍认为经济增长率的不同也会导致差异性的福利期待。在经济紧张和就业率低的时期，公众会对国家福利供给和社会再分配给予更大的支持[④]，而在蓬勃发展的经济中民众则降低了自身对于社会福利项目的期望[⑤]，这证实民众的福利态度与其所处的宏观情境是关联的。

学术界对影响福利态度的微观诱因也进行了深入探讨。其中，个体或者家庭基于风险防范的自利因素被认为是塑造福利态度的最重要微观因素。部分学者基于理性选择（rational choice）视角的调查发现，与那些缴纳高额费用却较少从中受益的个体相比，处于失业及退休风险中的福利接受者更有可能支持公共福利政策[⑥]，而正常就业者和高收入群体通常会对再分配存在负面看法[⑦][⑧]。民众对

---

① Gainous, J., Martinez, M., & Craig, S., "The Multiple Causes of Citizen Ambivalence: Attitudes about Social Welfare Policy", *Journal of Elections, Public Opinion and Parties*, Vol. 20, 2010, pp. 335-356.

② Kikuzawa, S., Olfasdottir, S., & Prescosolidou, B. A., "Similar Pressures, Different Contexts: Public Attitudes toward Government Intervention for Health Care in 21 Nations", *Journal of Health and Social Behavior*, Vol. 49, 2008, pp. 385-399.

③ Schmidt, A., "Economic Inequality and Public Demand for Redistribution: Combining Cross-sectional and Longitudinal Evidence", *Socio-Economic Review*, Vol. 14, 2016, pp. 119-140.

④ Blekesaune, M., "Economic Conditions and Public Attitudes to Welfare Policies", *European Sociological Review*, Vol. 23, 2007, pp. 393-403.

⑤ Dallinger, U., "Public Support for Redistribution: What Explains Cross-national Differences?", *Journal of European Social Policy*, Vol. 20, 2010, pp. 333-349.

⑥ Papadakis, E., & Bean, C., "Popular Support for the Welfare State: A Comparison between Institutional Regimes", *Journal of Public Policy*, Vol 13, 1993, pp. 227-254.

⑦ Jager, M. M., "United but Divided: Welfare Regimes and the Level and Variance in Public Support for Redistribution", *European Sociological Review*, Vol. 25, 2009, pp. 723-737.

⑧ Cheng, Q., Ngok, K., "Welfare Attitudes towards Anti-poverty Policies in China: Economical Individualism, Social Collectivism and Institutional Differences", *Social Indicators Research*, Vol. 150, 2020, pp. 679-694.

于家庭支持政策的看法也多与自利因素有关。调查显示，虽然国民对于有关家庭照顾的公共福利普遍较为支持，但有子女者比无子女者更支持该政策，因为他们面临着更高的家庭照顾风险并有更大的机会领取到家庭福利金或使用公立幼儿教育机构[①]。个人自利因素的影响还表现为个体资本越有限的人群越倾向于支持社会福利项目的现象。Hasenfeld 等的早期研究就曾观察到收入较低、社会阶层较低的民众往往会对国家的福利提供表示更加浓厚的兴趣[②]。在此后的研究中，Cook、Cnaan 和 Guo 也对此予以肯定，社会经济地位（socioeconomic status）对人群福利态度带来的负面效应被大量研究所证实[③]，低收入者、低资产者、低教育水平和低社会阶层者的福利支持度普遍较高[④⑤]。同时，具有弱势社会经济地位的民众所感知到的机会不平等（perceived inequality of opportunity）也会对福利态度具有显著的影响，这在韩国、中国等东亚国家被发现[⑥⑦]。除了自利因素以外，个人的价值取向通常也被认为与福利态度具有关联。部分研究发现具有平等主义意识（egalitarian ideology）和社会集体主义（social collectivism）价值观的民众往

① Pettersen, P. A., "Welfare State Legitimacy: Ranking, Rating, Paying: The Popularity and Support for Norwegian Welfare Programs in the Mid 1990s", *Scandinavian Political Studies*, Vol. 24, 2001, pp. 27-49.

② Hasenfeld, Y., & Rafferty, J., "The Determinants of Public Attitudes towards the Welfare State", *Social Forces*, Vol. 67, 1989, pp. 1027-1048.

③ Cook, F. L., Barrett, E. J., *Support for the American Welfare State: the Views of Congress and the Public*, New York: Columbia University Press, 1992.

④ Cnaan, R., Hasenfeld, Y., Cnaan, A., and et al., "Cross-cultural Comparison of Attitudes toward Welfare State Program: Path Analysis with Long-linear Models", *Social Indicators Research*, Vol. 29, 1993, pp. 123-152.

⑤ Guo, J., & Gilbert, N., "Public Attitudes toward Government Responsibility for Child Care: The Impact of Individual Characteristics and Welfare Regimes", *Children and Youth Services Review*, Vol. 44, 2014, pp. 82-89.

⑥ Bartels, L. M., *Unequal Democracy: The Political Economy of the New Gilded Age*, Princeton, NJ: Princeton University Press, 2016.

⑦ Kim, H., Huh, S., Choi, S., and et al., "Perceptions of Inequality and Attitudes towards Redistribution in Four East Asian Welfare States", *International Journal of Social Welfare*, Vol. 27, 2018, pp. 28-39.

往对公共部门计划或实施的社会福利项目更为欢迎[①][②]，而秉承个人主义价值观的国民则更多地表示反对[③]。另有研究则从政治倾向角度出发来讨论，调查显示支持左翼政党的人赞同再分配的可能性较高，且以往政府政策的拥趸者对社会福利项目具有更高的期待[④]，而右翼政党的支持者则普遍对政府的福利项目嗤之以鼻[⑤]。

（三）中国情境下的福利态度

与西方学术研究不同，中国学术界虽然也普遍主张依托公民的主观意愿来构建社会政策，但传统上更加偏重于使用“福利需要”“福利需求”等概念来进行主观福利议题的讨论。代表性的学者如郑功成、关信平、彭华民、刘继同、岳经纶、陈友华、张秀兰、陆士桢等学者不但通过针对性的学理论述系统回顾了马克思以人为本的需要理论[⑥][⑦]，在目标群体、具体定位、福利组合、行动协调和福利提供方式等多个领域对我国需要为本的社会福利制度的转型提供了前瞻性建议[⑧]，而且通过学理分析深入辨析了我国特定群体

---

① Feldman, S., & Steenbergen, M., “The Humanitarian Foundation of Public Support for Social Welfare”, *American Journal of Political Science*, Vol. 45, 2001, pp. 658-677.

② Cheng, Q., Ngok, K., “Welfare Attitudes towards Anti-poverty Policies in China: Economical Individualism, Social Collectivism and Institutional Differences”, *Social Indicators Research*, Vol. 150, 2020, pp. 679-694.

③ Sabbagh, C., & Vanhuysse, P., “Exploring Attitudes towards the Welfare State: Students' Views in Eight Democracies”, *Journal of Social Policy*, Vol. 35, 2006, pp. 607-628.

④ Schmidt, A., & Spies, D., “Do Parties Playing the Race Card Undermine Natives' Support for Redistribution? Evidence from Europe”, *Comparative Political Studies*, Vol. 47, 2014, pp. 519-549.

⑤ Jager, M. M., “United but Divided: Welfare Regimes and the Level and Variance in Public Support for Redistribution”, *European Sociological Review*, Vol. 25, 2009, pp. 723-737.

⑥ 关信平：《农民工参与城镇社会保障问题：需要、制度及社会基础》，《教学与研究》2008年第1期。

⑦ 刘继同：《人类需要理论与社会福利制度运行机制研究》，《中共福建省委党校学报》2004年第8期。

⑧ 彭华民：《论需要为本的中国社会福利转型的目标定位》，《南开学报》（哲学社会科学版）2010年第4期。

的福利需要[1][2][3]，提出了社会福利必须因循城乡居民福利需要而实现从“社会身份本位”向“人类需要本位”转型的路径[4][5]，从而为我国主观福利议题的研究提供了重要理论积淀。在此基础上，一些实证研究也探讨了相应的主观福利议题。例如，宋宝安等学者通过观察东北老工业基地的养老意愿发现老年人对养老需求的满足没有充分信心[6]，钟涨宝等学者围绕五省市农民的调查显示农村民众的政策认知和福利判断显著影响了他们的参保意愿[7]，张克云针对贫困地区农村儿童的访谈发现家庭、社区、学校和基层政府福利提供能力的不足及制度安排缺陷限制了儿童福利的满足[8]，张思锋等学者有关三省失能老人生存状况的调查证实失能老人在家庭照料方面存在巨大的供需失衡[9]，程福财基于上海的调查发现儿童社会化照顾及家庭照顾的政策支持相比于经济资助政策更具积极意义[10]，黄骏敏等针对南京残疾人的调查显示不但其福利供给难以满足福利需求而且其福利提供也存在严重的结构不对称性[11]。

① 陆士桢：《中国儿童社会福利需求探析》，《中国青年政治学院学报》2001 年第 6 期。

② 陈友华、徐愫：《中国老年人口的健康状况、福利需求与前景》，《人口学刊》2011 年第 2 期。

③ 张秀兰、方黎明、王文君：《城市家庭福利需求压力和社区福利供给体系建设》，《江苏社会科学》2010 年第 2 期。

④ 郑功成：《中国社会福利改革与发展战略：从照顾弱者到普惠全民》，《中国人民大学学报》2011 年第 2 期。

⑤ 岳经纶：《社会政策学视野下的中国社会保障制度建设——从社会身份本位到人类需要本位》，《公共行政评论》2008 年第 4 期。

⑥ 宋宝安、杨铁光：《观念与需求：社会养老制度设计的重要依据——东北老工业基地养老方式与需求意愿的调查与分析》，《吉林大学社会科学学报》2003 年第 3 期。

⑦ 钟涨宝、聂建亮：《政策认知与福利判断：农民参加新农保意愿的实证分析——基于对中国 5 省样本农民的问卷调查》，《社会保障研究》2014 年第 2 期。

⑧ 张克云：《中西部农村贫困地区的儿童福利现状及需求分析》，《中国农业大学学报》（社会科学版）2012 年第 4 期。

⑨ 张思锋、唐敏、周淼：《基于我国失能老人生存状况分析的养老照护体系框架研究》，《西安交通大学学报》（社会科学版）2016 年第 2 期。

⑩ 程福财：《从经济资助到照顾福利：关于上海儿童与家庭照顾福利需求的实证调查》，《中国青年研究》2013 年第 9 期。

⑪ 黄骏敏、杨文健：《残疾人福利供需差距分析及对策研究——以江苏省南京市为例》，《社会保障研究》2015 年第 6 期。

国内学术界以“福利态度”为专项研究议题的讨论肇始于最近十年。其中部分研究主要围绕福利态度的概念、框架及演进进行理论上的辨析，并对福利态度的国外研究进行深入的介绍，典型研究有岳经纶有关福利态度和福利国家可持续的分析①、臧其胜有关福利态度研究国际前沿和本土意义的讨论②、邓智平有关福利态度和福利国家再认识的剖析③等。另有一些研究采取福利态度分析维度对东亚福利体制等问题进行剖析，如林闽钢等学者有关东亚福利体制研究新议题的分析④、关博有关我国社会福利制度和东亚福利体制异质性的研究⑤皆属于此类。但整体看来理论研究还是相对有限的，目前国内多数有关福利态度的研究仍然主要通过量化统计分析来完成。具体而言包含五种类型：一是利用跨境比较数据对发达国家或地区民众的福利态度及其影响因素进行综合辨析，这类研究普遍发现福利体制、社会价值和个体自利因素仍然是显著影响各地民众福利态度的关键因素⑥⑦。二是对国际福利态度变化进行的综合分析，如对德国21世纪以来福利态度变化的解析⑧、对福利国家政党推动福利改革的讨论⑨和对少子化时代日本儿童照顾责任意识变革的剖析⑩，这些研究普遍反映出21世纪以来社会风险的加剧

---

① 岳经纶：《专栏导语：福利态度：福利国家政治可持续性的重要因素》，《公共行政评论》2018年第3期。

② 臧其胜：《政策的肌肤：福利态度研究的国际前沿及其本土意义》，《公共行政评论》2016年第4期。

③ 邓智平：《福利态度还是福利程度：福利国家再认识》，《广东社会科学》2015年第4期。

④ 林闽钢、陈颖琪：《东亚福利体制研究争论及新议题》，《中国社会科学评价》2020年第4期。

⑤ 关博：《中国大陆地区社会福利制度与东亚福利模式的异质性：多维度视角比较》，《宁波大学学报》（人文社会科学版）2015年第2期。

⑥ 黄叶青、余慧、韩树蓉：《政府应承担何种福利责任？——公民福利态度的影响因素分析》，《公共行政评论》2014年第6期。

⑦ 杨琨、袁迎春：《共识与分化：福利国家公民的福利态度及其比较研究》，《公共行政评论》2018年第3期。

⑧ 郑春荣、郑启南：《新世纪以来德国民众福利态度的变化及其影响因素分析》，《公共行政评论》2018年第3期。

⑨ 龙飞腾、刘国华、蔡建雯等：《福利国家政党何时会推行不符合传统党派路线的福利改革？——党派政治和前景理论的解释》，《公共管理与政策评论》2021年第5期。

⑩ 张继元：《少子化时代日本儿童照顾责任意识变革》，《社会保障评论》2020年第2期。

导致民众对于社会福利项目具有更高的认可度并推动扩张性社会福利政策的出台。三是针对我国特定地区普通公众的福利态度展开的实证测量，其研究往往发现我国民众普遍具有较高的社会权利意识、集体主义理性和再分配偏好[①][②]，但对国际移民的社会福利享有却持有谨慎态度[③]，且民众的福利态度正在随着新技术革命等风险预期的增强而变得更为积极[④]。四是围绕我国特定弱势人群福利态度及其影响因素开展的实证调查，包括但不限于针对儿童群体[⑤]、老年群体[⑥]、农民工群体[⑦]和残疾人[⑧]等弱势群体的剖析，其研究普遍倾向于认为囿于弱势群体的福利获得难以满足其实际需要，被调查者对于公共福利项目整体上持积极态度。五是围绕我国特定福利项目而展开的实证调查，主要有生育配套政策[⑨]、儿童照顾政策[⑩]、反贫困政策[⑪]和养老政策[⑫]

---

① 岳经纶、张虎平：《收入不平等感知、预期与幸福感——基于 2017 年广东省福利态度调查数据的实证研究》，《公共行政评论》2018 年第 3 期。

② 肖越：《社会公平感、再分配偏好与福利态度——基于 CGSS2015 数据的实证分析》，《大连理工大学学报》（社会科学版）2021 年第 3 期。

③ 岳经纶、尤泽锋：《在华国际移民能享受社会福利吗？——基于公众福利态度的分析》，《华南师范大学学报》（社会科学版）2020 年第 1 期。

④ 范梓腾、宁晶：《技术变革中的福利态度转变——自动化替代对个体养老责任偏好的影响》，《社会学研究》2021 年第 1 期。

⑤ 万国威：《我国儿童群体社会福利态度的定量研究》，《南开学报》（哲学社会科学版）2014 年第 4 期。

⑥ Yang, K., Peng, H., & Chen, J., "Chinese Seniors' Attitudes towards Government Responsibility for Social Welfare: Self-interest, Collectivism Orientation and Regional Disparities", *International Journal of Social Welfare*, Vol. 28, 2019, pp. 208-216.

⑦ 韩央迪、张瑞凯：《农民工的福利态度及其影响因素研究——以北京市农民工群体的调查为例》，《中国社会工作研究》2017 年第 1 期。

⑧ 万国威：《中国大陆弱势群体社会福利态度研究》，《公共管理学报》2015 年第 1 期。

⑨ 范昕、庄文嘉、岳经纶：《生，还是不生——全面二孩时代生育配套政策调整的公众态度研究》，《学术研究》2019 年第 12 期。

⑩ 杨爽：《东亚福利体制中儿童照顾的福利态度——基于国际社会调查项目数据的比较分析》，《北京社会科学》2021 年第 2 期。

⑪ Cheng, Q., Ngok, K., "Welfare Attitudes towards Anti-poverty Policies in China: Economical Individualism, Social Collectivism and Institutional Differences", *Social Indicators Research*, Vol. 150, 2020, pp. 679-694.

⑫ 闫金山：《家庭对青年养老责任分担态度的影响研究——基于 4 期 CGSS 调查数据》，《调研世界》2019 年第 9 期。

等，这些研究普遍发现我国现有的社会福利项目难以满足民众的基本所需，民众对于公共部门提供的福利项目依存度较高。整体上看，我国有关福利态度的研究与西方研究相比显示出一定的独特性。

三　福利多元主义的中西方学术讨论

（一）国外理论界的相关研究

“福利多元主义”（welfare pluralism）在理论上主张“福利来源的多元化”，即强调“福利既不能完全依赖市场也不能完全依赖国家，福利应当成为全社会的产物”①。通常而言，该概念会和“福利组合”（welfare mix）或“福利的混合经济”（mixed economy of welfare）等词汇混同讨论。该理论来源于国家主义与市场主义二维福利观的相继破灭，并伴随20世纪70年代福利国家的衰亡而逐步兴起。两次石油危机以来，过高的国家福利开支对于经济发展的负面影响使得人们不得不重新审视凯恩斯主义福利观的正确性，德国19世纪80年代开始在全球扩张的国家干预主义同时受到了以Hayek、Friedmann为代表的右翼阵营及以Gough、Offe为代表的左翼阵营的严厉抨击，有关国家在福利提供领域中充满效率的集体共识出现了重大时代转向。正如Mishira在《危机中的福利国家：社会思想和社会变迁》一书中所描述的那样，“70年代以前的福利国家扩张阶段不仅象征着资本与劳动者之间，也象征着资本主义民主国家与其公民关于保障与权力的新契约。然而，20世纪70年代中后期的经济滞胀使许多国家难以维持高水平的福利开支，福利国家制度也并非设计中的那么完美，对其批评此起彼伏”②。

实践中，尽管关于福利国家已然死亡的观点在学术领域仍然受到

① 彭华民、黄叶青：《福利多元主义：福利提供从国家到多元部门的转型》，《南开学报》（哲学社会科学版）2006年第6期。

② Mishira, R., *The Welfare State in Crisis: Social Thought and Social Change*, Sussex: Wheattsheaf Books, 1984.

Fielding、Powell 等的质疑[1][2]，但事实上福利国家对经济发展所造成的重大消极影响在两次石油危机期间显露无遗，由国家福利来主导福利供给结构的观念日益受到削弱，民众日益认识到通过其他力量来化解福利提供缺陷的必要性。对公共服务的日益不满催生了20世纪60年代和70年代欧美各国志愿活动的蓬勃兴起，这一变化希望寻求在福利提供领域引入第三种选择来减少对国家福利的过度依赖，通过替代性方案促进福利提供效率的提升，这为后来福利多元主义的理论建构积累了广泛的民意基础。在上述时代背景下，福利多元主义理论自20世纪70年代末开始应运而生[3]。1978年，英国《志愿组织的未来：沃尔芬得社区的报告》提出国家与市场二元力量之外的第三部门参与福利提供[4]，从而较早在理论上申明了“福利来源多元化”的核心内涵。从其发展历程上看，Pinker 和 Lund 等学者认为福利多元主义及其相关概念是从学术/政治分歧发展而来的，它主要用以回应右翼通过新古典经济学/公共选择理论对国家福利的批评以及左翼通过各种马克思主义思想对国家福利的批评[5]，因而它在理论形成过程中体现出浓厚的价值妥协性[6]。同时，尽管第三部门发展出了市场供应与专业服务的替代方案[7]，但却因其公民参与力度的不足及对国家福利责任的弱化而伴随着左右阵营的联合挞伐，因而其创立之初要么被

① Fielding, N., “The Thatcher Audit”, *New Statesman and Society*, Vol. 3, 1991, pp. 20-23.

② Powell, M., & Hewitt, M., “The End of the Welfare State?”, *Social Policy & Administration*, Vol. 32, 1998, pp. 1-13.

③ 应该指出的是，仍然有部分研究如 Pinker 在1992年的文献中就指出，福利多元主义在 Beveridge 和 Titmuss 的理论观点中已经出现，但考虑到其观点中并未直接出现相关界定，故本研究同意学术界的主流观点而将其起源放置在了20世纪70年代末。

④ Wolfenden, J., *The Future of Voluntary Organizations: Report of the Wolfenden Committee*, London: Croom Helm, 1978.

⑤ Lund, B., “An Agenda for Welfare Pluralism in Housing”, *Social Policy & Administration*, Vol. 27, 1993, pp. 309-322.

⑥ Pinker, R., “Making Sense of the Mixed Economy of Welfare”, *Social Policy & Administration*, Vol. 26, 1992, pp. 273-284.

⑦ Taylor, M., & Lansley, J., “Ideology and Welfare in the UK: The Implications for the Voluntary Sector”, *Voluntas: International Journal of Voluntary and Nonprofit Organizations*, Vol. 3, 1992, pp. 153-174.

视为“费边共识向右翼的转变”①，要么被认为是“市场和志愿部门对国家的渗透”②，而并未能将其看作一种全新的福利建设理念。

这一理念于 20 世纪 80 年代中期在“福利组合”和“福利三角”(welfare triangle) 等理论的引领下逐步完善，不但国家、市场、家庭和民间社会等多元主体开始被视为福利提供的核心组成部分，而且各个主体的行动原则、交换中介、中心价值、有效标准和主要缺陷均在理论上得到明确阐明。其中，“福利组合”理论主要由 Rose 等提出，该理论强调通过国家、市场和非正式组织（家庭）的责任共担来为民众提供充裕且稳定的福利③，这一设计框架将多种力量纳入福利体系之中，有效弥合了国家主义与市场主义的二元冲突。而“福利三角”理论的代表性观点则主要来自 Evers，他将福利提供主体分为代表平等价值规范的公共组织、代表自主价值规范的市场和代表团结的非政府组织三种类型，并试图通过合理的福利责任分配来厘清行动者与国家、经济与社会的三元关系④；在后续的理论发展中，Evers 继续完善他的理论并形成如表 2-1 所示的四分法框架⑤，该框架明确了市场、国家、社区和民间社会等福利多元主体的核心特征，并成为福利多元主义“范式化”的重要理论基础。当然，由于福利多元主义理论自身在 20 世纪 80 年代仍然受到政策制定者和分析人士相互矛盾的定义，因而其在社会政策规范性上的目标并未完全达成一致⑥。

---

① Beresford, P., & Croft, S., “Welfare Pluralism: The New Face of Fabianism”, *Critical Social Policy*, Vol 3, 1983, pp. 19-39.

② Kramer, R. M., “The Roles of Voluntary Social Service Organizations in Four European States: Policies and Trends in England, the Netherlands, Italy and Norway”, in S. Kuhnle and P. Selle (eds), *Government and Voluntary Organizations: A Relational Perspective*, Aldershot: Avebury, 1992.

③ Rose, R., Shiratori, R., Alladardt, E., and et al., *Common Goals but Different Roles: the State's Contribution to the Welfare Mix*, Oxford: Oxford University Press, 1986.

④ Evers, A., *Shifts in the Welfare Mix: Introducing a New Approach for the Study of Transformations in Welfare and Social Policy*, Vienna: Eurosocial, 1990.

⑤ 彭华民、黄叶青：《福利多元主义：福利提供从国家到多元部门的转型》，《南开学报》（哲学社会科学版）2006 年第 6 期。

⑥ Pinker, R., “Making Sense of the Mixed Economy of Welfare”, *Social Policy & Administration*, Vol. 26, 1992, pp. 273-284.

表 2-1 Evers 修正后的福利多元主义框架

部门	市场	国家	社区	民间社会
福利生产部门	市场	公共部门	非正式部门/家庭	志愿部门/中介机构
行动协调原则	竞争	科层制	个人责任	志愿性
需方的角色	消费者	社会权的公民	社区成员	市民/协会成员
交换中介	货币	法律	感激/尊敬	说理/交流
中心价值	选择自由	平等	互惠/利他	团结
有效标准	福利	安全	个人参与	社会/政治激活
主要缺陷	不对等，对非货币化结果的忽视	对少数群体需要的忽视，降低自助的动机，自由选择的自由度下降	受到的约束降低个人选择的自由度，对非该团体的成员采取排斥态度	对福利产品的不平等分配，专业化缺乏，低效率

资料来源：彭华民、黄叶青，《福利多元主义：福利提供从国家到多元部门的转型》，《南开学报》（哲学社会科学版）2006 年第 6 期。

至 20 世纪 90 年代，经过 Evers、Gilbert 和 Johnson 等学者的共同推动，学术界已经基本形成了通过国家、市场、非正式组织及民间社会等多维主体来维护福利提供稳定性的共识①②。经过系统的理论建设后，福利多元主义开始被广泛视为一种重要的福利价值倾向，并与保守主义、福利国家、市场多元主义（market pluralism）相对应成为一种独立且独特的福利意识③；甚至有研究表示它通过将新共识渗透到社会政策而重新定义了福利国家④。同时，在如何实现不同主体的责任共担方面很多学者也进行了深入的思考，以

① Johnson, N., *Mixed Economies of Welfare: A Comparative Perspective*, Prentice Hall Europe, 1999, pp. 31-37.

② Evers, A., & Svetlik, I., "New Welfare Mixes in Care for the Elderly-Trends and Developments in 14 Countries of the Europe Region (Volume 1-3)", *Eurosocial Report* (Volume 40), European Centre, 1991.

③ Taylor, M., "Moving towards the Market", in Gidron, B., Kramer, R., and Salamon, L. M. (eds), *Government and the Nonprofit Sector in Comparative Perspective*, Jossey Bass, San Francisco, 1992.

④ Powell, M., & Hewitt, M., "The End of the Welfare State?", *Social Policy & Administration*, Vol. 32, 1998, pp. 1-13.

防止福利多元主义简单地演变为国家责任的大幅倒退[1]。其中，Gilbert 提出了“平衡的多元主义”（balancing pluralism）概念，他强调国家需要通过某种形式的“契约”来保障不同福利主体的独立运作，从而为真正意义上第三部门的参与创造条件[2]。Evers 则主张在努力实现服务提供的最佳组合时，福利多元化不仅应被视为对国家、市场、非正式和自愿非营利部门范围的“机构选择”（institutional choice），而且应当是充分考虑到特定国家的民族和意识形态传统的综合解决方案[3]。

世纪之交，有关福利多元主义的理论研究被广泛“范式化”，由理论辨析转变为可供统计调查的实证框架成为新时期福利多元主义研究的基本取向。具体而言，福利多元主义研究表现为两种实证倾向，一是运用跨国比较视角来观察现代福利国家在福利组合上的差异化设计并由此提供福利体制划分的证据；二是侧重于观察特定国家提供相关福利服务的组合形式以优化福利设计[4]。其中，前者以 Esping-Andersen[5]、Arts[6]、Vogel[7]、Powell[8] 等学者的研究为代表，其研究普遍发现在福利组合领域欧洲国家表现出明显的体制性差异，以国家福利提供为主体的斯堪的纳维亚国家在第三部门的重要意

---

① Johnson, N., “Welfare Pluralism: Opportunities and Risks”, in A. Evers and I. Svetlik (eds), *Balancing Pluralism, New Welfare Mixes in Care for the Elderly*, Avebury, Aldershot, 1993.

② Gilbert, N., “From ‘Welfare’ to ‘Enabling’ State”, in A. Evers and I. Svetlik (eds), *Balancing Pluralism, New Welfare Mixes in Care for the Elderly*, Avebury, Aldershot, 1993.

③ Evers, A., “Part of the Welfare Mix: The Third Sector as an Intermediate Area”, *Voluntas: International Journal of Voluntary and Nonprofit Organizations*, Vol. 6, 1995, pp. 159-182.

④ Seibel, W., “Welfare Mixes and Hybridity: Analytical and Managerial Implications”, *Voluntas: International Journal of Voluntary and Nonprofit Organizations*, Vol. 26, 2015, pp. 1759-1768.

⑤ Esping-Andersen, G., *The Three Worlds of Welfare Capitalism*, Princeton, NJ: Princeton University Press, 1990.

⑥ Arts, W., & Gelissen, J., “Three Worlds of Welfare Capitalism or More? A State-of-the-art Report”, *Journal of European Social Policy*, Vol. 12, 2002, pp. 137-158.

⑦ Vogel, J., “The European ‘Welfare Mix’: Institutional Configuration and Distributive Outcome in Sweden and the European Union: A Longitudinal and Comparative Perspective”, *Social Indicators Research*, Vol. 48, 1999, pp. 245-296.

⑧ Powell, M., & Barrientos, A., “Welfare Regimes and Welfare Mix”, *European Journal of Political Research*, Vol. 43, 2004, pp. 83-105.

义上明显低于保守社团主义或自由主义体制国家。第二类研究则以 Zsuzsa①、Lennard②、Guilen③ 和 Kim④ 等学者为代表，学者们在中欧、西欧、南欧和东亚等地区广泛开展基于福利多元主义的实证性讨论，并深刻揭示了各国福利组合的设计框架及其内在逻辑。两种视角的研究使得学者们愈发认识到，尽管福利多元主义具有全球可适性，但不同国家仍然需要根据国情来重塑自身福利责任架构，从而形成适合本土的福利提供框架。正如 1993 年 Evers 和 Svetlik 在合著的《平衡的三角：老年照顾中的新福利多元主义》一书所坚信的那样，“有关国家与市场责任、公正与差异、公共计划与个人选择的福利多元组合是难以有精确定论的，而需要不同的国家根据不同的传统和问题而设计”⑤。这一实证性讨论对于福利多元主义的成熟颇为有益，因为它不但通过“去商品化”指标检验了不同国家和地区的福利制度差异，为国家福利选择的异质性提供了实证证据，而且它最大限度地允许福利组合领域的混合性（hybridity）并避免了福利多元主义的“标准模板”，这扩大了该理论的容错空间。整体来看，福利多元主义在国际理论界经历了从“理念建构”到“理论完善”再到“实证范式”的嬗变过程，并深刻体现出国外学术界对于国家福利责任的反思。

当然从实践角度观察，福利多元主义的解释框架在国际话语体系中也受到一定的挑战，有关福利多元改革能够显著促进福利优化的观点仍需谨慎看待。虽然有研究证实混合经济相比于市场经济能够给民众带来更多的社会服务⑥，且

---

① Zsuzsa, S., “The Welfare Mix in Hungry as a New Phenomenon”, *Social Policy and Society*, Vol. 2, 2003, pp. 101-108.

② Lennard, J. L., “Childcare and Welfare Mix in France”, *Annals of Public and Corporative Economics*, Vol. 74, 2003, pp. 591-630.

③ Guilen, A., & Petmesidou, M., *Dynamics of Welfare Mix in South Europe*, Welfare State Transformation Collective Volume, 2007, pp. 18-29.

④ Kim, J. W., “Dynamics of Welfare Mix in the Republic of Korea: An Expenditure Study between 1990 to 2001”, *International Social Security Review*, Vol. 58, 2005, pp. 3-26.

⑤ Evers, A., & Svetlik, I., *Balancing Pluralism: New Welfare Mixes in Care for the Elderly*, London: Averbury, 1993, pp. 79-103.

⑥ Fedele, A., & Depedri, S., “In Medio Stat Virtus: Does a Mixed Economy Increase Welfare?”, *Annals of Public and Cooperative Economics*, Vol. 87, 2016, pp. 345-363.

社会权利的普遍性、中低收入阶层的支持及市场的有限性使得公众对于混合福利经济表示相当程度的支持①，但目前一些研究仍然发现国家、市场和社会关系的协同性在部分国家的适用性不高。以发达国家为例，有研究指出英德两国第三部门支持弱势群体的能力高度取决于与政府的伙伴关系，但这种准市场契约关系正在因环境和问责机制的改变而被侵蚀甚至濒临灭绝②。来自瑞典 80 个市镇的实证调查也坚持宣称志愿组织和官方机构未能够执行福利提供的类似任务，用户也不能在不同服务商间进行自由选择，因而福利多元主义能够增进民众选择权似乎也存在解释上的漏洞③。另据英国 1998～2012 年福利多元主义政策实践的观察发现，福利提供领域的“国退”未必换来“民进”，紧缩财政的影响以及财政约束反而限制了志愿组织的效率④。与发达国家相类似，发展中国家的例证则进一步加深了学术界对福利多元主义解释有效性的疑问，来自中国的分析显示志愿组织在资源有限前提下能够发挥的作用非常有限⑤，民间社会力量的缺乏使得中国当前并未形成实质性的“公私发展组合”（Public-Private Development Mix，PPDM）模型，而阿根廷和智利等发展中国家的研究也普遍发现福利多元主义与更具参与性的治理模式存在差距⑥。为此，近年来以 Gilbert 为代表的一些学者也试图修正福利多元主义架构，并通过优化私有化路径等方案来推动福利组合的

---

① Tang, K. L., “The Case for the Privatization of Social Welfare: Three Decades of Public Opinion Evidence from Great Britain and the United States”, *Scandinavian Journal of Social Welfare*, Vol. 6, 1997, pp. 34-43.

② Aiken, M., & Bode, I., “Killing the Golden Goose? Third Sector Organizations and Back-to-work Programs in Germany and the UK”, *Social Policy & Administration*, Vol. 43, 2009, pp. 209-225.

③ Dahlberg, L., “Interaction between Voluntary and Statutory Social Service Provision in Sweden: A Matter of Welfare Pluralism, Substitution or Complementarity?”, *Social Policy & Administration*, Vol. 39, 2005, pp. 740-763.

④ Chaney, P., & Wincott, D., “Envisioning the Third Sector's Welfare Role: Critical Discourse Analysis of Post-Devolution Public Policy in the UK 1998-2012”, *Social Policy & Administration*, Vol. 48, 2014, pp. 757-781.

⑤ Shi, S., “The Bounded Welfare Pluralism: Public-private Partnerships under Social Management in China”, *Public Management Review*, Vol. 19, 2017, pp. 463-478.

⑥ Wigell, M., “Political Effects of Welfare Pluralism: Comparative Evidence from Argentina and Chile”, *World Development*, Vol. 95, 2017, pp. 27-42.

有效运行[①]。因而学术界需要认识到，正像我们不应忽视福利多元主义理论解释的有效性一样，我们也不应过度将福利多元主义的解释视为毫无瑕疵或全球通用的。

（二）国内理论界的相关研究

我国学术界自20世纪80年代初就开始推介福利多元主义的相关国外研究。目前可查询的较早发表的文章为1980年对伦纳德（Lennard）《改变福利国家的结构》的介绍，该文突出强调了英国正在经历一场从社会民主制度向激进右翼体制的转型，并指出“这个斗争的目标绝不仅仅在于反对削减福利、要求新的经费来源和劳务，而是要向官僚主义的福利结构发起进攻”[②]。但囿于学科建设等问题，当时诸多研究未能够正确认识英国等地发生的福利变革乃是一场全面的福利思想变革，因而多数学者仍然维持了原有的对福利国家资产阶级剥削性的批判[③④]和对福利经济学的批判[⑤⑥]。至20世纪80年代中后期，尽管陆续有一些研究开始中立地看待西方世界的这场福利变革，例如张润森有关西方国家福利危机的讨论[⑦]、杨祖功等有关西欧社会政策动向的分析[⑧]以及陈亚温等有关福利国家“两重性”的辨识[⑨]都试图通过中立的观察来理解西方的这场福利变革，但这些文章都无一例外地忽视了多元主体力量在新时代福利结构中的潜在价值。甚至当《国外社会科学》1985年再次刊登了东京国际会议“福利国家的经验及未来”中罗斯

① Gilbert, N., "Restructuring the Mixed Economy of Welfare: Three Modes of Privatization", *European Policy Analysis*, Vol. 1, 2015, pp. 41-55.

② P. 伦纳德：《改变福利国家的结构——从社会民主制度到激进右翼体制》，朱晓红译，《国外社会科学》1980年第5期。

③ 傅骊元：《现代资本主义“福利国家”的实质》，《经济科学》1981年第1期。

④ 张润森：《战后西欧国家的福利主义》，《世界经济与政治论坛》1982年第3期。

⑤ 王兆祥：《资产阶级福利理论的发展和演变》，《经济问题探索》1983年第11期。

⑥ 厉以宁：《当代西方宏观福利理论述评》，《世界经济》1983年第7期。

⑦ 张润森：《社会福利：困扰西欧的大问题》，《世界经济文汇》1984年第4期。

⑧ 杨祖功、曾宪树：《论西欧的“福利国家危机”》，《世界经济》1985年第4期。

⑨ 陈亚温、张维平：《福利国家的两重性和两种发展趋势》，《厦门大学学报》（哲学社会科学版）1985年第4期。

(Rose) 的福利多元主义发言后[①]，我国学术界对于此问题的认识仍然乏善可陈。可以说，由于特定历史时代的限制，20 世纪 80 年代福利多元主义尚未被我国学术界所真正理解，对福利多元主体“何以应为”“何以能为”“何以可为”的理论思考尚不深入。事实上，20 世纪 80 年代中国和西方社会同样面临着社会福利“商品化”的重大时代转型，国家福利责任的削弱似乎成为不同福利体制国家的共同选择，其背后可能与全球化浪潮带来的劳动力市场竞争力维系及“强资本、弱劳工”的福利话语权有关。对中国而言，经济社会体制的快速改革尤其是单位制福利的终结导致中国社会原子化动向和转型期社会联结之中断错乱[②]，单位体系及其支持者国家之外的多元主体的福利价值开始显著彰显，如郑功成所言之“国家—单位保障制”转变为“国家—社会保障制”成为重要的政策转型方向[③]。然而可惜的是，我国学术界当时没有很好地抓住福利多元化这一理论来促进我国的社会保障改革，这使得我国在之后的广义社会福利建设路途中走了一段弯路。

自 20 世纪 90 年代开始，市场经济改革进入深水区迫使单位制福利全面解体，增强市场、家庭和社区在广义社会福利领域中功能的呼声开始逐步回归到政策视野中。但是在实践中，无论是社会保险领域的统账结合改革还是民政福利领域的“社会福利社会化”都遭受到了重重阻力，企业竞争力与民众兜底保障能力之间的矛盾随着福利“去商品化”程度的减弱而变得更为突出，因而如何在理论上论证社会保障改革的合理性并前瞻性地部署其未来发展之路就成为学术界亟须破解的关键障碍。囿于中西方在广义社会福利改革上的诸多类似性，部分学者开始通过借鉴西方福利国家的有益改革经验来反思中国新时期福利建设过程中的责任共担机制，典型研究如郑树清等学

① 陈鸿斌：《探讨福利国家的国际会议》，《国外社会科学》1985 年第 5 期。

② 田毅鹏、吕方：《单位社会的终结及其社会风险》，《吉林大学社会科学学报》2009 年第 6 期。

③ 郑功成：《从国家—单位保障制走向国家—社会保障制——近 30 年来中国社会保障改革与制度变迁》，《社会保障研究》2008 年第 2 期。

者有关中国社会保障出路的讨论[①]、岳颂东有关社会服务多元共担的分析[②]、陈良瑾等人有关“社会福利社会办”的研究[③]、周弘有关西方社会保障经验的总结[④]、杨伟民有关社会保障运行规则的研判[⑤]、李珍有关社会保障个人账户发展的展望[⑥]、王思斌有关社会保障体系构建的透析[⑦]以及穆怀中有关社会保障适度水平的探讨[⑧]等都对这一问题进行了深入讨论。尽管上述研究的若干观点也存在少量分歧，且多数研究都未能直接使用“福利多元主义”这一统合性称呼，但是各类研究在推动国家以外力量参与福利建设以及积极强化市场、家庭、社区和志愿组织履行自身福利责任方面却达成了普遍共识，以强化社会保险统账结合、夯实个人账户、构建兜底保障体系、分解职工福利、推动社会福利社会化为主要观点的福利多元化观点得到了学术界的广泛肯定，福利多元主义借由实践困境而实现理论突破的路途逐步明晰。

进入 21 世纪，不但福利多元主义的概念被体系化地予以阐释，而且福利多元主义的建设思想也进一步在学理上被范式化。其中，黄黎若莲于 2000 年发表的《“福利国”、“福利多元主义”和“福利市场化”》[⑨]、林闽钢于 2002 年发表的《福利多元主义的兴起及其政策实践》[⑩] 和彭华民于 2006 年发表的《福利三角：一个社会政策分析的范式》[⑪] 对该理论的中国化建构具有极为关键的推动意义，这些研究相比以往只强调多元主体参与福

---

① 郑树清、陈川：《中国现行社会保障制度的出路》，《社会》1990 年第 2 期。

② 岳颂东：《中国社会福利体制的改革》，《管理世界》1991 年第 4 期。

③ 陈良瑾、唐钧：《建立有中国特色的社会福利制度》，《学术研究》1992 年第 3 期。

④ 周弘：《西方社会保障制度的经验及其对我们的启示》，《中国社会科学》1996 年第 1 期。

⑤ 杨伟民：《社会保障的理念基础及运行规则》，《社会学研究》1996 年第 6 期。

⑥ 李珍：《论社会保障个人帐户制度的风险及其控制》，《管理世界》1997 年第 6 期。

⑦ 王思斌：《略论当前我国社会保障体系的建构》，《华中师范大学学报》（人文社会科学版）1997 年第 6 期。

⑧ 穆怀中：《社会保障适度水平研究》，《经济研究》1997 年第 2 期。

⑨ 黄黎若莲：《“福利国”、“福利多元主义”和“福利市场化”》，《中国改革》2000 年第 10 期。

⑩ 林闽钢：《福利多元主义的兴起及其政策实践》，《社会》2002 年第 7 期。

⑪ 彭华民：《福利三角：一个社会政策分析的范式》，《社会学研究》2006 年第 4 期。

利建设的观点更好地凝聚成一个分析框架，并依托西方理论阐释了各主体的典型特征及其中国适应性，这为全面理解福利多元主义并推动其在中国的范式化提供了良好契机。此外，在熊跃根[①]、陈友华[②]、何文炯[③]和韩央迪[④]等诸多学者的共同推动下，中国视域下的福利多元主义逐步强化了其自身理论体系的建设，在理论上形成了中国特色社会主义背景下政府、市场、家庭、社区和志愿部门多主体兼容并蓄的综合福利提供体系，在为该理论实证化打下坚实基础的同时也成为21世纪该理论的一个重大学理突破。此外，21世纪以来另一个重要的变化为该理论的范式化，一些学者通过基于老龄化、儿童、社区、志愿组织等领域的实证研究检验了福利多元主义的中国可适性，典型研究如岳经纶等有关政府与NGO关系的研究[⑤]、景军等有关中国养老机构信任危机的研究[⑥]、尚晓援有关两城市社会服务的案例研究[⑦]、汪大海等人有关社会组织参与养老服务的研究[⑧]、丁煜等有关社区居家养老问题的研究[⑨]、万国威有关留守儿童保护的实证研究[⑩]、姚进忠有关农民工城市融

---

① 熊跃根：《转型经济国家中的“第三部门”发展：对中国现实的解释》，《社会学研究》2001年第1期。

② 陈友华、庞飞：《福利多元主义的主体构成及其职能关系研究》，《江海学刊》2020年第1期。

③ 何文炯、王中汉：《论老龄社会支持体系中的多元共治》，《学术研究》2021年第8期。

④ 韩央迪：《从福利多元主义到福利治理：福利改革的路径演化》，《国外社会科学》2012年第2期。

⑤ 岳经纶、郭英慧：《社会服务购买中政府与NGO关系研究——福利多元主义视角》，《东岳论丛》2013年第7期。

⑥ 景军、吴涛、方静文：《福利多元主义的困境：中国养老机构面临的信任危机》，《人口与发展》2017年第5期。

⑦ 尚晓援：《从国家福利到多元福利——南京市和兰州市社会福利服务的案例研究》，《清华大学学报》（哲学社会科学版）2001年第4期。

⑧ 汪大海、张建伟：《福利多元主义视角下社会组织参与养老服务问题——“鹤童模式”的经验与瓶颈》，《华东经济管理》2013年第2期。

⑨ 丁煜、杨雅真：《福利多元主义视角的社区居家养老问题研究——以XM市XG街道为例》，《公共管理与政策评论》2015年第1期。

⑩ 万国威：《社会福利转型下的福利多元建构：兴文县留守儿童的实证研究》，南开大学博士学位论文，2013。

入服务体系的研究[①]和王辉有关川北互助式养老问题的研究[②]等都以福利多元框架为基础解构了当前福利多元主体在我国福利建设中的意义与缺陷，为我国此领域研究的持续进步奠定了基础。由于上述两个维度的快速发展，如今福利多元主义在中国已经逐步发展成为一个理论框架清晰且经受过部分实证检验的重要学术理论，并业已成为我国社会福利理论研究的重要组成部分。

① 姚进忠：《福利多元：农民工城市融入服务体系建构的社会工作行动研究》，《中国行政管理》2018 年第 1 期。

② 王辉：《政策工具视角下多元福利有效运转的逻辑——以川北 S 村互助式养老为个案》，《公共管理学报》2015 年第 4 期。

第三章
研究的方案设计

一　研究思路的演进与章节分布

（一）研究结构

从现有的文献综述可以发现，有关“留守儿童”“福利态度”“福利多元主义”的既有研究扎实且丰富，这为本研究的讨论奠定了良好的研究基础。但是三个突出问题仍然有待突破：一是既有留守儿童的相关研究发现该类儿童相比于父母监护儿童的突出风险，并反映出不同监护类型的留守儿童也具有较为明显的差别，这提醒我们关注留守儿童面临困境的潜在差异。尽管我们预测独居、他人监护等留守儿童的问题要更为突出，但是真实情况是否如此以及他们面临哪些方面的突出风险，目前学术界尚无法回应。更为重要的是，通过各类留守儿童突出风险的比较研究可以有效检验当前我国院外儿童福利制度的有效性，有利于研判我国儿童福利制度近年来的改革成效。二是既有福利态度文献为我们提供了态度测量的不同维度和方法，同时发现宏观层面的福利体制因素和经济因素、微观层面的个体自利因素和个体价值因素都对福利态度具有显著的影响力，但目前集中于成人群体的测量指标可能并不完全适用于儿童群体。那么儿童群体的福利态度指标应当如何构建、中国不同类型儿童的福利态度究竟如何以及留守儿童的福利态度有何独特性就需要我们进行针对性的观察。三是福利多元主义的文献综述显示无论是在理论解释还是实证调查方面中外研究都做了大量工作，突出了不同福利多元主体的核心特征及其价值，但目前有关我国儿童福利提供责任动态变化的讨论严重缺乏。特别考虑到 2016 年以来我国留守儿童政策出现了较大变化[①]，那么当前留守儿童的福利责任共担机制是否稳固以及这种福利组合是否适合中国尚需深思熟虑。基于以上问题，本研究希望重点完成三项任务：一是揭示我国现行儿童福利的制度特色、历史脉络和基本架构，厘清我国留守儿童关爱保护体系中的法定国家责任；二是淬炼适合我国农村儿童的福利态度测量指标并实证性解构留守儿童的福利态度，观察福利态度形成背后的逻辑；三是考量留守儿童福利态度背后的制度漏洞，探讨中国情境下儿童福利制度的固有缺陷，并因循多元主体权力责任转移过程中的福利组合缺位建构本土化的多元共治方案。

具体而言，本研究在既有文献的基础上遵循“制度介绍—实证调查—理论解析”的基本思路（见图 3-1），主要板块有三个：其一是我国儿童福利体系的制度介绍研究。本部分主要围绕我国儿童福利的独特意涵、历史脉络和基本框架展开。研究主要回答的问题有：我国儿童福利体系的理论内涵是什么？儿童福利体系是怎么形成的？当前我国广义儿童福利体系的政策布局如何？留守儿童关爱保护体系中的法定国家责任是什么？其二是我国留守儿童福利态度的实证调查研究。通过既有的指标体系，研究着重对国家福利提供目标、过程和结果进行多维度的评价。研究主要回答的问题有：我国留守儿童对国家福利责任的认可度如何？可感知的福利组合如何？可感知的国家福利提供过程如何？可感知的国家福利结果输出如何？其三是我国儿童福利制度的转型升级研究。在福利态度实证研究的基础上，这一板块着重通过

① 留守儿童自 2005 年左右进入我国政策视野以来一段时间内缺乏业务主管部门。2016 年 2 月，国务院发布的《关于加强农村留守儿童关爱保护工作的意见》正式将留守儿童纳入民政保护的范畴内。民政部在同年 3 月成立了未成年人（留守儿童）保护处作为留守儿童的主管部门。随后，国务院在 2016 年 4 月建立起涵盖 27 个单位的“农村留守儿童关爱保护工作部际联席会议制度”。截至 2018 年底，民政部依托党和国家机构改革对本部门进行了业务调整，儿童福利司正式升格成为留守儿童关爱保护的主管部门。

理论分析来解构当前国家的责任履行经验和缺陷，并积极在学理上界定其未来的责任边界。研究着重观察的问题有：当前的儿童福利体系有何经验和缺陷？依据留守儿童福利态度测量结果及理论分析而形成的国家福利责任边界应当如何认定？国家如何进行下一阶段福利组合框架的战略部署？如何将儿童福利纳入整体社会保障改革中？

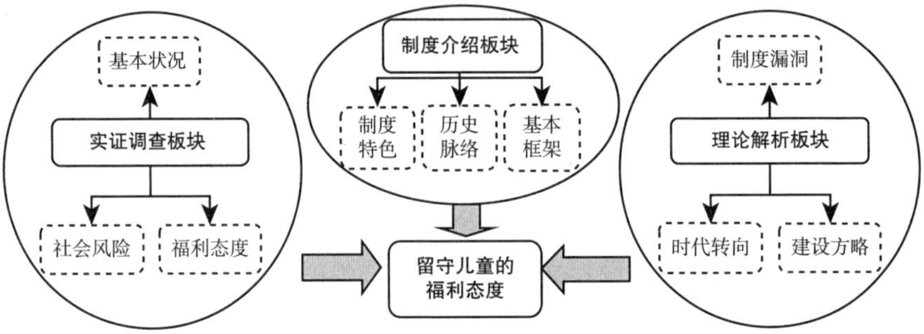

图 3-1 本研究的基本结构

（二）章节分布

在此基础上，我们将研究报告具体分为八个章节（见图 3-2）。其中第一章主要介绍既有研究的背景、问题和意义，主要突出为什么要对本议题进行学理研究。第二章主要分为留守儿童文献、福利态度文献和福利多元主义文献的回顾，主要为后续的研究提供基础性的文献梳理。第三章主要分为研究思路、研究方法、概念操作化、研究重点和创新点等四个部分，主要介绍研究的篇章结构、具体调查形式、数据操作化和研究创新之处。第四章主要介绍我国广义儿童福利体系的独特内涵、历史脉络和基本构架，阐释留守儿童关爱保护体系在儿童福利体系中的定位。第五章和第六章分别为定量和定性研究结果的解读，前者利用问卷调查数据展示了多种类型留守儿童的基本状况、主要风险和福利态度特征，后者则利用访谈和观察材料介绍了留守儿童福利态度及其形成的风险诱因。第七章着重讨论三个议题，一是我国留守儿童福利态度背后所反映的儿童福利体系运行状态，二是儿童福利制度的时代转向，三是我国儿童福利制度的建设方略。第八章主要介绍本研究的结论、讨论和建议，研究着重对前述结果进行总结、分析和提炼，并为未来留守儿童等监护缺失儿童的关爱保护体系建设提供方案。

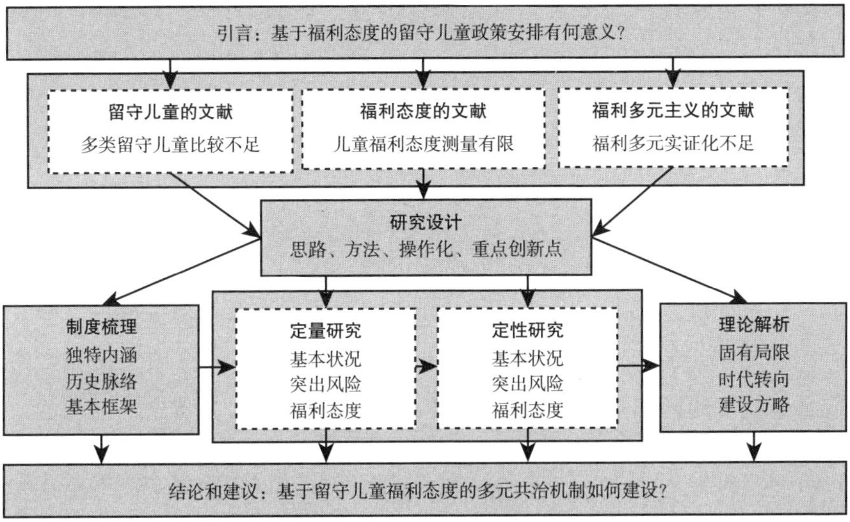

图 3-2　本研究的基本思路

二　研究方法的选择与样本状况

（一）资料收集和分析方法

本研究主要采取定量定性相结合的方法开展实证调查，具体而言着重采取文献法、问卷法、访谈法、观察法等资料收集方式开展讨论。其中，文献法主要用于两个方面，一是阅读中西方相关的政策文件，尤其是对当前我国留守儿童关爱保护的法律法规进行细致的文本分析；二是阅读相关理论文章，着重对“儿童福利”“留守儿童”“福利态度”“福利多元主义”的中外文献进行细致审读，关注中西方在文献领域中的核心观点与重要差异点。问卷法主要用于两个方面：一是着重利用实证数据对我国各类儿童的福利态度进行深入解读，了解不同类型留守儿童对于国家福利责任的认同和评价；二是用于对当前留守儿童福利态度典型特征的形成原因进行实证解读，重点分析当前我国留守儿童特殊风险与独特福利态度的潜在关联。访谈法的开展分为两种：一是针对地方官员（党政、公安、教育、民政、妇联、团委）、村委会成员、儿童主任、学校领导、教师等成人进行单独访谈或小组座谈会，着重了解成人群体对留守儿童突出风险和福利需要的观察；二是针对留守儿童本身进行个案访谈，主要了解他们在儿童福利提供过程中的主观态度并观察社会风险对其主观态度的影响。观察法的使用主要针对儿童在问卷作答、访谈和实际走访过程中的细节进行描述，用以开展更为细节而深入的质性解读。在分析方法上，对于定量材料本研究主要采取描述性统计、独立样本 t 检验、回归分析、因子分析等方法展开系统讨论，对于质性材料则主要采取基于文本的内容分析方式开展分析。研究希望通过定量定性结合的方法来深入挖掘留守儿童在福利获得感上的主要障碍及未来的福利改革方向。

（二）调查地点的选择

在实证调查过程中，本研究首先于 2019 年 5 月在四川 Y 县进行了 700 余份问卷和十余个访谈的试调查，前期调查主要用于检验问卷相关题目的信效度水平、儿童填答状况以及访谈提纲情况。在反复调试问卷和访谈提纲后，大规模的正式调查于 2019 年 9～12 月在全国八个省份陆续开展。调查地点在充分考虑我国地理分布格局的前提下，在每一个地理大区（华北、东北、西北、华东、中南、华南、西南、西部）选择一个中等社会经济发展水平的县域作为代表性地域。调查地点既包含河南、四川、广西等以跨省务工为主的省份，也包含辽宁、湖北、江苏等以省内务工为主的省份，切实希望能够使数据具有全国代表性。访谈法和观察法的地区选择与问卷调查完全一致。

按照时间顺序，本研究团队先后调查了四川 Y 县（位于四川省东南部，2019 年人均 GDP 为 5.5 万元）、辽宁 C 县（位于辽宁省北部，2019 年人均 GDP 为 1.3 万元）、河南 Q 县（位于河南省东北部，2019 年人均 GDP 为

2.7万元）、甘肃Z县（位于甘肃省中部，2019年人均GDP为3.3万元）、陕西N县（位于陕西省西南部，2019年人均GDP为2.9万元）、湖北X县（位于湖北省中部，2019年人均GDP为5.5万元）、江苏S县（位于江苏中部，2019年人均GDP为4.5万元）和广西R县（位于广西壮族自治区北部，2019年人均GDP为2.4万元）等八个县域。样本情况如表3-1所示，各地调查样本为570~700人，相对比例为11.5%~14.2%，各地的样本分布基本均衡。

表3-1　被调查地区的样本状况

类目	Y县	X县	S县	Z县	N县	Q县	R县	C县	总体
所在省份	四川	湖北	江苏	甘肃	陕西	河南	广西	辽宁	八省份
所属地域	西南	中南	华东	西北	西部	华北	华南	东北	全国
调查人数(人)	700	597	616	570	627	647	588	598	4943
调查占比(%)	14.2	12.1	12.5	11.5	12.7	13.1	11.9	12.1	100
人均GDP（万元）	5.5	5.5	4.5	3.3	2.9	2.7	2.4	1.3	3.5

（三）抽样和调查对象选择

本研究高度重视问卷抽样和访谈对象的选择。在问卷抽样过程中，我们坚持分层抽样与整群抽样相结合的方式，研究全过程注重对抽样误差的控制。具体操作步骤为，首先在每个代表县按照经济发展排名选择三个发展水平不等的乡镇（经济发展好、经济发展居中、经济发展差各一个），每个乡镇按照分层抽样原则分别选择小学和初中各一个，进入各学校则按照同一编号不同年级班级（非重点班和非落后班）选择两个班级的学生进行集中调查，所有班级的学生为整群抽样抽取。实际测量中，每个省份的调查儿童数量严格保持在600人左右，共计有24个乡镇的约120个班级参与了问卷调查。平均每个班级实际抽取41.5名儿童，与中国农村地区40人左右的实际平均班额接近。考虑到儿童实际的年龄、问卷作答能力以及国发〔2016〕

13 号文件所规定的“不满 16 周岁”的年龄上限，将被调查儿童的年级设置在小学五年级到初中二年级，其覆盖的年龄为 9~15 周岁。调查共计发放问卷 5180 份，剔除无效问卷后有效问卷为 4943 份，有效问卷率约为 95.4%。另外，所有的抽样和调查均由经过完整培训的调查员完成，以妥善降低代表性误差和登记性误差。数据的信效度整体情况较好，主要量表的 Cronbach's alpha 系数在 0.642~0.901 的范畴内，KMO 系数则普遍在 0.767~0.943，后文将在各量表的展示中显示具体数据。

访谈对象的选择过程中，成人访谈对象主要选取当地的政府官员、村委会成员、校领导或教师；由于班主任对儿童及其家庭的情况比较了解，留守儿童访谈对象主要由班主任进行推荐。调查中每个乡镇一般会调查 2 名成年人（由经过培训的专业教师访谈，一组分 2 个轮次）和 4~6 名儿童（由经过培训的研究生访谈，共两组分 2~3 个轮次），访谈儿童分布在小学四年级到初中二年级（9~15 周岁）；共计 183 名被访者被纳入实际分析中，极少数不符合留守要求的被访儿童没有纳入文本分析中。访谈一般安排在问卷调查之后，访谈时间为 30 分钟到 1 个小时，考虑到匿名对于相关调查真实性的保障，成年人一般不录音但进行笔记记录，儿童在征求对方同意后进行录音（具体访谈者名单及基本情况介绍参见附录）。

（四）研究伦理

本研究坚持基本的学术伦理规范，主要表现为六个方面：第一，调查活动均得到当地政府或学校的批准，所有协调工作均由官方机构组织安排，所有参与者都会明确知道本调查的基本目标和主要用途。第二，调查人员提前接受培训和获得调查手册，所有问卷调查员和访谈员均经过筛选并进行前期培训，课题设计人员对于调查过程中的主要问题进行了强调。第三，为了确保儿童有足够的时间填写问卷，中学问卷调查时间设定为 30 分钟，小学问卷调查时间设定为 40 分钟，调查严格确保每一位学生都能够顺利完成问卷。第四，为了避免学校教师对儿童选择情况的干扰，陪同的政府官员和教师被隔离在调查现场以外。第五，调查中要求所有儿童保持一定距离，调查期间严格禁止儿童间的偷窥和交谈。第六，可能引起不满的问题被安排在指南中，所有问卷的录入和分析都是匿名和严格保密的。

三 核心概念的测量及其操作化

（一）福利多元主体

如前文所示，Evers、Gilbert 和 Johnson 等学者主张的经典福利组合模式多将“国家”、“市场”、“非正式部门”和“民间社会”视为福利提供的多维主体①②③。其中，“国家”代表了公共部门，其主要为具有社会权的公民提供基于平等价值的公共福利；“市场”代表了劳动力市场，它通过竞争关系为消费者提供具有选择自由的市场福利；非正式部门通常以家庭和社区为主，通过互惠与利他原则为成员提供非正式福利；而民间社会则以志愿精神为民众提供基于团结价值的福利④。参考既有的经典福利多元主义理论并结合我国留守儿童福利提供的实践，我们将“家庭”“国家”“学校”“民间社会”视为主要观测的福利主体（见图 3-3）。其中，“家庭”基于亲情关系而提供互惠性的家内福利，在实际分析中因留守的存在而被划分为“父母”和“亲属”的二元主体，主要观察父母缺席后其余家庭成员的福利补偿效应。“国家”福利为由公共部门提供的或福利提供中带有典型公共属性的福利，实际测量中包含政府内设机构、官办群团组织和具有儿童福利服务

---

① Evers, A., *Shifts in the Welfare Mix: Introducing a New Approach for the Study of Transformations in Welfare and Social Policy*, Vienna: Eurosocial, 1988.

② Johnson, N., *Mixed Economies of Welfare: A Comparative Perspective*, Prentice Hall Europe, 1999, pp. 31-37.

③ Gilbert, N., “From Welfare to Enabling State”, in A. Evers and I. Svetlik (eds), *Balancing Pluralism, New Welfare Mixes in Care for the Elderly*, Avebury, Aldershot, 1993.

④ 彭华民、黄叶青：《福利多元主义：福利提供从国家到多元部门的转型》，《南开学报》（哲学社会科学版）2006 年第 6 期。

落地责任的村委会[①]。“学校”（含教师和同伴）的福利提供我们单独提炼出来，原因在于“学校”既具有经典理论中的互惠利他属性（情感支持）也具有部分公共福利属性（法定义务），且我国学校在儿童福利提供中发挥的作用也在国发〔2016〕13号文件等政策中被单独提出。“民间社会”的福利提供则主要为志愿者、志愿团队、公益慈善和邻里等力量所提供的基于团结价值的福利。“市场”主体没有被纳入儿童福利提供的分析中，因为在调查中绝大多数农村地区依托成熟市场（如托育、假期看护市场等）为儿童提供的福利比较有限，且儿童通常不具有通过劳动力交换在市场中置换福利的资格和能力。

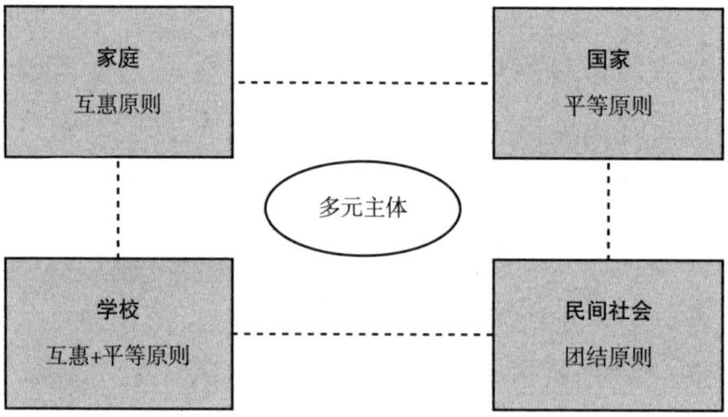

图 3-3　本研究福利多元主体的设计

（二）留守儿童的类别

2016年2月，国务院发布实施的《关于加强农村留守儿童关爱保护工作的意见》（国发〔2016〕13号）曾明确规定“外出务工人员要尽量携带未成年子女共同生活或父母一方留家照料，暂不具备条件的应当委托有监护能力的亲属或其他成年人代为监护，不得让不满十六周岁的儿童脱离监护单独居

① 由于儿童主任等制度均设置在村委会，所以研究认为中国的村委会具有儿童福利提供的公共属性，这与西方经典福利多元主义认为的社区基于互惠和利他原则提供福利具有根本性不同。

住生活”。依据此规定，我国法理上不应当有“独居留守儿童”，但实践中囿于政策落实问题我们仍然发现有部分独自居住的留守儿童，故本研究仍将留守儿童按照监护类型分为“单亲监护留守儿童”、“亲属监护留守儿童”、“他人监护留守儿童”和“独居留守儿童”四种类型。问卷中具体的评测题目为三道：前两道题目用于甄别儿童是否为“留守儿童”，题目为“爸爸目前在你的户籍县以外务工或工作吗?”和“妈妈目前在你的户籍县以外务工或工作吗?”，选项为“是”“不是”“去世或失去联系”。本研究中“留守儿童”的界定采取宽泛形式（如第二章第一节的定义），只要父母有一方“是”即统计为“留守儿童”。第三道题目则用于区分留守类型，题目为“你在过去一年中日常和谁一起居住（多选题，没有限制）?”，选项分别为“爸爸”“妈妈”“爷爷奶奶”“外公外婆”“伯父、叔叔、姑姑”“舅舅或姨妈”“哥哥姐姐”“弟弟妹妹”“和同学住校”“和同学在校外居住”“其他成人（含托管）”“单独居住”12 种类型。在留守儿童类型认定中，选择“爸爸”或“妈妈”共同居住的留守儿童被认定为“单亲监护留守儿童”，未选择父母任意一人且选择其他成人亲属的留守儿童为“亲属监护留守儿童”，未选择家庭成员且选择住校、和同学校外居住或与其他成人居住的留守儿童为“他人监护留守儿童”，“单独居住”的留守儿童为“独居留守儿童”。

（三）福利态度的测量

本研究参考既有文献[①]将被调查儿童的福利态度界定为“儿童如何评价当前我国公共儿童福利项目的目标制定、政策设计和责任履行的主观意愿”，和 Van Oorschot 等学者的观点保持一致，强调对于儿童“感知性社会福利”（perceived social welfare）的系统研究[②]。福利态度的测量指标主要依

---

① Wong, T. K., Wan, S. P., & Law, K. W., “High Expectations and a Low Level of Commitment: A Class Perspective of Welfare Attitudes in Hong Kong”, *Issues & Studies*, Vol. 44, 2008, pp. 219-247.

② Van Oorschot, W., & Meuleman, B., “Welfarism and the Multidimensionality of Welfare State Legitimacy: Evidence from the Netherlands, 2006”, *International Journal of Social Welfare*, Vol. 21, 2012, pp. 79-93.

据现有中外文献及其测量工具而设计，但是研究观察到中国和国际有关福利态度的认识似乎存在着一定的差异。其中，前者更加侧重于对保障对象的福利需要及国家福利提供进行讨论，这一测量是在了解特定人群福利态度的基础上着力构建需要为本的社会政策；而后者则多采取目标、过程与结果相结合的综合评测体系来对福利国家的公众舆论进行综合评测，其目标主要是为特定倾向社会政策的部署提供民意支持。实践中，前者的评测比较容易和中国的既有政策设计进行对接，其对中国政策属性的内涵具有更好的把握能力，但劣势在于其评测较为单一，很多研究仅为一道包含多个子题目的单维度福利意向调查。而后者的优势在于评测体系较为全面，能够对政府福利提供进行全流程的民意评价，但是 Van Oorschot 等部分学者提出的有关“感知的社会福利过度使用”“福利国家结果评估”“感知经济和道德后果”等维度的测量与中国的实际情况差距较大①，同时国外的既有研究多为成人的调查，缺乏基于儿童的测量指标设计，故本研究需要进行一定的指标优化调整。在具体指标设计方面，我们在综合考量 Roosma 和 Cheng 等提出的福利态度测量维度的基础上，根据中国儿童的身心发展特点及当前政策设计而主要将“国家责任”（responsibility of the state）、“福利组合”（welfare mix）、“广度和程度”（range and degree）、“执行过程”（implementation process）与“结果输出”（outcomes）五项内容视为考评中国儿童福利态度的主要维度②③，并针对各维度的测量进行了中国化的提炼（见图 3-4）。

具体而言，“国家责任”着重考核儿童对于九项重要公共儿童福利事宜

① Van Oorschot, W., & Meuleman, B., "Welfarism and the Multidimensionality of Welfare State Legitimacy: Evidence from the Netherlands, 2006", *International Journal of Social Welfare*, Vol. 21, 2012, pp. 79-93.

② Roosma, F., Gelissen, J. & Van Oorschot, W., "The Multidimensionality of Welfare State Attitudes: A European Cross-national Study", *Social Indicators Research*, Vol. 113, 2013, pp. 235-255.

③ Cheng, Q., & Ngok, K., "Welfare Attitudes towards Anti-poverty Policies in China: Economical Individualism, Social Collectivism and Institutional Differences", *Social Indicators Research*, Vol. 150, 2020, pp. 679-694.

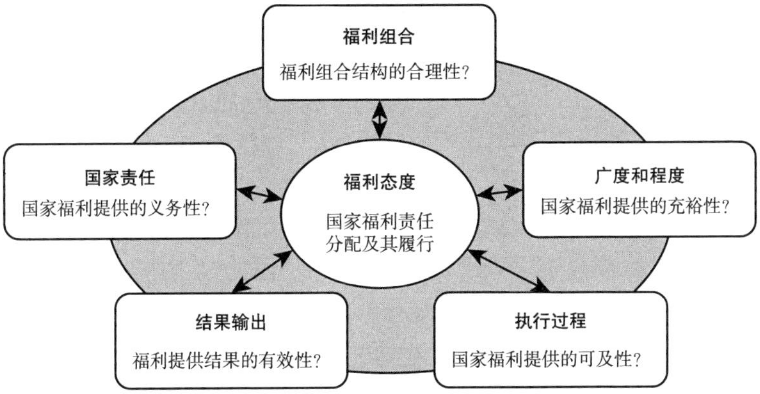

图 3-4　本研究福利态度的测量维度

的总体支持程度及优先性顺序安排①，着重观察儿童对于各类福利项目是否应为国家责任的判断。“福利组合”主要考察儿童对当前父母、亲属、邻居、家人朋友、自己朋友、政府/村委会、学校/教师和志愿组织八个多元主体在可感知福利提供过程中角色的认识，尤其注重观察四维主体类别（家庭：父母+亲属；国家：政府/村委会；学校：学校/教师+自己朋友；民间社会：邻居+家人朋友+志愿组织）在当前福利提供体系中的静态角色扮演及其动态角色变化。“广度”主要用以测量儿童对国家参与九项福利提供中广泛性的认知②，“程度”则主要考察儿童对三项核心福利项目充裕度的态

① 我们没有采取比较常见的 ISSP 九维度测量方式。因为我们意识到，传统上有关儿童福利态度的测量虽然有采用 ISSP 指标体系开展的，但是两个方面的问题使得这一测量仍然存在质疑：一是 ISSP 本身是针对成年人设计的，儿童对于政府福利提供中的部分项目可能并不清楚，如对“就业保障”“养老保险”“医疗照护”等和他们关联较弱项目的政策意义理解不足，这容易造成回答上的偏差。二是 ISSP 为了预防福利依赖而提出了福利成本的问题，但是儿童很难理性地比较税收等福利成本带来的影响，因而其福利态度的测量结果可能会人为偏高。故我们主要使用目前政策上已经普遍实施的九种公共福利项目作为国家福利责任的观察点，主要有“实施经济资助”“儿童侵害惩罚”“建设场地设施”“促进家人陪伴”“构建良好舆论”“开展丰富活动”“保障周边安全”“降低虐待忽视”。

② 主要包含儿童日常最重要的九项福利需要，包括“提供金钱”“生活照顾”“学习辅导”“生病照顾”“行为矫正”“安全保障”“心理辅导”“关心爱护”“化解矛盾”。

度①。“执行过程”主要测量儿童对九项重要政策保护义务的可及性评价，着力观察儿童能够直接感受到相关儿童福利项目的实施状况。而“结果输出”主要测量儿童对当前福利提供体系风险性的判定，主要试图发现哪些风险不能够通过当前的福利体系来有效解决。总体来看，本研究希望通过一揽子组合型的福利态度测量体系来为构建中国特色的儿童福利制度提供重要的实践证据。

（四）福利态度的形成

考虑到调查地区均在国内，不具有社会福利体制（均属于东亚福利体制）和宏观经济状况（经济状况和经济增长率均比较接近）等宏观因素的深刻影响，同时青春期个体价值观等微观因素尚未定型，故本研究主要试图考察儿童基于自利因素而出现的风险防范需要，尤其是重点研究留守儿童所遭遇的突出风险和福利态度之间的内在逻辑关联。根据前期调查和广泛的文献阅读，本研究将儿童的突出风险归纳为家庭虐待和忽视（child maltreatment）、校园暴力（school violence）、意外伤害（accidental injury）、抑郁情绪（depression）与越轨行为（deviant behavior）五个方面，希望通过综合评估儿童可感知风险与可感知福利提供的关系来讨论既有福利态度形成的基本逻辑。具体的分析路径如图 3-5 所示，五个突出的社会风险构成留守儿童福利态度的形成诱因，其传导机制为基于个体自利因素而形成的风险防范压力。同时在参考众多文献的基础上，研究预测该类儿童风险防范压力的增强可能与当前福利组合的潜在漏洞有关，即父母缺席后亲属福利提供的匮乏导致家庭陷入去功能化障碍，国家、学校和民间社会对于家庭福利缺位的代偿不利使留守儿童的风险防范需要显著增加，故家庭去功能化和家外福利补偿的不足是社会风险转化为福利态度的重要诱因。

---

① 我们根据前期调查将“儿童虐待欺凌保护服务”“儿童情绪行为管控服务”“儿童意外事故预防服务”三项保护性和预防性服务作为主要的评测标准。

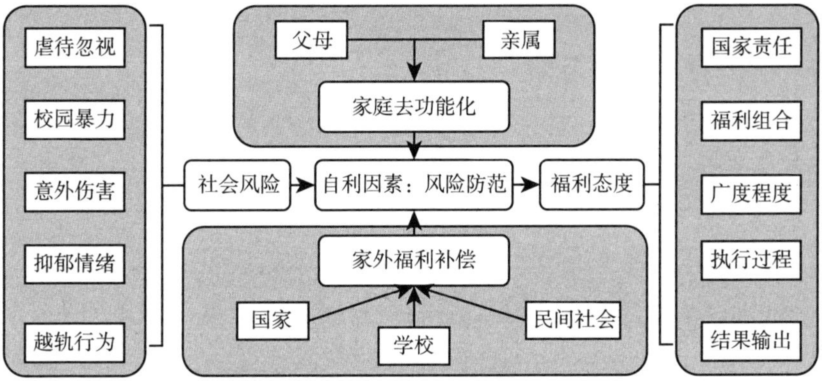

图 3-5　本研究福利态度形成逻辑

四　研究重点及可能的创新

（一）研究重点

本研究的重点议题有三个：一是构建适合我国留守儿童福利态度的综合评价体系，着力通过文献回顾并结合我国儿童福利提供体系设计较为健全的儿童福利态度评估方法。二是通过定量和定性相结合的研究方法发掘留守儿童的福利态度，尤其是对该类儿童独特的福利态度进行概括及归因。三是明确未来公共部门在儿童福利建设中的责任边界，利用理论分析考察儿童福利制度的改革方向。

（二）研究创新点

本研究的理论创新点主要有三个：首先，福利态度研究在国外具有较扎实的理论与实证基础，但是我国传统上则更为强调福利需要（或需求）的分析，前者与后者相比较不但具有更强的可测性（需求测量容易形成一边倒的结果），而且测量体系更为健全，能够避免单面向概貌性地介绍福利接受者的观点。本研究依托现有理论试图建构适合我国儿童语境的福利态度测量体系，是国内首次全面评测未成年人福利态度的方式方法。其次，福利多元主义在既有研究往往采取静态平衡角度去界定多元主体的责任，本研究试图观察留守儿童福利责任的缺失与替代，思考多元主体的动态责任变迁及权力关系再平衡，力图对我国福利多元主体的转换形式进行深度的理论反思。最后，我国部分留守儿童相比其他类型儿童的风险可能会显著增强，但是相关比较研究在我国学术界较为少见，对其展开研究能够明确厘清我国特定高危儿童的现实困境和治理逻辑，有利于我国留守儿童关爱保护体系精准建设。

第四章
我国的儿童福利体系

一　我国“儿童福利”的独特意涵

（一）广义儿童福利的概念内涵

我国留守儿童关爱保护事宜在制度构架上从属于广义儿童福利体系（child welfare system），例如在归口管理上当前此项工作就属于民政部儿童福利司的管辖范畴，故留守儿童的政策回顾需要放置于广义儿童福利体系的大框架下讨论。同时，与西方国家普遍认同广义“儿童福利”概念相比较，我国理论界经常会陷入“儿童福利”广义与狭义概念的混淆与争辩中。其中，狭义概念往往被学者们认为是“由特定形态的机构向特殊的儿童群体提供的一种特定的服务”①，它倾向于将儿童福利和老年福利、残疾人福利一起视为狭义社会福利（或称“民政福利”）的重要组成部分，其传统上的主要保障对象为孤儿和弃婴②，福利提供的主要形式为专属孤弃儿童津贴及特有的助残、恤孤等机构服务（少数有院外寄养服务）。而广义概念则被

① 周镇欧：《儿童福利》，巨流图书出版社，1996。

② 尽管有的学术研究会提及儿童福利制度包含流浪儿童，但流浪儿童在政策领域目前仍然放置在社会救助体系中，是流浪乞讨人员救助管理的一部分，故本研究在这里的表述没有含纳流浪儿童。

认为是“为立法范围内的所有儿童普遍提供的一种旨在保证正常生活和尽可能全面健康发展的资金与服务的社会政策和社会事业”①，其所倡导的福利提供对象是含纳所有困境儿童的全部儿童，福利提供形式包括社会保障、福利服务、教育服务、住房服务、健康服务和就业服务等内容②。实践中，由于我国自20世纪80年代构建起来的社会保障框架通常采取狭义概念来确定儿童福利的范畴和意义，且在实际的政策构架、财政支出、人员编制等方面也均将其置于狭义的目标定位，因而事实上我国官方领域的儿童福利概念传统上主要为狭义概念，这和强调“凡是以促进儿童身心健康发展与正常生活为目的的各种努力、事业与制度均可称为儿童福利”③ 的国际共识存在本质性区别，这也使“儿童福利”概念的争议可以部分程度地理解为国际普遍性与本土独特性之争。

我国“儿童福利”概念的争议自然而然也带来学理上的另一个显性分歧，即“儿童保护”和“儿童福利”这两个概念的学术区分。在普遍坚持广义概念的国际社会，儿童保护通常被认为是儿童福利的一个重要且基础的组成部分，各国出台的诸多儿童福利法案等都明确涵盖了儿童保护的事项内容。以日本2011年修改的《儿童福祉法》第25条为例，其不但明确规定了高风险儿童的发现报告、临时庇护及干预介入等举措，而且对于儿童保护机构及附属人员的权责都进行明文规定，这使得儿童保护事宜被放置在儿童福利体系的框架内。另以韩国2020年推行的《儿童福利法》为例，其内容明确涉及了被虐待儿童的政府保护、残疾儿童的权益保障以及高风险儿童的家庭支持等诸多项目，也反映出其儿童福利的范围要大于儿童保护。另外，联合国《儿童权利公约》等国际文件也基本坚持了广义儿童福利的概念表述，如其第三条就明确申明“缔约国需要承担确保儿童享有其福祉所必需

---

① 陆士祯：《简论中国儿童福利》，《华中师范大学学报》（哲学社会科学版）1997年第6期。

② 刘继同：《国家与社会：社会福利体系结构性变迁规律与制度框架特征》，《社会科学研究》2006年第3期。

③ 陆士祯、常晶晶：《简论儿童福利和儿童福利政策》，《中国青年政治学院学报》2003年第1期。

的保护和照料”。但在我国，考虑到现行儿童福利制度具有典型的民政属性，因而以《未成年人保护法》《中国儿童发展纲要（2011—2020年）》《中国儿童发展纲要（2021—2030年）》等为代表的诸多法律或政策都将儿童福利放置在儿童保护框架之中，如新修订的《未成年人保护法》第93条和96条均强调现行制度下“儿童福利机构”的角色功能并将儿童福利事宜压缩成为机构内事务，而两个发展纲要则均涵盖“儿童与福利”专章；我国近年来也数度起草“儿童福利条例”但均未获通过，也显示狭义概念仍不宜短期内突破。当然从理论上看，我国现行儿童福利制度虽然具有历史合理性，但其范围偏小、内容局限的制度漏洞已经越发引起学术界和实务界的联合批评，因而再以狭义概念来界定“儿童福利”既不符合学术发展的前景也与儿童福利制度的扩面提质趋势相背离。有鉴于此，有必要申明在本研究的所有分析中均采取广义概念来界定“儿童福利”，即将其视为“国家为满足儿童生存、发展、参与的基本需要，通过资金、机会与服务为儿童提供的旨在保持其正常资金获取、平等机会与充分照顾的制度”，因而包含全部儿童在内的保护和福祉政策均被纳入讨论中；当有必要出现传统民政视域下的孤弃儿童福利时，则用“狭义儿童福利”作为专门性称呼。

（二）普惠与特惠结合的儿童福利设计

从广义概念角度来审视，研究可以发现儿童福利在理论上主要包含两种内部子机制：一种是针对所有儿童的普惠性儿童福利资金或服务，即旨在为所有儿童提供的满足其基本生活、身心健康、生活照顾、社会生活及免受剥夺等需求的适当保障①；另一种则是针对特定困难儿童的专门性津贴或服务，即主要通过特定福利服务机构为孤儿、弃婴或特定残障儿童等极少数儿童提供的专属福祉②。这种兼具普惠和特惠特征的儿童福利设计形式通常为

① 刘继同：《中国儿童福利立法与政策框架设计的主要问题、结构性特征》，《中国青年研究》2010年第3期。

② 陆士祯、常晶晶：《简论儿童福利和儿童福利政策》，《中国青年政治学院学报》2003年第1期。

多数国家所推崇，即使它们在实施过程中的普惠性程度存在严重的分野。就我国而言，虽然多数研究指出我国儿童福利制度仍然具有较为典型的“补缺型”特征，但是以补缺型为主要特点的制度设计中也蕴含着部分普惠性元素①，并且近十年来不断向“组合式普惠型”政策转型②。简单归类，目前我国针对所有儿童所提供的普惠型政策主要有母婴保健、医疗免疫、义务教育、法律保护、儿童福利设施与场地建设等领域的项目，这些项目基本上达到了全民覆盖，属于我国覆盖程度较高的儿童福利类型。而当前特惠性的儿童福利项目则主要包含三个层次：一是以“福利”为名义的孤弃儿童福利政策，二是以“保障”为名义的困境儿童和事实无人抚养儿童保障政策，三是以“关爱保护”为名义的留守儿童关爱保护政策。如果按照徐月宾有关儿童福利服务的类型来划分，第一层次政策类似于针对失去家庭依靠儿童照顾安排而做出的“救助性服务”，第二层次政策与针对儿童免受生存及家庭环境影响而开展的“保护性服务”相契合，而第三层次政策则与能够保障儿童获得恰当家庭照顾的“预防性服务”相仿③。因此，尽管普惠程度仍然有待提升，但是我国广义儿童福利的整体设计仍然是一种普惠与特惠相结合、保障层次分明的综合性儿童福利体系。

二　儿童福利发展的历史脉络

（一）计划经济时代的儿童福利

从广义概念角度来看，自新中国成立伊始我国就开始创建项目齐全的儿

① 尚晓援、乔东平等学者曾经在文章中将其称为“部分普惠”。

② 2006 年民政部提出社会福利从“补缺型”向“适度普惠型”转型以来，我国儿童福利的确存在明显的转型。但值得在理论上解释的是，“补缺型”应当和“制度型”相对应，两者的区别是国家责任的后置性还是前置性，“普惠型”和“选择型”相对应，两者的区别在于是否依托公民资格而提供福利，因而民政部所提出的转型具有概念上的不准确性。彭华民等学者曾提出“组合普惠”的概念用以修正这种说法。

③ 徐月宾：《儿童福利服务的概念与实践》，《民政论坛》2001 年第 4 期。

童福利体系，并主要表现在三个面向：一是逐步夯实了涉及所有儿童的家庭和社会保护，确立了家庭成员供养的权利义务关系和国家的兜底保障原则，为落实儿童的基本权益保障提供基础的法律范本；二是以单位制下的职工福利为依托构建起普通儿童的福利递送机制，儿童可以在生活、入托、教育、就医、住房、取暖及社会活动等方面获得福利享有资格，这为广大儿童的基本生存和持续发展奠定了重要基石；三是为城镇和农村孤弃儿童等极少数单位福利难以涵盖的儿童群体分别建立了民政福利制度和农村五保制度，并初步形成了孤残儿童的院内福利制度及院外散居孤儿供养制度。这些制度进步在早期法案中也可见端倪，例如《婚姻法》（1950）、《中学暂行规程（草案）》（1952）、《小学暂行规程（草案）》（1952）、《农村灾荒救济粮款发放使用办法》（1953）、《宪法》（1954）及《全国农业发展纲要》（1956）等都先后对上述制度进行了法律法规层面的确认。基于此，尽管这一阶段的政策中真正能够称为“儿童福利”的也仅局限于民政福利制度一隅，但是我国计划经济时代形成的健全的“国家—单位/集体—职工—家庭”的福利递送链条以及附属的全民就业、低廉物价和单位/集体福利等多项举措却已然能够事实上解决多数儿童的福利获得问题，真正需要实现民政兜底的儿童多局限于孤儿和弃婴，故这一时期所设立的狭义儿童福利制度具有一定的历史合理性。

（二）市场经济初期的儿童福利

改革开放以来，党和政府因需要集中精力解决当时更为重要的经济体制改革和促进经济发展的问题，因而在原来的社会政策领域主推市场化和社会化改革①，以单位制为基础的国家福利逐步出现了松动。随着单位社会的终结以及社会连接方式的根本性变动，昔日由单位组织所承载的社会公共性也不可避免地走向萎缩②，儿童福利事宜遂因单位福利的解体而日益衰弱，尤

① 关信平：《中国共产党百年社会政策的实践与经验》，《中国社会科学》2022年第2期。

② 田毅鹏、吕方：《单位社会的终结及其社会风险》，《吉林大学社会科学学报》2009年第6期。

其是突出表现在贫困儿童、残障儿童、事实无人抚养儿童、丧亲儿童、离异家庭子女等特殊困难儿童的充裕福利获得日益困难以及去功能化家庭儿童的保障难度加大等方面。可以说，由于单位福利的解体，现代市场风险通过家庭禀赋的分化而放大了儿童群体之间的差距，并使得部分家庭社会经济状况不佳儿童面临着更高的社会风险，故这一时期的院外儿童福利因较强的“商品化”趋势而变得更为脆弱。但 1978~2005 年，我国广义儿童福利仍然在政策建设领域呈现一定的进步，并主要表现在三方面：一是我国逐步形成了适应市场经济的广义儿童福利政策体系。以 1986 年《义务教育法》为开端，我国在十几年的时间中先后密集出台了《未成年人保护法》（1991）、《收养法》（1991）、《母婴保健法》（1994）、《预防未成年人犯罪法》（1999）、《人口与计划生育法》（2001）和《民办教育促进法》（2002）等七部重要法律，这使得我国儿童在基本生活、母婴健康、医疗免疫、义务教育、司法保护和领养收养等方面初步获得了相对健全的法律保障。二是我国逐步强化了与世界主流儿童福利理念的政策融合。1990~2005 年，我国先后签订了《儿童权利公约》（1990）、《儿童生存、保护和发展世界宣言》（1991）、《维也纳宣言和行动纲领》（1993）、《〈儿童权利公约〉关于买卖儿童、儿童卖淫和儿童色情制品问题的任择议定书》（2002）、《巴厘共识》（2003）等国际协定，并在 2001 年主持签署了亚太地区 21 国《北京宣言》，这些国际协定的签署对于促进我国儿童福利的交流借鉴与学习对话具有重要的价值。三是我国开始通过儿童发展纲要重新厘清了广义儿童福利的发展道路。通过《九十年代中国儿童发展规划纲要》和《中国儿童发展纲要（2001—2010 年）》等重要纲要性政策的部署，我国不但从宏观层面对儿童的健康、教育、法律保护和环境四个方面进行了明确的规定，而且对儿童死亡率、营养不良率、污水垃圾无害化处理率、卫生厕所普及率、义务教育和学前教育普及率、残疾儿童出生率等重要指标进行了明确约束，这为短时间内迅速提升我国儿童的生存与发展质量创造了条件。当然在政策建设之余，由于儿童福利制度仍然整体上坚持了“补缺型”的设计原则，因而我国院外儿童福利在这一阶段并未有实质性的拓展扩面，以孤弃儿童为保障对象的机构内养育事实上未能发生重大改变；在院外儿童福利领域的主要突破与狭义儿童福利制度的扩展关联不大，反而是社会救助领域城镇低保制度的“应保尽保”①、社会保险领域“新农合”制度试点②以及流动儿童教育领域“两为主”方针的确立使得院外儿童在基本生活保障、医疗健康保障和基本教育权利保障方面获得了一定的福祉提升。

（三）转型扩面期的儿童福利

自2006年民政部提出由“补缺型”向“适度普惠型”社会福利转型以来，我国在之后十年时间中开始了儿童福利向普惠转变的政策尝试。2010年开始，民政部与联合国儿童基金会等机构联合推动了“中国儿童福利示范区”项目的建设，该项目旨在通过在五省市120个村/社区设立首批儿童福利主任③的方式来为院外有保障需要儿童提供专门性福利服务④，其不但使得7万多名儿童直接受益⑤，而且在制度上为后续儿童主任在问题儿童发现报告、社区寻访、案件转介、假期看护和心理健康指导等方面积累了宝贵经验。由于该试点有力地突破了狭义儿童福利仅局限于孤弃儿童院内照养的传统，大胆开展了普惠性强的院外福利，因此2010年也被部分学者称为

---

① 我国城镇最低生活保障制度于1993年在上海市首先试点，1997年我国开始全面推行城镇低保制度的建设，1999年实现了所有城市及县城所在乡镇的制度覆盖，2003年我国城镇低保制度实现了“应保尽保”，此后十年城镇低保人口稳定在2300万左右，并自2014年以来逐步下降。

② 我国“新农合”制度是新型农村合作医疗制度的简称，该制度以《关于建立新型农村合作医疗制度的意见》（2003年1月）和《关于进一步做好新型农村合作医疗试点工作的指导意见》（2004年1月）为开端，制度的覆盖人口随后迅速扩大，至2006年底已覆盖了4.1亿农村人口。

③ 儿童主任制度的雏形，但在初期政策中被称为“儿童福利主任”，2019年后调整为“儿童主任”。

④ 儿童福利示范区项目协调办公室：《中国儿童福利示范区项目：总结部署　继往开来》，《社会福利》2012年第1期。

⑤ 《民政部办公厅关于在全国部分地区开展基层儿童福利服务体系建设试点工作的通知》，2015年10月12日。

"儿童福利元年"[①]。2015 年，囿于上述试点效果良好，民政部决定继续将其试点范围扩大至 89 个县的 890 个村[②]。同年度，民政部开展了"百县千村"基层儿童福利服务体系建设试点，这一试点旨在吸收儿童福利示范区项目的有益经验而在"一支队伍"（村/居儿童福利主任）、"一个家园"（儿童之家）和"四个机制"（报告监测反馈机制、儿童福利台账机制、儿童帮扶机制和多部门联动机制）建设方面探索基层儿童福利治理模式[③]。在儿童福利转型升级以外，我国社会保障、医疗及教育等政策的持续深化也有力地促进了儿童福祉的增长。其中，2007 年农村最低生活保障制度的建立、2007 年城镇居民医疗保险制度的试点和 2009 年新型农村合作医疗制度的普遍落实为广大城乡儿童的医疗健康和基本生活保障提供了抓手；2006 年农村儿童教科书资助政策、2008 年城市儿童学杂费免费政策和 2011 年国家教育资助政策为学龄阶段儿童的教育福利提供了有力扶持；而 2011 年"免费午餐"计划、2011 年消除婴幼儿贫血行动和 2012 年贫困地区儿童营养改善计划则为儿童的营养保障提供了潜在支撑。同时，以《中国儿童发展纲要（2011—2020 年）》为代表的纲领性政策也对新时期的广义儿童福利建设提出了新要求，其从儿童健康、教育、福利、社会环境、法律保护等五个维度对下一阶段我国儿童福利与儿童发展事务做出了各项指标的约束[④]。整体上看，我国儿童福利尤其是狭义儿童福利制度在这十年间有了显著变化，其试点方案的有效性为后续的制度部署提供了潜在的拓展空间。

（四）近五年来的儿童福利进步

然而真正迎来儿童福利快速推进的时间是最近五年。2016 年开始，

---

① 刘继同：《改革开放 30 年来中国儿童福利研究历史回顾与研究模式战略转型》，《青少年犯罪问题》2012 年第 1 期。

② 《民政部办公厅关于在全国部分地区开展基层儿童福利服务体系建设试点工作的通知》，2015 年 10 月 12 日。

③ 《民政部启动基层儿童福利服务体系建设试点工作》，国务院网站，http：//www.gov.cn/xinwen/2015-10/17/content_2948499.htm，2015 年 10 月 17 日。

④ 国务院：《中国儿童发展纲要（2011—2020 年）》，2011 年 7 月 30 日。

我国广义儿童福利体系开始在政策制定、机构建设和福利项目拓展方面同时加快步伐。其中在政策建设领域，国务院于 2016 年先后发布《关于加强农村留守儿童关爱保护工作的意见》（国发〔2016〕13 号）和《关于加强困境儿童保障工作的意见》（国发〔2016〕36 号）两部重要政策文件，首次将留守儿童关爱保护和困境儿童保障工作纳入政府的兜底保障范畴。2019 年民政部等出台《关于进一步加强事实无人抚养儿童保障工作的意见》（民发〔2019〕62 号），在简化认定流程的基础上进一步将事实无人抚养儿童的福利待遇与孤弃儿童保障标准相衔接。2020 年以来，《民法典》、《未成年人保护法》以及《家庭教育促进法》的相继颁布又将广义儿童福利政策建设工作推向了新的高潮。在机构建设领域，2016 年 2 月民政部成立了专门负责留守儿童关爱保护事务的未成年人（留守儿童）保护处，儿童福利的专项业务也从民政部社会福利与慈善促进司转变为民政部社会事务司。2016 年 5 月，由民政部作为召集人成立了涵盖 27 个主要部门的“农村留守儿童关爱保护工作部际联席会议”①。2018 年 12 月底，民政部利用党和国家机构改革契机进一步成立了儿童福利司用以专门负责“拟订儿童福利、孤弃儿童保障、儿童收养、儿童救助保护政策、标准，健全农村留守儿童关爱服务体系和困境儿童保障制度”②。至此，我国终于拥有了能够全面负责儿童兜底保障事务的司局级行政部门。在基层机构建设领域，我国近年来通过《关于进一步健全农村留守儿童和困境儿童关爱服务体系的意见》（民发〔2019〕34 号）和《关于进一步推进儿童福利机构优化提质和创新转型高质量发展的实施意见》（民发〔2021〕44 号）等政策积极推动“两个机构转型”和“一支队伍建

① 《民政部公布农村留守儿童关爱保护工作部际联席会议成员单位职责任务分工和 2016 年工作要点》，国务院网站，http：//www.gov.cn/xinwen/2016-05/11/content_5072285.htm，2016 年 5 月 11 日。

② 《国务院办公厅关于印发民政部职能配置、内设机构和人员编制规定的通知》，2018 年 12 月 31 日。

设”①，通过促进基层儿童福利机构、未保中心的全面转型以及提升儿童督导员、儿童主任的专业水准来全面夯实基层院外福利服务能力。而在福利项目拓展方面，2019 年起我国建立的学龄儿童税收退返政策为普通家庭提供了一定的税收让利，开启了院外儿童福利的资金补偿机制；部分省区市还积极探索了多孩家庭的经济补贴制度。另外，在院外儿童福利服务方面我国也迎来了大发展，各地政府近年来积极推动实施的学前教育制度、公共托育制度、校园课后托育制度、强制报告制度、热点电话制度、临时庇护制度、问题儿童评估制度、儿童侵害案件转介制度、强制剥夺监护权制度、“四点半课堂”制度和（留守）儿童之家制度等项目也为实践中普及和扩大儿童福利服务做出了有益的贡献。

三　儿童福利体系的基本框架

（一）儿童福利体系的层次性

实践中，尽管我国当前的儿童福利制度仍然带有一定的“补缺型”特征，但已经构建起分层分类且项目多样的儿童福利体系。从保障对象的范围来看，我国现有的儿童福利体系包含四个主要层次（见图 4-1）：第一层次为孤弃儿童政策（含散居孤儿政策），这一政策通常以孤弃儿童专项津贴或儿童福利机构内的“养治康教置社”等六类服务为主②，辅之以散居孤儿津贴和院外寄

① “两个机构转型”主要是基层儿童福利机构和基层未保中心向院外儿童福利服务机构的转型，其转型原因是近年来流浪儿童和孤弃儿童的减少，民政部决定将需要机构内养育的儿童转移至区域养育中心（一般为省会或省内条件较好城市的儿童福利院）以提升养育质量，这样就使得基层儿童福利机构的传统业务面临转变。“一支队伍建设”主要指乡镇儿童督导员和村居儿童主任这一支院外儿童福利服务队伍的建设，其转型原因是当前院外儿童福利服务队伍的缺失、民政部兜底职能的确立及儿童福利理念的转变。

② 原有的机构内服务主要为“养治康教”，即依法为孤弃儿童的养育、医疗、康复和特殊教育提供专项服务，2021 年以来根据民发〔2021〕44 号文件之规定增设了“成年孤儿安置”和“社会工作”，因此目前成为六维度的服务项目。少数省份如江西等还增加了“心理健康”，故也有“养治康教置心社”的说法。

养服务，属于我国传统领域的儿童福利事宜，官方用词通常为“儿童福利”，近年来的代表性政策为民政部等发布的《关于进一步推进儿童福利机构优化提质和创新转型高质量发展的意见》（民发〔2021〕44 号）。第二层次是困境儿童[①]和事实无人抚养儿童政策，其近年来主要以《关于加强困境儿童保障工作的意见》（国发〔2016〕36 号）和《关于进一步加强事实无人抚养儿童保障工作的意见》（民发〔2019〕62 号）文件为依托，保障对象包含重病重残儿童、贫困儿童、被严重不法侵害儿童以及事实无人抚养儿童，官方用词通常为“兜底保障”。第三层次为留守儿童政策，其主要以国务院发布的《关于加强农村留守儿童关爱保护工作的意见》（国发〔2016〕13 号）等文件为依托，保障对象为官方认定的留守儿童，官方用词通常为“关爱保护”。第四层次为其他类型儿童政策，其以儿童的母婴保健、医疗免疫、义务教育、法律保护和社会环境营建等领域的事宜为主，其福利属性以普惠性福利为主，官方用词通常为“儿童保护”或“儿童发展”，代表性政策为《中国儿童发展纲要（2021—2030 年）》。上述四个层次的政策依循第一层次到第四层次在保障对象上逐步扩面，在保障形式上逐步收紧。目前，前三层次的儿童福利事务已经被纳入以民政部为核心的政府兜底保障范畴，属于我国由专属行政部门主要负责的弱势儿童保障范围。按照既有政策之规定，独居留守儿童虽然从属于留守儿童的一种子类型，但因其同样符合困境儿童定义中“因家庭监护缺失或监护不当遭受虐待、遗弃、意外伤害、不法侵害等导致人身安全受到威胁或侵害的儿童”[②] 的规定，故其在政策适用范围上也可归于第二类人群保障范畴。

从保障形式来看，目前我国广义儿童福利涉及的国家福利责任主要为《未成年人保护法》第六章“政府保护”中所规定的 19 条具体要求，即主

① 按照国发〔2016〕36 号文件之定义，“困境儿童包括因家庭贫困导致生活、就医、就学等困难的儿童，因自身残疾导致康复、照料、护理和社会融入等困难的儿童，以及因家庭监护缺失或监护不当遭受虐待、遗弃、意外伤害、不法侵害等导致人身安全受到威胁或侵害的儿童”。

② 《国务院关于加强困境儿童保障工作的意见》，2016 年 6 月 13 日。

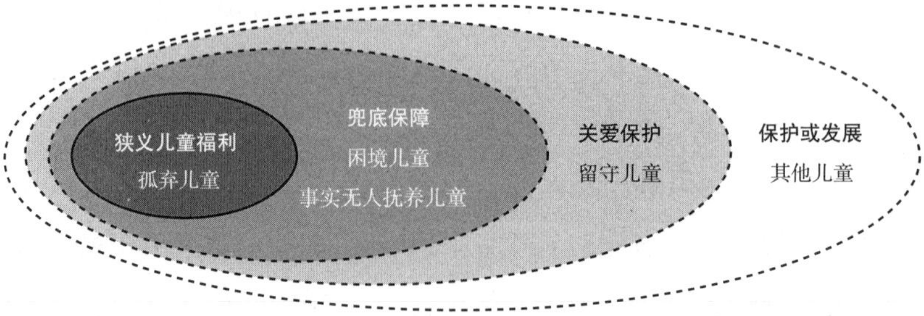

图 4-1　我国儿童福利体系的层次性

要包括但不限于儿童保护机构及人员建设、家庭教育指导、义务教育保障、托育和学前教育保障、职业教育保障、特殊教育保障、校园安全保障、场地和设施建设、卫生保健指导、心理健康教育、困境儿童分类保障、临时监护、长期监护、收养评估、保护服务平台建设、伤害预防以及儿童社会组织培育等项目。这些内容涉及儿童保护和儿童发展的方方面面，构成了我国政府在广义儿童福利提供方面的重要内容。在实践中，各地针对第三层次（留守儿童）和第四层次（普通儿童）群体的关爱保护项目主要有家庭教育指导服务、母婴健康服务、公共托育服务、学前教育保障、义务教育与职业教育保障、医疗保险和救助、心理健康指导、儿童虐待与忽视预防、校园安全管理、儿童保护舆论氛围营建、意外伤害防范、志愿组织培育以及儿童福利设施场地建设等。对于第一层次（孤弃儿童）和第二层次（困境儿童和事实无人抚养儿童）群体，则在上述福利项目的基础上增加兜底保障资金、教育救助、困境儿童分类保障、委托监护监管、特殊教育保障、社区寻访、强制报告、强制剥夺监护权、临时监护、长期监护、困境儿童及其家庭评估、儿童侵权案件转介等内容。而在儿童福利组织和平台建设方面则主要有热线电话、儿童督导员/儿童主任、校园心理健康教师、“四点半课堂”和（留守）儿童之家等制度形式。整体上看，我国目前已经基本形成了层次分明、内容多样的广义儿童福利体系，这一体系相比于以狭义概念为形式、以孤弃儿童保障为本质的传统儿童福利制度具有保障范围和保障形式的双重突破。

（二）留守儿童政策的具体规定

如上文所言，我国留守儿童的关爱保护事务为第三层次的广义儿童福利制度，其政策依据主要为《关于加强农村留守儿童关爱保护工作的意见》（国发〔2016〕13号）。该文件明确规定了留守儿童的官方定义及其关爱保护的总体要求、关爱服务体系、救助保护机制、源头保障举措以及工作保障措施，其中尤以关爱服务体系和救助保护机制的规定最为核心。另外，在《未成年人保护法》《家庭教育促进法》《关于进一步推进儿童福利机构优化提质和创新转型高质量发展的意见》《农村留守儿童和困境儿童关爱服务质量提升三年行动方案》《关于加强困境儿童心理健康关爱服务工作的指导意见》等近年来出台的政策中也有针对流动儿童关爱保护内容的专门规定。这些政策共同构成了对当前留守儿童司法保护、家庭教育促进、心理健康、社区帮扶、救助保护等工作的指导。

在当前的政策设计中，国发〔2016〕13号文件尤其强调了多元主体力量在留守儿童关爱保护过程中的责任分配，并通过“强化家庭监护主体责任”、“落实县、乡镇人民政府和村（居）民委员会职责”、“加大教育部门和学校关爱保护力度”、“发挥群团组织关爱服务优势”和“推动社会力量积极参与”等多项政策进行部署，这一政策安排与本研究在总体设计上“国家”、“家庭”、“学校”和“民间社会”的四维度主体分类具有高度的一致性。另外根据现行规定，当前涉及留守儿童的国家福利责任主要有家庭教育指导、家庭监护监管与干预、村居定期寻访、信息排查、强制报告、临时/长期庇护、儿童与家庭评估、社会力量引入、教育资助、校园心理健康教育、校园不良行为控制、校园安全教育、留守儿童关爱活动等形式。其中，部分项目主要由政府部门依托群团组织来组织实施，如家庭教育指导、留守儿童关爱服务的开展、社会力量的引入等。部分项目需要政府依托社区/村委会来执行，如家庭监护的监管、村居定期寻访、信息排查、社区强制报告和儿童与家庭评估等，尤其是随着2019年以来儿童主任的普遍建立，政府与社区在儿童福利服务领域的关联愈加密切。有些项目则需要政府依托学校平台来开展，如教育资助、校园心理健康教育、校园不良行为控制、校园安全教育、校园强制报告以及家庭教育指导等。在当前留守儿童关爱保护体系的设计中，具有公共属性和平等价值的国家福利提供是以政府部门为主导者、群团组织为协助者、社区和学校为执行者来部署实施的，这也成为我国当前留守儿童关爱保护政策有效落地的主要福利递送链条（见图 4-2）。

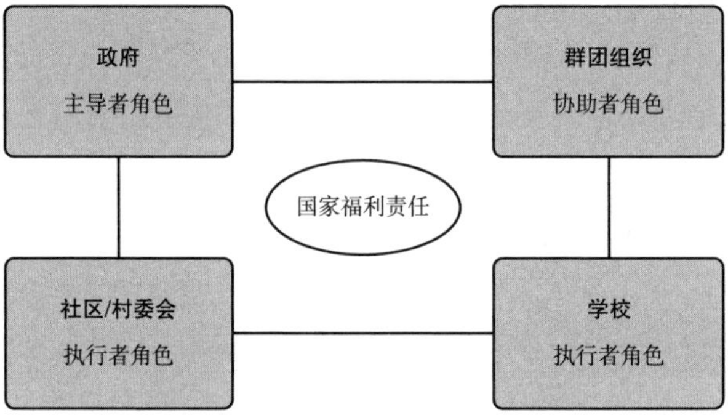

图 4-2 留守儿童关爱保护体系中的国家福利责任

第五章
不同类型儿童福利态度的量化比较

一　样本基本状况

（一）被调查者的自身特征

被调查地区的样本状况如表 5-1 所示。数据显示，各地区农村儿童的性别占比基本均衡，农村女童（51.3%）的整体占比略高于男童（48.7%）。这一现象出现在出生率失衡（男多女少）的 2003~2010 年出生儿童中似乎略显奇怪，其原因可能与部分农村地区的重男轻女意识有关。囿于家庭通常倾向于将男童送往具有更多教育资源的城镇学校就读，农村学校中女童的占比略高。在民族统计中，汉族聚居区的汉族人口占比均达到了 96%以上，辽宁 C 县因为有满族人口聚集故其汉族人口比例约为 85.8%；而广西 R 县是以苗族、壮族和侗族等为主的民族聚居县，故其汉族人口比例仅为 19.0%，整体上看本研究中调查对象的汉族人口占比为 87.7%。年龄方面，由于本调查严格保证了各个学校的抽取样本，各地区被调查儿童的平均年龄为 11.6~12.5 周岁，全部八个县域的儿童年龄约为 12.1 周岁。

表 5-1　被调查地区的样本状况

分类	四川 Y 县	湖北 X 县	江苏 S 县	甘肃 Z 县	陕西 N 县	河南 Q 县	广西 R 县	辽宁 C 县	总体
样本数量(人)	700	597	616	570	627	647	588	598	4943
男性占比(%)	44.1	50.1	56.5	48.8	49.5	52.9	48.8	39.0	48.7
汉族占比(%)	99.6	96.3	99.5	96.8	99.5	99.5	19.0	85.8	87.7
年龄(周岁)	12.2	12.1	12.5	11.9	12.1	12.2	12.1	11.6	12.1

从被调查儿童的分性别比较情况来看（见表 5-2），各地男童和女童在关键指标上的性别异质性均不具备统计学意义。其中，男童和女童中汉族的占比分别为 87.4%和 87.8%（$\chi^2=0.14$，$p=0.71$），平均年龄分别为 12.2 周岁和 12.0 周岁（$t=1.50$，$p=0.14$），残疾率均为 0.7%（$\chi^2=0.02$，$p=0.88$），学习成绩状况也基本类似（$t=1.46$，$p=0.15$），显示出被调查男童与女童的人口学指标接近，其样本的可比性较强。唯一的例外是，女童家庭的兄弟姐妹数量相比于男童家庭有所增长（$t=-2.22$，$p=0.03$），这可能与农村地区普遍对于男性继承人更为看重且在生育女童后具有更强的生育意愿有关。

表 5-2　被调查儿童的分性别比较情况

分类	总体	男童	女童	统计检验
汉族占比(%)	87.6	87.4	87.8	$\chi^2=0.14, p=0.71, \Phi=0.01$
年龄(周岁)	12.1	12.2	12.0	$t=1.50, p=0.14$
残疾率(%)	0.7	0.7	0.7	$\chi^2=0.02, p=0.88, \Phi=0.00$
兄弟姐妹(人)	1.0	0.9	1.1	$t=-2.22^*, p=0.03$
学习成绩(均值)	2.8	2.8	2.7	$t=1.46, p=0.15$

注：* 代表 $p\leq 0.05$。

（二）被调查者的家庭特征

从被调查者的父母情况来看（见表 5-3），母亲去世或失联的比例相比于父亲更高，分别有 1.5%和 2.1%的儿童父亲及母亲面临此种情况。同时，男童家庭中母亲失联情况更为严重（$\chi^2=8.35$，$p=0.00$），这可能与农村地区抚养男童的女性再婚难度更大而不得不选择变相抛弃男童有关。儿童父母的年龄基本接近，整体上父亲比母亲大 1.7 岁，符合中国“男大女小”的传统婚姻模式。男童的父亲（$t=3.18$，$p=0.00$）和母亲（$t=3.09$，$p=0.00$）年龄更大，可能与男童为多孩家庭而非第一个孩子的概率更高有关。在学历方面，父母的学历普遍以初中为主，男童（$t=0.47$，$p=0.64$）和女童（$t=0.50$，$p=0.62$）父亲的受教育水平比母亲略微偏高，但读过大学的比例均在 4.0%及以下，显示高中及以下教育经历仍然是当前农村儿童父母的主要学历背景。在职业方面，父亲打零工的比例比母亲更高，其 42.3%的选择比例明显高于母亲的 26.4%，而母亲居家照顾儿童和老人的比例（17.2%）则要远高于父亲（2.9%），这一模式与中国“男主外、女主内”的家庭性别分工类似。同样，父亲跨市或跨省工作的占比也分别达到了 50.6%和 40.3%，两者均比母亲的比例（38.5%和 32.3%）明显偏高。父亲的酗酒比例也要远高于母亲，调查中 33.9%的被访者报告了父亲的酗酒行为，而母亲的酗酒比例仅为 5.5%。父亲和母亲童年遭受过来自祖辈的家庭虐待的比例也分别达到了 10.8%和 8.7%，两者实施家庭暴力的比例分别为 10.6%和 7.0%，由童年遭受暴力而导致的家庭暴力代际传递在中国农村仍然需要持续关注。在亲子互动方面，目前中国父子/女间和母子/女间互动行为整体上较为积极，亲子互动的占比分别达到了 77.9%和 84.1%，且母亲对于子女的关怀程度要高于父亲。目前的统计数据基本反映出农村地区的婚姻和家庭模式仍然带有浓厚的儒家特色。

表 5-3　被调查儿童的父母情况

单位：%，岁

分类	父亲情况				母亲情况			
	总体	男童	女童	χ^2/t	总体	男童	女童	χ^2/t
去世或失联比例	1.5	1.8	1.3	1.90	2.1	2.4	1.3	8.35**
年龄	40.9	41.3	40.6	3.18**	39.2	39.5	38.9	3.09**

续表

分类		父亲情况				母亲情况			
		总体	男童	女童	χ^2/t	总体	男童	女童	χ^2/t
学历(均值)		3.0	3.0	3.0	0.47	2.8	2.8	2.8	0.25
读过大学的比例		4.0	4.0	3.9	0.02	3.4	3.9	2.9	3.95*
职业	失业、无业或照顾家庭	2.9	2.9	3.0	0.04	17.2	16.3	18.1	2.80
	农民	16.6	15.6	17.6	3.54	17.7	17.4	18.0	0.31
	打零工	42.3	42.8	41.9	0.40	26.4	26.7	26.2	0.15
	开小门店或做小生意	6.6	6.8	6.5	0.18	8.5	9.0	8.1	1.33
	企业职员	5.8	6.5	5.3	3.37	7.0	7.8	6.2	4.92*
	公职人员	6.8	6.6	7.0	0.29	5.2	5.3	4.8	0.64
	其他	18.9	18.9	18.8	0.01	18.0	17.5	18.6	0.95
在本市以外工作比例		50.6	51.5	49.7	1.66	38.5	39.2	37.8	0.99
在本省以外工作比例		40.3	41.2	39.5	1.51	32.3	32.8	31.8	0.55
酗酒比例		33.9	35.9	32.0	8.39**	5.5	5.1	5.9	1.57
童年遭受暴力比例		10.8	13.4	8.2	34.82**	8.7	10.4	7.1	17.06**
实施家庭暴力比例		10.6	11.1	10.2	1.06	7.0	7.3	6.7	0.68
亲子互动比例		77.9	78.9	77.0	2.65	84.1	84.8	83.4	1.86

注：* 代表 $p \leq 0.05$，** 代表 $p \leq 0.01$。

二　留守儿童的典型特征

（一）各类留守儿童的比例

图 5-1 进一步揭示了各类留守儿童的分布情况。调查显示约 1/3 的被调查农村儿童为非留守儿童①（34.3%），单亲监护、亲属监护和他人监护的留守儿童占比分别为 19.8%、18.0%和 25.1%，留守儿童的各种监护类型大致均衡分布；而独居留守儿童的占比大致为 2.8%，显示出在青春期阶段

① 如前文所言，我们使用较为宽泛的留守儿童界定标准，父母有一方离开本县外出务工就算作留守儿童，而没有考虑是否跨省务工以及回家的频次。

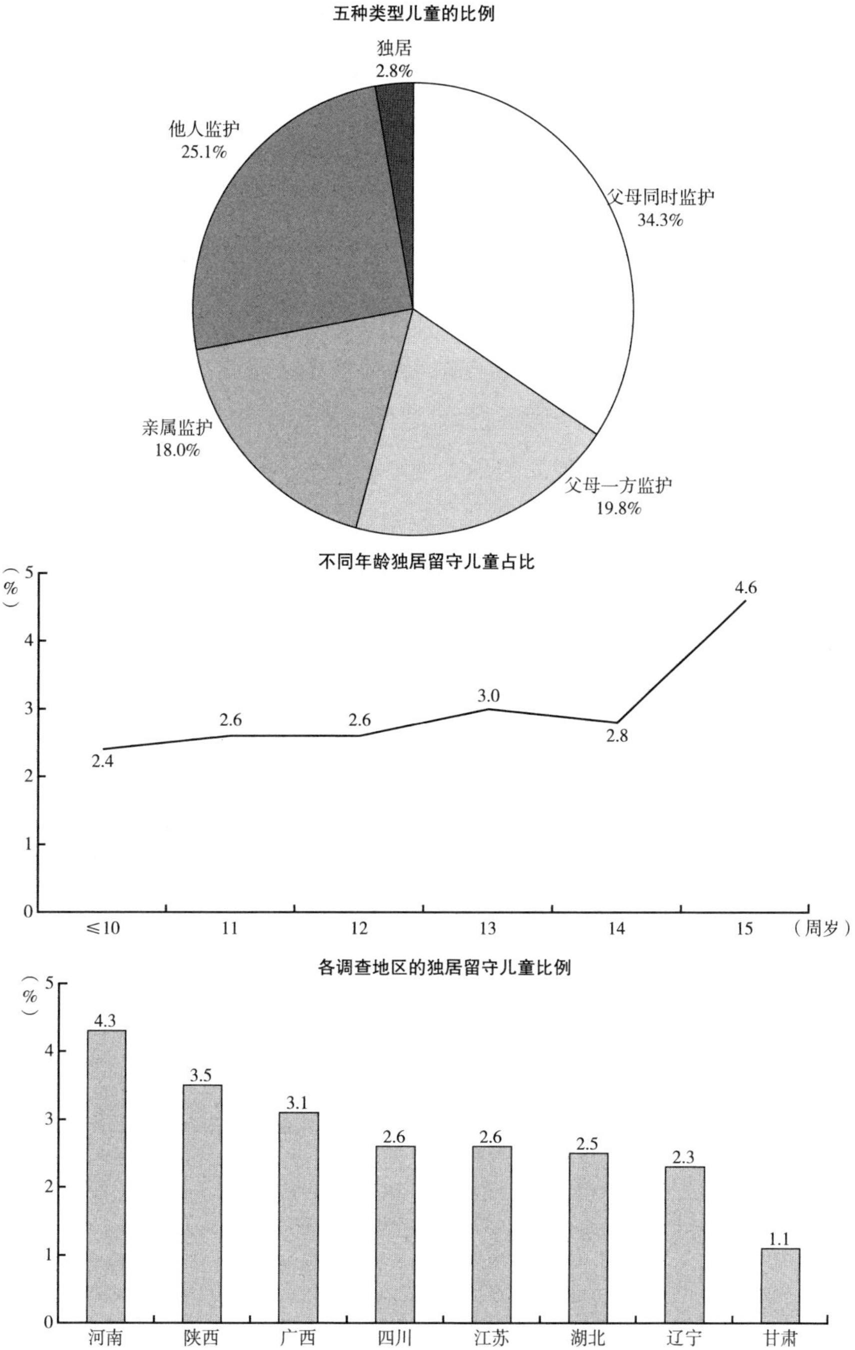

图 5-1　被调查儿童的类型分布情况

我国每百人中可能就有接近三名儿童事实上脱离成年人监护而独自生活，这与我国新修订的《未成年人保护法》第 21 条规定的“未成年人的父母或者其他监护人不得使未满十六周岁的未成年人脱离监护单独生活”相违背，并可能导致该类留守儿童面临更高风险。进一步围绕儿童独居问题展开的研究还发现，随着年龄的增长，被调查儿童的独居率出现了从 2.4%到 4.6%的提升，反映出儿童自我照顾能力的提升将逐步提高其脱离成年人监护的独居比例。各地留守儿童的独居率虽然有所差别，但大致维持在 2.3%~3.5%的比例，仅河南和甘肃出现了独居率的较大差异，前者 4.3%的独居率和后者 1.1%的独居率显示出明确的统计学差异（$\chi^2=11.96$，$p=0.00$），我们将在质性研究部分对于上述地区的群体性差异进行分析。

表 5-4 进一步统计了不同性别儿童的留守形式。调查结果显示约 3.7%的男童事实上脱离成人监护而独自生活，与此相对应的女童比例则仅为 1.9%，两者呈现统计学意义上的显著差异（$\chi^2=13.62$，$p=0.00$）。与此类似，非留守儿童的占比也出现了明显的性别分化，被调查男童 32.4%的父母同时监护比例比被调查女童 36.1%的比例显著偏低（$\chi^2=7.57$，$p=0.01$）。但在单亲监护（$\chi^2=0.05$，$p=0.82$）、亲属监护（$\chi^2=0.74$，$p=0.39$）和他人监护（$\chi^2=1.13$，$p=0.29$）分类型的统计中，男童和女童之间的群体差异均在统计学范畴内，性别差异有限。研究结果表明在家庭监护领域，男童独居的情况更为严重，而其背后的原因可能与家庭对于独居男童安全事宜更加放心的独特心态有关。

表 5-4 被调查男童和女童类型的对比情况

单位：%

分类	总体	男童	女童	统计检验
非留守儿童	34.3	32.4	36.1	$\chi^2=7.57^{**}$，$p=0.01$，$\Phi=0.04$
单亲监护留守儿童	19.8	19.7	20.0	$\chi^2=0.05$，$p=0.82$，$\Phi=0.00$
亲属监护留守儿童	18.0	18.4	17.5	$\chi^2=0.74$，$p=0.39$，$\Phi=0.01$
他人监护留守儿童	25.1	25.8	24.5	$\chi^2=1.13$，$p=0.29$，$\Phi=0.02$
独居留守儿童	2.8	3.7	1.9	$\chi^2=13.62^{**}$，$p=0.00$，$\Phi=0.05$

注：* 代表 $p\leq0.05$，** 代表 $p\leq0.01$。

（二）留守儿童的基本特征

表 5-5 显示了多类型留守儿童的基本特征。在与非留守儿童的对比中，他人监护（$\chi^2=4.63$，$p=0.04$）和独居留守儿童（$\chi^2=16.94$，$p=0.00$）中的男性占比更高，反映出男童家庭更加有可能使其脱离家庭监护而单独生活，但单亲监护和亲属监护留守儿童与非留守儿童之间没有性别上的显著差异。在被调查者年龄方面，他人监护（$t=-18.66$，$p=0.00$）和独居留守儿童（$t=-3.41$，$p=0.00$）的年龄比非留守儿童明显更大，展现出两类儿童的入学年龄相比于同龄人更晚或转学更多，而两类由家庭成员监护的留守儿童与非留守儿童差异同样不大。在民族构成方面，他人监护和独居的留守形式更可能出现在少数民族家庭中，两者的汉族占比分别比非留守儿童低 4.8 个（$\chi^2=14.31$，$p=0.00$）和 5.0 个（$\chi^2=3.05$，$p=0.05$）百分点，而其他两类留守形式与非留守儿童的差异有限。在兄弟姐妹数量的测量中，除了他人监护留守儿童的兄弟姐妹数量略多以外（$t=-3.40$，$p=0.00$），其他三类留守儿童与非留守儿童并未产生实质性的群体差异。在残疾率的比较中，四类留守儿童与非留守儿童的差异均不在统计学范畴以内（$\chi^2=0.12\sim1.06$，$p>0.05$）。而在学习成绩的测量中，四类留守儿童相比于非留守儿童的学习成绩普遍更差（$t=-7.90\sim-3.05$，$p\leqslant0.01$）。整体来看，被调查样本中由非家庭成员监护的留守儿童相比于非留守儿童的男性比例更高、年龄更大、少数民族占比更高和学习成绩更差，而单亲监护和亲属监护类型的留守儿童则并未展现出明显的群体分化。

表 5-5 五类儿童的基本情况对比

基本情况	a. 非留守	b. 单亲监护	c. 亲属监护	d. 他人监护	e. 独居	统计检验
男性占比(%)	46.0	48.4	50.0	50.0	64.2	$\chi^2_{(ab)}=0.04$，$\chi^2_{(ac)}=3.77$，$\chi^2_{(ad)}=4.63^{*}$，$\chi^2_{(ae)}=16.94^{**}$

续表

基本情况	a. 非留守	b. 单亲监护	c. 亲属监护	d. 他人监护	e. 独居	统计检验
年龄（周岁）	11.8	11.8	11.9	12.7	12.2	$t_{(ab)}=-0.01$，$t_{(ac)}=-1.27$，$t_{(ad)}=-18.66^{**}$，$t_{(ae)}=-3.41^{**}$
汉族占比（%）	88.9	90.4	87.5	84.1	83.9	$\chi^2_{(ab)}=1.48$，$\chi^2_{(ac)}=1.14$，$\chi^2_{(ad)}=14.31^{**}$，$\chi^2_{(ae)}=3.05^{*}$
兄弟姐妹（人）	1.0	0.9	0.9	1.1	1.1	$t_{(ab)}=1.91$，$t_{(ac)}=3.84$，$t_{(ad)}=-3.40^{**}$，$t_{(ae)}=-1.23$
残疾率（%）	0.8	0.6	0.5	0.9	0.0	$\chi^2_{(ab)}=0.21$，$\chi^2_{(ac)}=0.89$，$\chi^2_{(ad)}=0.12$，$\chi^2_{(ae)}=1.06$
学习成绩（均值）	2.6	2.7	2.8	2.9	2.9	$t_{(ab)}=-3.05^{**}$，$t_{(ac)}=-3.39^{**}$，$t_{(ad)}=-7.90^{**}$，$t_{(ae)}=-3.85^{**}$

注：* 代表 $p\leqslant0.05$，** 代表 $p\leqslant0.01$。

（三）留守儿童的父母特征

表 5-6 进一步展现了五类儿童的父母情况。研究观察到单亲监护留守儿童和非留守儿童的父母特征较为接近，除了前者的父亲会遭受更多的童年暴力（$\chi^2=8.67$，$p=0.00$）、更不会主动沟通（$\chi^2=4.01$，$p=0.05$）以外，其余指标均未显示出统计学意义上的差异。亲属监护留守儿童与非留守儿童在父亲情况的统计中差异较大，前者相比于后者的父亲年龄更小（$t=6.08$，$p=0.00$）、学历更低（$t=2.29$，$p=0.02$）、酗酒率更高（$\chi^2=3.93$，$p=0.05$）、遭受童年暴力比例更高（$\chi^2=13.97$，$p=0.00$）、遭受家庭暴力比例更高（$\chi^2=5.23$，$p=0.02$）、不与子女主动沟通比例更高（$\chi^2=26.97$，$p=0.00$），故前者可能面临更多的父亲威胁；在母亲情况的统计中，两类儿童的差异有明显降低。他人监护留守儿童的父母情况反而有所好转，虽然该类儿童相比于非留守儿童面临父母学历更低的问题（$t=9.22\sim10.98$，$p\leqslant0.01$），但其父亲酗酒情况（$\chi^2=7.81$，$p=0.00$）、父亲遭受家庭暴力情况（$\chi^2=8.65$，$p=0.00$）相比于非留守儿童有所改善。而在

独居留守儿童的统计中，父亲学历更低（$t=2.85$，$p=0.00$）、父母遭受童年暴力比例更高（$\chi^2=2.87\sim3.37$，$p\leqslant0.05$）、母亲不与子女主动沟通比例更高（$\chi^2=7.71$，$p=0.00$）的问题则异常突出。研究整体上认为，亲属监护和独居留守儿童相比于非留守儿童普遍面临更为严峻的家庭境况，且这一问题主要体现在父亲特征的差异上。

表 5-6　五类儿童的父母情况对比

单位：岁，%

父母情况		a. 非留守	b. 单亲监护	c. 亲属监护	d. 他人监护	e. 独居	统计检验
父亲情况	年龄	41.0	40.9	39.3	41.9	41.1	$t_{(ab)}=0.17$，$t_{(ac)}=6.08^{**}$，$t_{(ad)}=-3.83^{**}$，$t_{(ae)}=-0.16$
	学历(均值)	3.1	3.0	3.0	2.8	2.9	$t_{(ab)}=0.76$，$t_{(ac)}=2.29^{*}$，$t_{(ad)}=9.22^{**}$，$t_{(ae)}=2.85^{**}$
	残疾或多病	3.7	3.3	4.3	1.5	5.1	$\chi^2_{(ab)}=0.28$，$\chi^2_{(ac)}=0.61$，$\chi^2_{(ad)}=13.20^{**}$，$\chi^2_{(ae)}=0.73$
	酗酒	11.0	12.4	13.7	7.9	9.5	$\chi^2_{(ab)}=1.16$，$\chi^2_{(ac)}=3.93^{*}$，$\chi^2_{(ad)}=7.81^{**}$，$\chi^2_{(ae)}=0.42$
	遭受童年暴力	8.8	12.4	13.5	10.0	13.1	$\chi^2_{(ab)}=8.67^{**}$，$\chi^2_{(ac)}=13.97^{**}$，$\chi^2_{(ad)}=1.21$，$\chi^2_{(ae)}=2.87^{*}$
	遭受家庭暴力	7.0	7.5	9.6	4.4	9.5	$\chi^2_{(ab)}=0.17$，$\chi^2_{(ac)}=5.23^{*}$，$\chi^2_{(ad)}=8.65^{**}$，$\chi^2_{(ae)}=1.14$
	不主动沟通	19.4	22.7	28.4	20.6	23.4	$\chi^2_{(ab)}=4.01^{*}$，$\chi^2_{(ac)}=26.97^{**}$，$\chi^2_{(ad)}=0.56$，$\chi^2_{(ae)}=1.23$
母亲情况	年龄	39.2	39.0	38.1	40.0	39.4	$t_{(ab)}=0.57$，$t_{(ac)}=3.40^{**}$，$t_{(ad)}=-3.52^{**}$，$t_{(ae)}=-0.30$
	学历(均值)	2.9	2.9	2.9	2.5	2.7	$t_{(ab)}=0.09$，$t_{(ac)}=-0.80$，$t_{(ad)}=10.98^{**}$，$t_{(ae)}=1.86$
	残疾或多病	4.3	4.3	5.2	2.2	7.3	$\chi^2_{(ab)}=0.00$，$\chi^2_{(ac)}=1.01$，$\chi^2_{(ad)}=9.92^{**}$，$\chi^2_{(ae)}=2.61$
	酗酒	1.3	1.9	2.4	1.2	2.9	$\chi^2_{(ab)}=1.69$，$\chi^2_{(ac)}=4.06^{*}$，$\chi^2_{(ad)}=0.47$，$\chi^2_{(ae)}=2.65$

续表

父母情况		a. 非留守	b. 单亲监护	c. 亲属监护	d. 他人监护	e. 独居	统计检验
母亲情况	遭受童年暴力	7.9	9.8	10.2	7.5	12.4	$\chi^2_{(ab)}=2.83$，$\chi^2_{(ac)}=3.67$，$\chi^2_{(ad)}=0.18$，$\chi^2_{(ae)}=3.37^{*}$
	遭受家庭暴力	10.0	11.8	12.0	9.8	9.5	$\chi^2_{(ab)}=2.04$，$\chi^2_{(ac)}=2.38$，$\chi^2_{(ad)}=0.02$，$\chi^2_{(ae)}=0.04$
	不主动沟通	12.8	15.0	23.8	14.7	21.2	$\chi^2_{(ab)}=2.71$，$\chi^2_{(ac)}=51.17^{**}$，$\chi^2_{(ad)}=2.23$，$\chi^2_{(ae)}=7.71^{**}$

注：* 代表 $p\leq0.05$，** 代表 $p\leq0.01$。

三　留守儿童面临的现实风险

（一）家庭虐待和忽视情况

依照成人研究的文献，留守儿童所面临的突出风险可能是其福利态度特征的重要解释性因素，故本研究接下来着重围绕其多类风险进行实证调查。图 5-2 展现了我国儿童面临的家庭虐待和忽视状况①。数据证实在所有儿童的测量中，躯体虐待、言语/情感虐待和忽视的报告率虽然分别达到了 43.4%、39.9%和 39.6%②③，但经常遭遇虐待或忽视的频率分别仅为

① 从概念上看，“儿童虐待和忽视”是指对儿童有义务抚养、监管及有操纵权的人做出的对未成年人健康、生存、生长发育及尊严造成实际影响或潜在危害的行为（WHO & ISPCAN，2006）。一般而言，“躯体虐待”（physical abuse）、“言语/情感虐待”（verbal/emotional abuse）、“性虐待”（sexual abuse）和“忽视”（neglect）被广泛视为其组成部分。

② 大量研究已经证实，受到儒教文化中集体主义和性羞耻观的影响，东亚地区儿童性虐待的报告率普遍低于实际发生率，利用问卷很难有效测量东亚地区的儿童性虐待比例，故本研究没有统计“性虐待”。

③ 躯体虐待、言语/情感虐待和忽视的 Cronbach's alpha 系数分别为 0.692、0.811 和 0.695，KMO 系数分别为 0.767、0.839 和 0.802，三者的测量结果均具有较好的信效度。

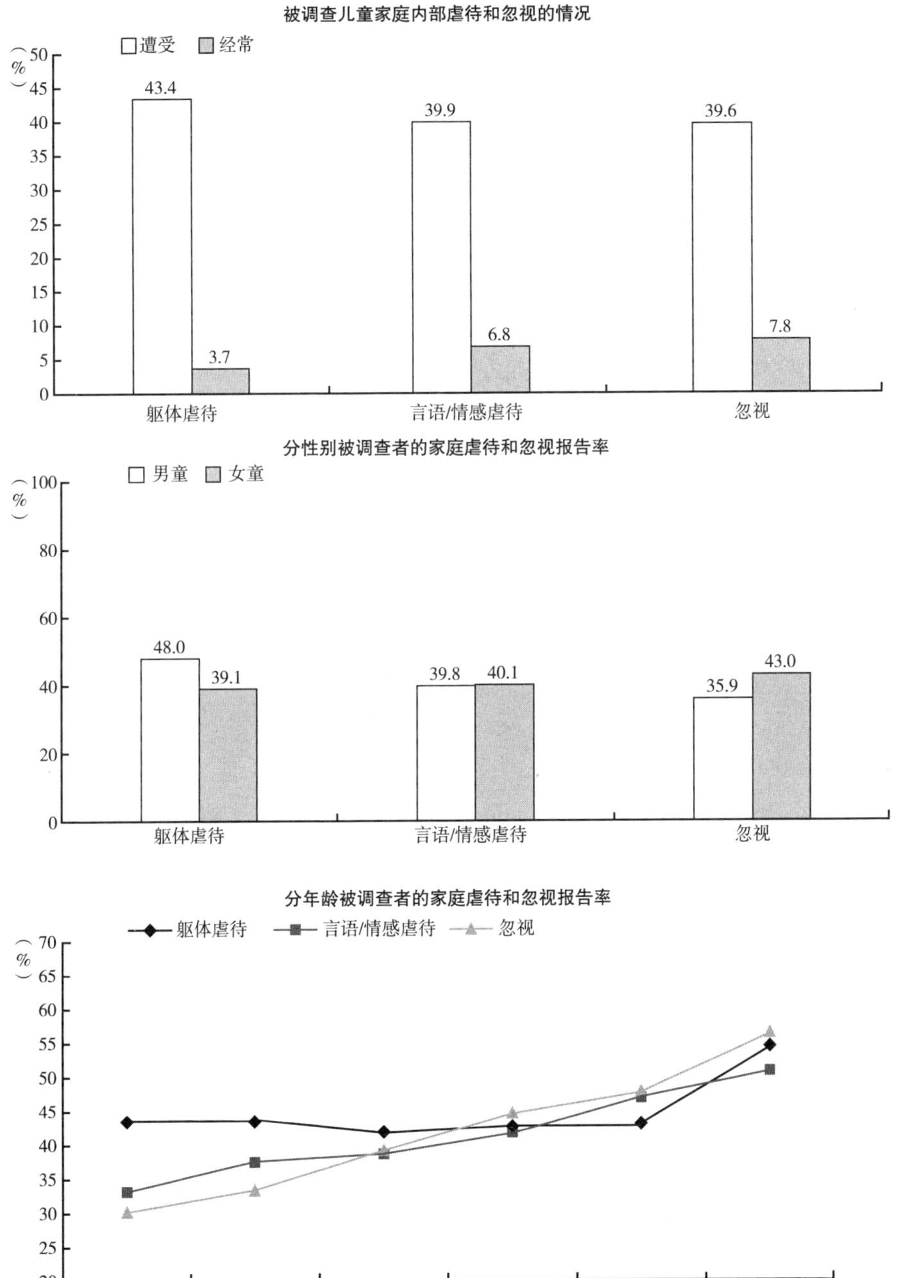

图 5-2　被调查儿童遭受家庭虐待和忽视情况

3.7%、6.8%和7.8%，故我国儿童家庭虐待和忽视大致呈现了“普遍性高、严重性低”的基本特征。在性别比较中，男童在躯体虐待报告率上显著高于女童（$\chi^2=39.62$，$p=0.00$），但女童在忽视报告率上则比男童更高（$\chi^2=26.10$，$p=0.00$），而在言语/情感虐待领域两者则并未产生显著差异（$\chi^2=0.04$，$p=0.84$）。在年龄测量方面，三种虐待亚型随着年龄的增长均出现了提升态势，15周岁儿童的躯体虐待、言语/情感虐待和忽视比例相比于10周岁及以下儿童分别增长了10.7个（$\chi^2=6.94$，$p=0.01$）、17.6个（$\chi^2=19.86$，$p=0.00$）和26.1个（$\chi^2=44.46$，$p=0.00$）百分点。

表5-7进一步显示了五类儿童在家庭虐待和忽视报告率上的测量结果。数据证实在发生频率的测量中，四类留守儿童41.5%~51.1%的躯体虐待率（$\chi^2=4.55\sim13.02$，$p\leqslant0.05$）、38.9%~46.4%的言语/情感虐待率（$\chi^2=5.09\sim32.83$，$p\leqslant0.01$）和37.5%~51.8%的忽视率（$\chi^2=3.64\sim43.55$，$p\leqslant0.05$）明显高于非留守儿童的数值（40.8%、34.8%和33.9%），显示出各类留守儿童普遍面临更为严峻的虐待和忽视风险。在经常发生频率的测量中，除了他人监护留守儿童未表现出明显的群体劣势以外（$\chi^2=0.44\sim3.23$，$p>0.05$），其余三类儿童遭受到相比于非留守儿童更高的经常虐待/忽视风险（$\chi^2=3.93\sim25.14$，$p\leqslant0.05$）。在各类留守儿童的比较中，研究观察到独居留守儿童的家庭虐待风险最高，亲属监护留守儿童次之，单亲监护留守儿童和他人监护留守儿童的虐待风险则相对有限。

表5-7　五类儿童在家庭虐待和忽视报告率上的差异

单位：%

相关情况		a. 非留守	b. 单亲监护	c. 亲属监护	d. 他人监护	e. 独居	统计检验
发生频率	躯体虐待	40.8	45.0	48.2	41.5	51.1	$\chi^2_{(ab)}=4.55^*$，$\chi^2_{(ac)}=13.02^{**}$，$\chi^2_{(ad)}=0.17$，$\chi^2_{(ae)}=5.55^*$
	言语/情感虐待	34.8	43.7	46.4	38.9	41.6	$\chi^2_{(ab)}=20.59^{**}$，$\chi^2_{(ac)}=32.83^{**}$，$\chi^2_{(ad)}=5.09^{**}$，$\chi^2_{(ae)}=2.56$

续表

相关情况		a. 非留守	b. 单亲监护	c. 亲属监护	d. 他人监护	e. 独居	统计检验
发生频率	忽视	33.9	37.5	47.2	41.9	51.8	$\chi^2_{(ab)}=3.64^*$，$\chi^2_{(ac)}=43.55^{**}$，$\chi^2_{(ad)}=19.93^{**}$，$\chi^2_{(ae)}=17.92^{**}$
经常发生频率	躯体虐待	3.2	4.7	5.4	2.1	6.6	$\chi^2_{(ab)}=3.93^*$，$\chi^2_{(ac)}=7.58^{**}$，$\chi^2_{(ad)}=3.23$，$\chi^2_{(ae)}=4.35^*$
	言语/情感虐待	5.7	8.0	10.7	4.3	9.5	$\chi^2_{(ab)}=5.09^*$，$\chi^2_{(ac)}=21.00^{**}$，$\chi^2_{(ad)}=3.14$，$\chi^2_{(ae)}=4.16^*$
	忽视	6.1	7.7	11.7	6.7	12.4	$\chi^2_{(ab)}=2.49$，$\chi^2_{(ac)}=25.14^{**}$，$\chi^2_{(ad)}=0.44$，$\chi^2_{(ae)}=8.26^{**}$

注：* 代表 $p\leq 0.05$，** 代表 $p\leq 0.01$。

基于子类别的对比结果显示（见图 5-3），风险最高的独居留守儿童相比于非留守儿童在各类虐待/忽视子指标的测量中都呈现报告率的普遍上升。在躯体虐待的测量中，前者“体罚”和“打耳光”的概率分别比后者增加了 11.3 个（$\chi^2=7.93$，$p=0.00$）和 7.5 个（$\chi^2=4.20$，$p=0.04$）百分点，而其余较为严重侵害行为的比例也分别上升了 0.3~4.8 个百分点，独居留守儿童在过去一年遭受过躯体虐待的比例明显上升。言语/情感虐待的情况与此类似，调查显示在“故意辱骂”“缺乏尊重”“言语侮辱”“冷暴力”等维度的测量中，独居留守儿童相比于非留守儿童呈现 5.2~9.0 个百分点的增长，其中后两者的报告率差异还呈现统计学意义（$\chi^2=4.75\sim7.90$，$p\leq0.05$）。而在忽视领域，两类儿童在“情绪忽视”“照顾忽视”“安全忽视”方面的差异幅度达到 8.2~9.4 个百分点，两者还在各子领域表现出明确的群体差异（$\chi^2=5.83\sim13.14$，$p\leq0.05$）。

（二）校园暴力情况

除了家庭内部的虐待和忽视以外，校园暴力（school violence）问题也

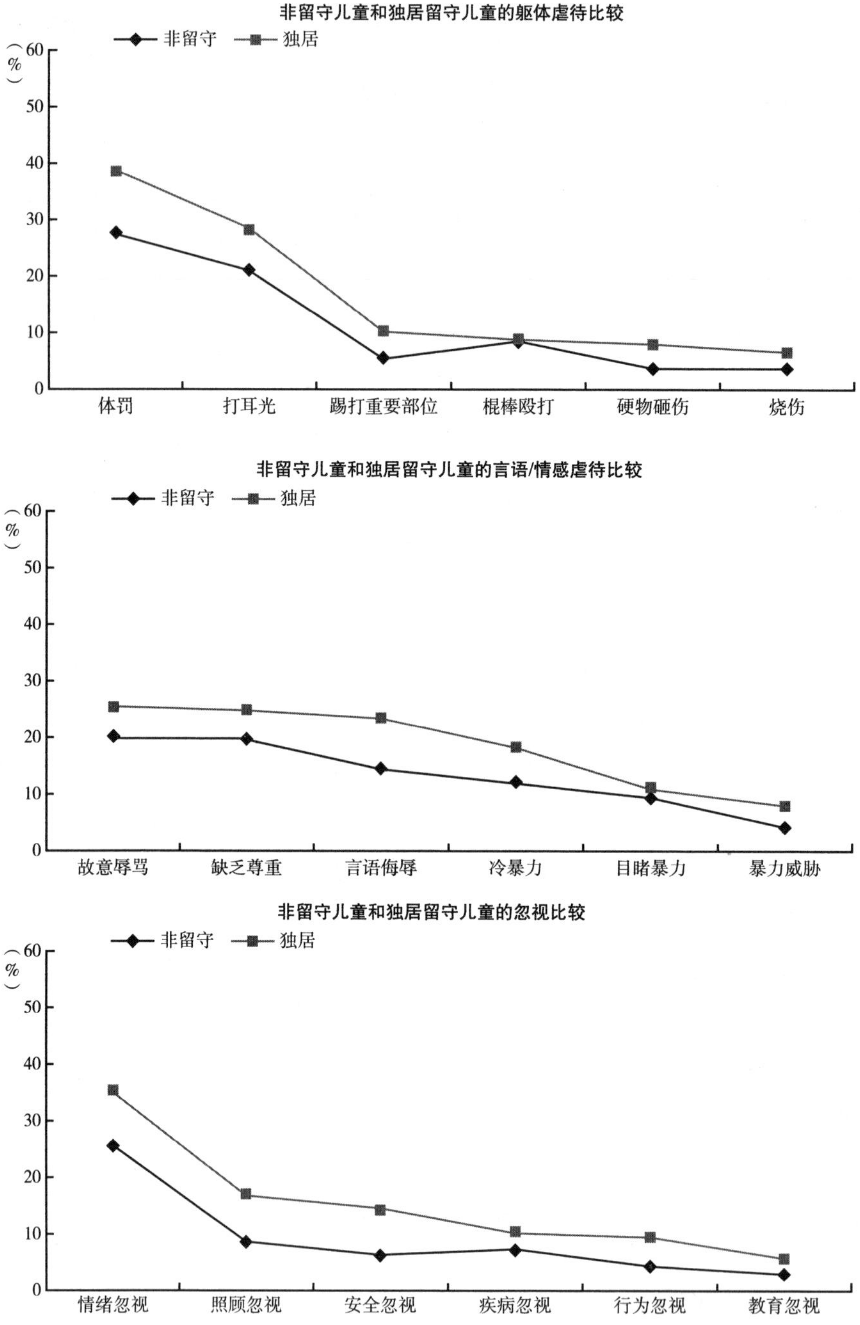

图 5-3　两类儿童家庭虐待和忽视报告率比较

可能成为留守儿童的现实威胁①。表 5-8 首先证实，在所有儿童的统计中，各类儿童遭受到的校园暴力比例整体上比较高，数据显示约有 47.0%和 50.9%的被访者曾经遭受过校园躯体暴力和言语/情感暴力，而经常遭受上述两项暴力的比例也分别达到了 5.2%和 10.6%，这反映出我国各地的校园暴力现象相对高发。在性别比较的过程中，数据证实男童无论是在遭受暴力比例（躯体暴力：$\chi^2=145.23$，$p=0.00$；言语/情感暴力：$\chi^2=21.67$，$p=0.00$）还是经常遭受暴力比例（躯体暴力：$\chi^2=53.25$，$p=0.00$；言语/情感暴力：$\chi^2=16.23$，$p=0.00$）方面的统计结果都要远高于同类型女童，校园暴力的防范工作应当对攻击性更强的男童有所侧重。

表 5-8　被调查儿童遭遇任意校园暴力的报告率

单位：%

相关情况		全部	男童	女童	统计检验
发生频率	躯体暴力	47.0	55.8	38.6	$\chi^2=145.23^{**}$，$p=0.00$，$\Phi=0.17$
	言语/情感暴力	50.9	54.3	47.6	$\chi^2=21.67^{**}$，$p=0.00$，$\Phi=0.07$
经常发生频率	躯体暴力	5.2	7.5	2.9	$\chi^2=53.25^{**}$，$p=0.00$，$\Phi=0.10$
	言语/情感暴力	10.6	12.5	8.9	$\chi^2=16.23^{**}$，$p=0.00$，$\Phi=0.06$

注：* 代表 $p\leq0.05$，** 代表 $p\leq0.01$。

表 5-9 对五类儿童的校园暴力情况进行了持续研究。研究发现独居留守儿童在躯体暴力（$\chi^2=6.12$，$p=0.05$）、经常躯体暴力（$\chi^2=10.23$，$p=0.00$）和经常言语/情感暴力（$\chi^2=3.36$，$p=0.05$）方面相比于非留守儿童呈现更为恶劣的境况，前者在这三方面的报告率分别比后者高出 26.0%、150.0%和 54.1%。在与其他类型儿童的比较中，独居留守儿童（9.5%）在经常躯体暴力领域相比于单亲监护儿童（4.1%）报告率显著偏高（$\chi^2=7.74$，$p=0.00$），

① 校园躯体暴力和言语/情感暴力的 Cronbach's alpha 系数分别为 0.723 和 0.853，KMO 系数分别为 0.773 和 0.872，两者的测量结果均具有较好的信效度。

但与其他留守儿童相比其劣势性有所收敛（$\chi^2=1.49\sim2.06$，$p>0.05$），甚至在言语/情感暴力方面相比于亲属监护（$\chi^2=4.41$，$p=0.05$）和他人监护（$\chi^2=3.98$，$p=0.05$）留守儿童报告率有所降低。在所有儿童中，以住校生为主的他人监护留守儿童在低烈度校园暴力统计中的占比相比于其他儿童更高。

表 5-9　五类儿童遭受任意校园暴力的报告率

单位：%

相关情况		a. 非留守	b. 单亲监护	c. 亲属监护	d. 他人监护	e. 独居	统计检验
发生频率	躯体暴力	41.1	44.3	51.2	53.5	51.8	$\chi^2_{(ae)}=6.12^*$，$\chi^2_{(be)}=2.77$，$\chi^2_{(ce)}=0.02$，$\chi^2_{(de)}=0.15$
	言语/情感暴力	44.8	50.7	55.3	56.4	47.4	$\chi^2_{(ae)}=0.36$，$\chi^2_{(be)}=0.51$，$\chi^2_{(ce)}=4.41^*$，$\chi^2_{(de)}=3.98^*$
经常发生频率	躯体暴力	3.8	4.1	6.2	6.7	9.5	$\chi^2_{(ae)}=10.23^{**}$，$\chi^2_{(be)}=7.74^{**}$，$\chi^2_{(ce)}=2.06$，$\chi^2_{(de)}=1.49$
	言语/情感暴力	8.5	11.8	13.4	10.3	13.1	$\chi^2_{(ae)}=3.36^*$，$\chi^2_{(be)}=0.22$，$\chi^2_{(ce)}=0.01$，$\chi^2_{(de)}=1.03$

注：* 代表 $p\leq0.05$，** 代表 $p\leq0.01$。

利用图 5-4，我们进一步比较了独居留守儿童和非留守儿童的校园暴力情况。研究首先显示在“体罚”“踢打重要部位”“硬物砸伤”“烧伤”等四个领域独居留守儿童相比于非留守儿童的风险显著偏高 3.7～10.4 个百分点，且两类儿童之间具有躯体暴力报告率上的显著差异（$\chi^2=3.99\sim9.77$，$p\leq0.05$）。数据同样显示在言语/情感暴力方面有所收敛，即使在群体差异幅度最大的“言语侮辱”的统计中（6.1 个百分点）其群体差异仍然不具有统计学意义上的显著性（$\chi^2=2.49$，$p=0.12$）。同时，校园暴力还可能带来儿童攻击行为的同步增加，据统计躯体暴力（41.1%）和言语/情感暴力（44.8%）报告率最低的非留守儿童的攻击行为比例仅为 31.6%，

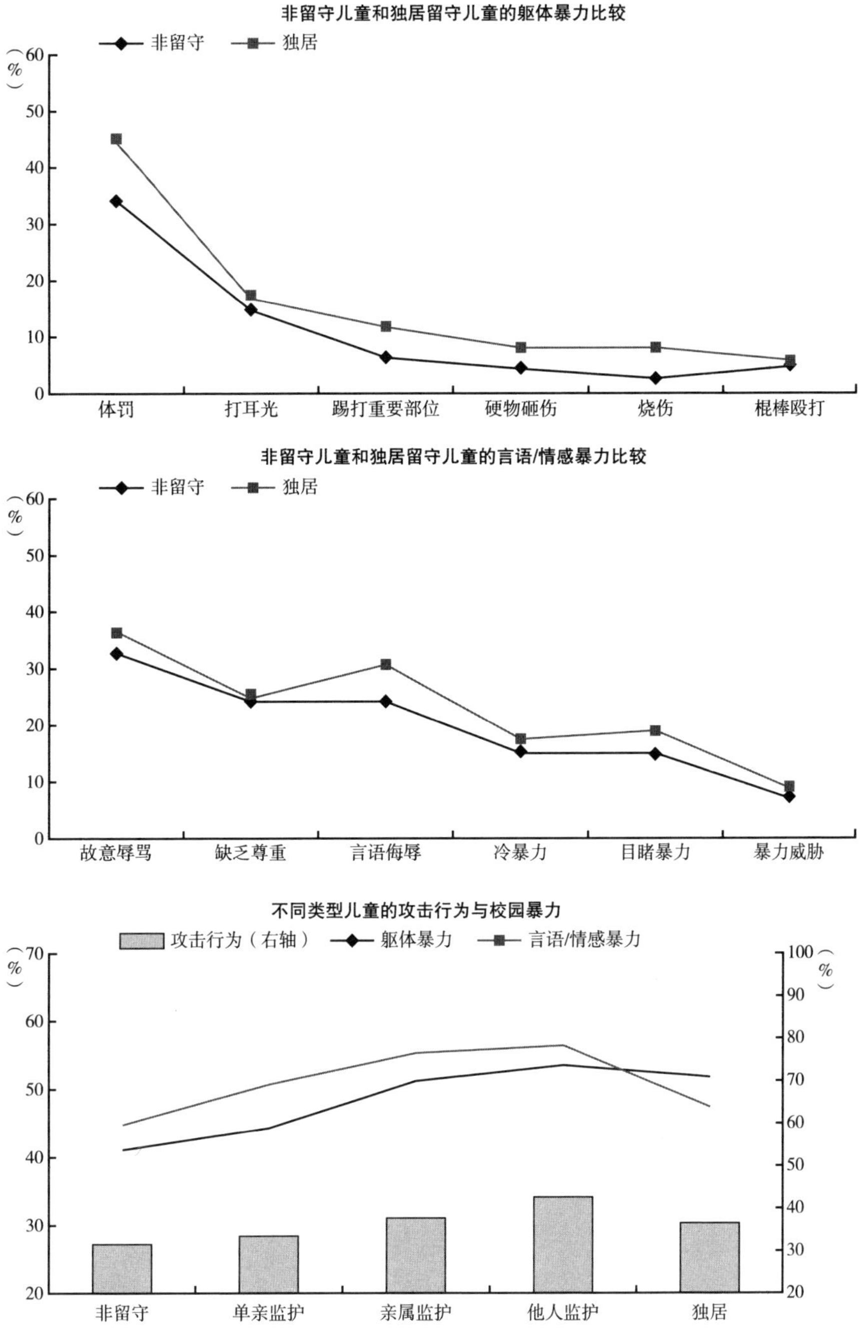

图 5-4　两类儿童校园暴力报告率比较

而两者均较高的他人监护留守儿童的攻击行为报告率则达到了42.6%，两者呈现了显著的群体差异（$\chi^2=37.20$，$p=0.00$）；而对于独居留守儿童而言，其51.8%和47.4%的躯体暴力及言语/情感暴力报告率相比于父母监护儿童更高，因而其攻击行为报告率似乎也有小幅增长（$\chi^2=1.39$，$p=0.24$）。

（三）意外伤害情况

儿童意外伤害也是显著影响儿童身心健康的顽疾。如表5-10所示，八省份被调查儿童曾经发生过任意意外伤害事件的比例大致为36.3%①，但除了意外烧伤/烫伤和被动物扑咬的报告率分别达到了13.5%和13.4%以外，其他各项意外伤害事件的比例均未超过10%。在性别比较方面，男童在独自游泳（$\chi^2=13.38$，$p=0.00$）、高空摔落（$\chi^2=38.75$，$p=0.00$）、触电（$\chi^2=10.43$，$p=0.00$）、食物中毒（$\chi^2=3.95$，$p=0.05$）和被动物扑咬（$\chi^2=3.81$，$p=0.05$）等多类统计中相比于女童遭受到更高的意外风险，这可能与男童更强的叛逆性及家庭对男童更多的行为放任有关。

表5-10 被调查者遭遇任意意外伤害事件的报告率

单位：%

意外伤害事件	总体	男童	女童	统计检验
任意意外伤害事件的发生比例	36.3	38.2	34.5	$\chi^2=7.47^{**}$，$p=0.01$，$\Phi=0.04$
我曾经在成年人未陪伴的情况下去游泳	8.5	10.0	7.1	$\chi^2=13.38^{**}$，$p=0.00$，$\Phi=0.05$
我曾经喉咙意外吸入过异物	7.1	7.8	6.5	$\chi^2=2.92$，$p=0.09$，$\Phi=0.02$
我曾经在马路中间嬉笑打闹	5.5	6.1	5.0	$\chi^2=2.60$，$p=0.11$，$\Phi=0.02$
我曾经生病的时候没有人监督用药安全	3.7	3.6	3.8	$\chi^2=0.23$，$p=0.63$，$\Phi=0.01$
我曾经意外被烧伤或烫伤过	13.5	13.5	13.4	$\chi^2=0.00$，$p=0.99$，$\Phi=0.00$
我曾经不小心从两米以上高空摔落	4.6	6.5	2.8	$\chi^2=38.75^{**}$，$p=0.00$，$\Phi=0.09$
我曾经触过电	6.9	8.1	5.8	$\chi^2=10.43^{**}$，$p=0.00$，$\Phi=0.05$

① 意外伤害的Cronbach's alpha系数为0.713，KMO系数为0.849，其结果均具有较好的信效度。

续表

意外伤害事件	总体	男童	女童	统计检验
我曾经煤气中毒	1.5	1.5	1.5	$\chi^2=0.01$，$p=0.92$，$\Phi=0.00$
我曾经食物中毒	4.4	4.8	4.0	$\chi^2=3.95^*$，$p=0.05$，$\Phi=0.03$
我曾经被狗等动物扑咬	13.4	14.4	12.5	$\chi^2=3.81^*$，$p=0.05$，$\Phi=0.03$

注：* 代表 $p\leqslant0.05$，** 代表 $p\leqslant0.01$。

利用图 5-5 的统计结果可知，独居留守儿童遭遇意外伤害风险的比例（40.9%）相比于其他儿童更高，尤其是相比于非留守儿童 33.2% 的报告率具有潜在的风险提升趋势（$\chi^2=3.33$，$p=0.07$）；此外，亲属监护（$\chi^2=13.51$，$p=0.00$）和他人监护（$\chi^2=8.89$，$p=0.00$）两类留守儿童的报告率也明显高于非留守儿童。在分性别的统计过程中，由于男童普遍具有更高的意外事件报告率，因而其分类别的统计结果差异相比于女童更为有限，但整体上仍然呈现独居留守儿童（男童为 42.0%，女童为 38.8%）和亲属监护留守儿童（男童为 40.4%，女童为 40.6%）比例较高的基本格局。此外在非留守儿童和独居留守儿童的分项目比较中，独居留守儿童和非留守儿童在“动物扑咬”“触电”“独自游泳”“食物中毒”等领域都具有较为明显的统计学差异（$\chi^2=3.92\sim7.39$，$p\leqslant0.05$）。

（四）不良情绪情况

不良情绪也是当前儿童面临的突出风险。图 5-6 的统计结果显示，按照美国心理学会 DSM-5（diagnostic and statistical manual of mental disorders）的标准①，被调查儿童可能罹患阈下抑郁症的比例约为 6.7%，男童与女童的阈下抑郁症可能性分别为 6.8% 和 6.6%，未显示明显的统计学差异（$\chi^2=0.04$，$p=0.85$）。按照美国心理学会 DSM-5 标准检测出的重度抑郁症比例大致为 2.0%，男童和女童的比例分别为 1.8%和 2.3%，女童比男童

① 抑郁的 Cronbach's alpha 系数为 0.852，KMO 系数为 0.910，其测量结果均具有较好的信效度。

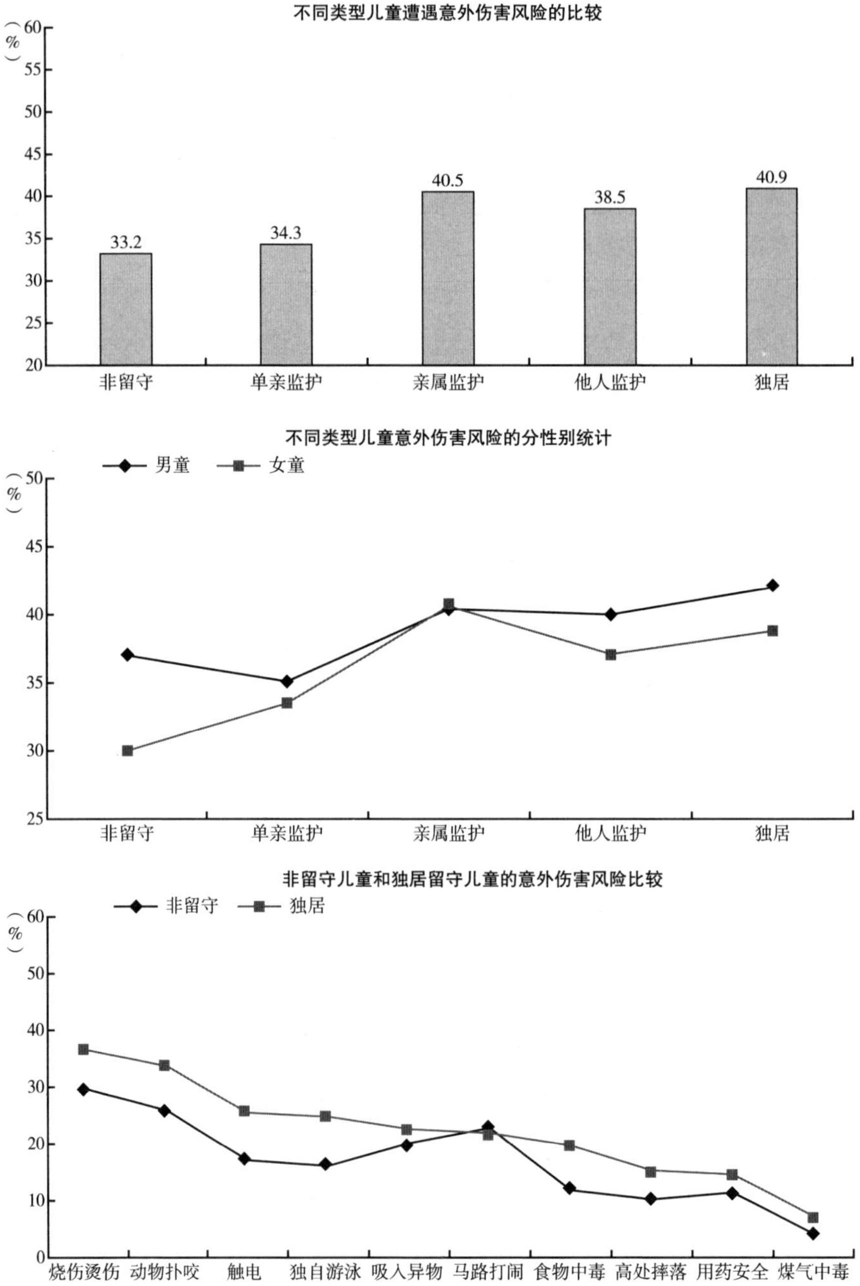

图 5-5　不同类型儿童意外伤害事件的报告率比较

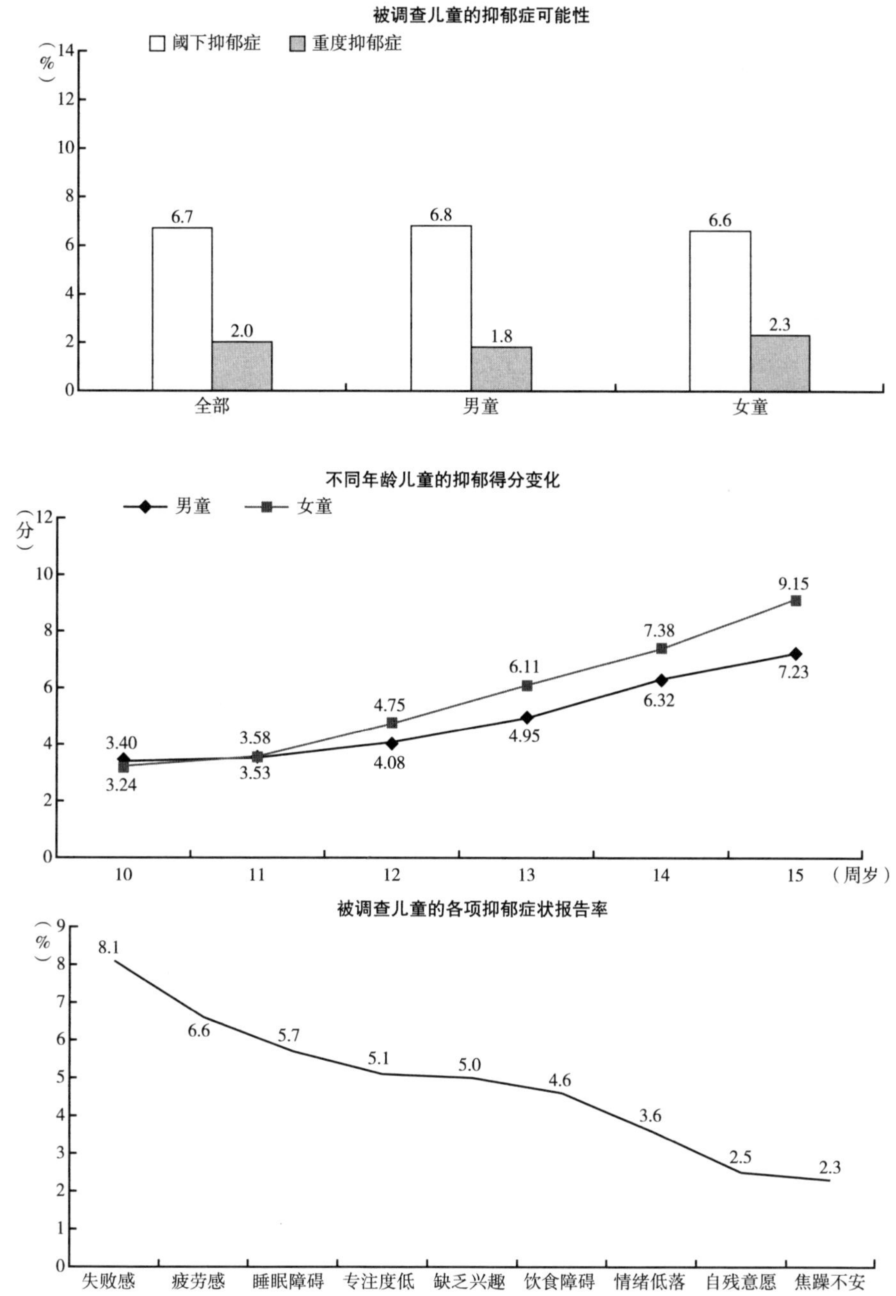

图 5-6　被调查儿童抑郁的整体状况

比例更高，但两者同样未展现出明确的统计学差异（$\chi^2=1.34$，$p=0.25$）。这一数据与2019年发表在《柳叶刀》杂志上的“中国2.1%的成人具有重症抑郁症”数据非常接近①，显示儿童重度抑郁症可能在青春期已经成型。儿童抑郁风险的增加可能与其年龄密切相关，具有更多压力事件及更强感知能力的大龄儿童往往具有更高的抑郁风险，据统计儿童抑郁得分从10周岁的3.31分逐步上升至15周岁的7.96分（$t=-12.39$，$p=0.00$）。此外男童（$t=-7.89$，$p=0.00$）与女童（$t=-9.91$，$p=0.00$）虽然都出现了统计学意义上的显著增长，但是女童的增长速度明显更快，两者分别从10周岁的3.40分和3.24分增长至15周岁的7.23分和9.15分。由此带来的可能结果就是大龄女童的抑郁病症可能会更为严重。在九项抑郁病症的统计中，“失败感”（8.1%）、“疲劳感”（6.6%）和“睡眠障碍”（5.7%）是被调查儿童报告率较高的症状，这些应该成为未来心理健康指导政策的重要部署方向。

在不同类型儿童抑郁情况的比较中（见图5-7），研究观察到独居留守儿童相比于非留守儿童具有更为严重的抑郁状态，前者的抑郁平均得分约比后者高24.0%，且两者之间存在统计学意义上的显著差异（$t=-2.44$，$p=0.02$）。此外，单亲监护（$t=-2.45$，$p=0.01$）、亲属监护（$t=-5.72$，$p=0.00$）、他人监护（$t=-6.35$，$p=0.00$）留守儿童的抑郁风险也均比非留守儿童显著偏高，且他们与独居留守儿童的抑郁状况无本质性差异（$t=-1.28\sim0.27$，$p>0.05$）。在进一步的测量中，独居留守儿童相比于非留守儿童的阈下抑郁症和重度抑郁症潜在风险分别高28.1%和100.0%，显示其比非留守儿童的抑郁风险显著偏高；对于亲属监护儿童而言，其相比于非留守儿童的阈下抑郁症（$\chi^2=7.32$，$p=0.00$）与重度抑郁症（$\chi^2=3.69$，$p=0.05$）潜在风险也显著偏高，这反映出非父母监护儿童的抑郁水平整体上会有所提升。

图5-8的分析结果证实，儿童抑郁问题与儿童伤害程度可能存在同步

① Huang, Y., Wang, Y., Wang, H., and etc., “Prevalence of Mental Disorders in China: A Cross-sectional Epidemiological Study”, *The Lancet Psychiatry*, Vol. 6, 2019, pp. 211-224.

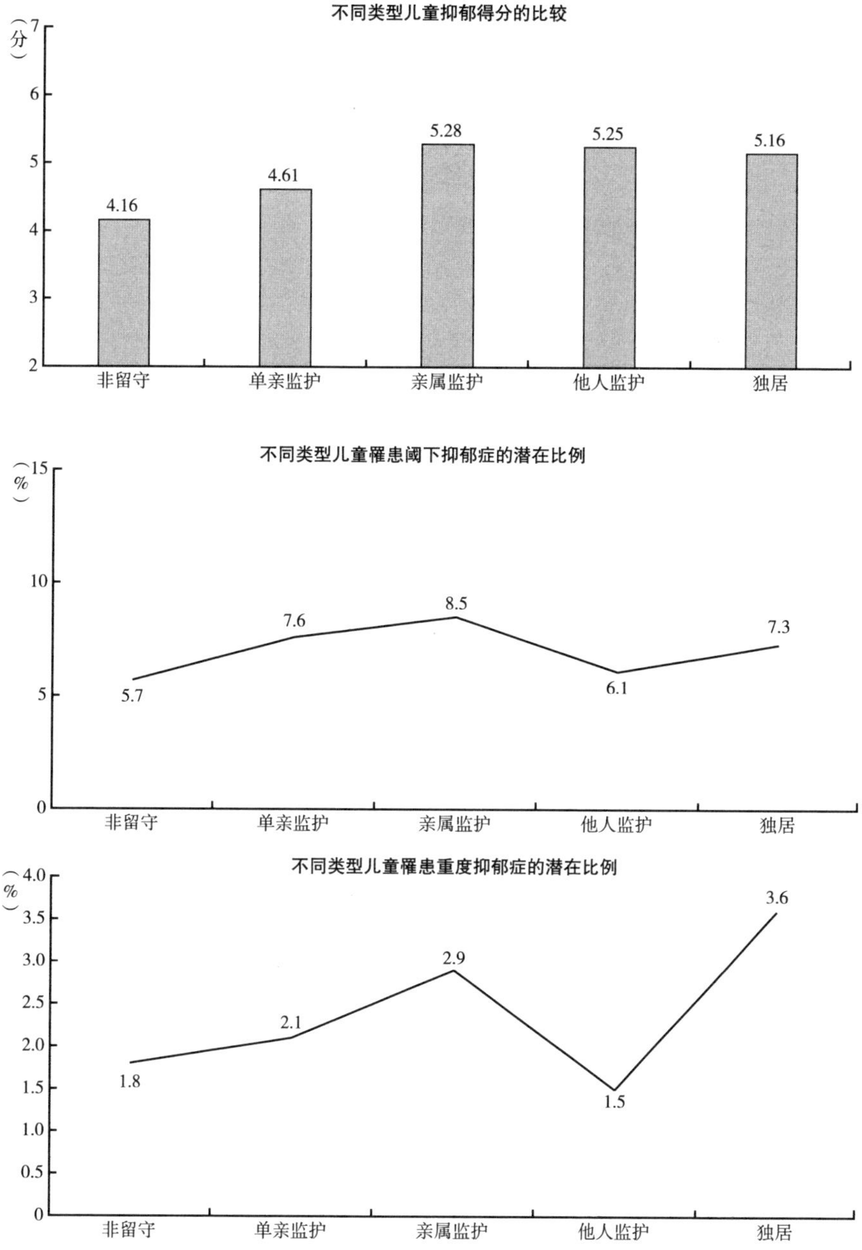

图 5-7　不同类型儿童抑郁情况的比较

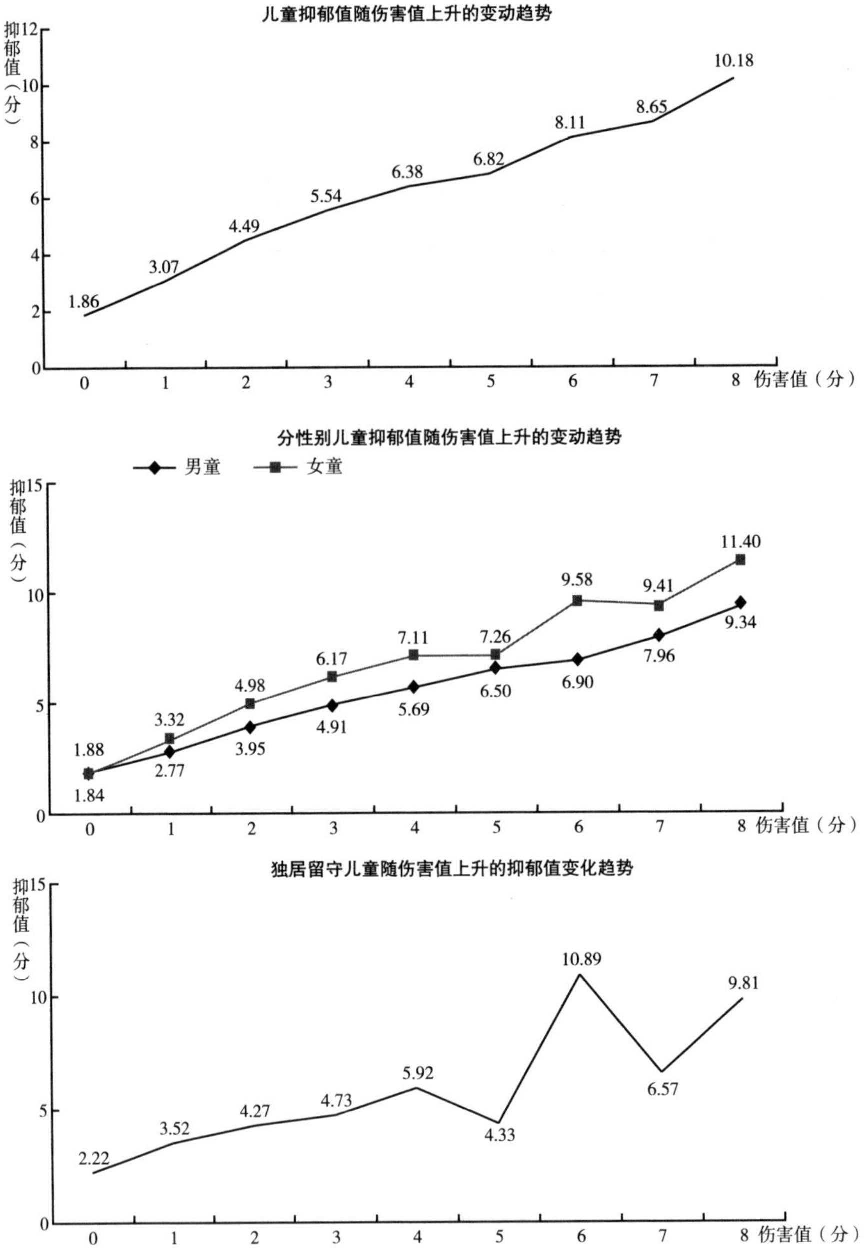

图 5-8　儿童抑郁值随儿童伤害值的变化趋势

增长的态势。具体而言，当儿童伤害得分为零时，儿童的平均抑郁得分仅为 1.86 分，但随着伤害值上升至最高值的 10.18 分，其抑郁值为原来的 5.47 倍（$t=-34.52$，$p=0.00$）。性别分析结果也大致相仿，当儿童伤害值为零时，男童和女童的抑郁值分别为 1.88 分和 1.84 分，当伤害值分别提升至最高值时，两者的抑郁值分别上升至原来的 4.97 倍（$t=-21.53$，$p=0.00$）和 6.20 倍（$t=-28.15$，$p=0.00$），女童相比于男童随伤害值变动的幅度虽然更为明显但两者的趋势类似。另外独居留守儿童这一特殊弱势儿童群体的测量结果显示，其抑郁值从没有伤害时的 2.22 分逐步上升至伤害值最高时的 9.81 分，约提升了 3.42 倍（$t=-13.63$，$p=0.00$）。

利用表 5-11 的回归分析结果我们可以更为清楚地看到不同伤害类型所产生的影响保持了较强的同质性，即儿童伤害与儿童抑郁具有普遍的相关性。数据证实家庭忽视对儿童抑郁的影响最为明显，其对抑郁值、阈下抑郁症和重度抑郁症的影响系数分别达到了 5.34、3.92 和 4.88（$p\leqslant 0.01$），在所有类型虐待伤害行为中最高。家庭躯体虐待和家庭言语/情感虐待的影响力居中（B=4.15~4.31，OR=2.82~4.20，$p\leqslant 0.01$），两类校园伤害的影响作用则相对较小（B=3.31~3.57，OR=2.07~2.66，$p\leqslant 0.01$），而意外伤害事件对各类儿童的负面影响相对有限（B=2.86，OR=2.46~2.81，$p\leqslant 0.01$）。但是无论是哪种伤害类型，均在分析中具有统计学意义（$p\leqslant 0.01$），因此不同伤害类型对抑郁的共性影响是基本类似的。不同性别之间的比较结果与前文研究结果类似，研究不但发现女童（B=4.22~6.50，$p=0.00$；OR=2.52~6.77，$p=0.00$）的抑郁水平随儿童伤害的变动趋势相比于男童（B=2.81~4.38，$p=0.00$；OR=1.78~4.28，$p=0.00$）更加明显，而且证实家庭忽视对男童和女童的不利影响都是最为集中的（B=4.38~6.50，$p=0.00$；OR=3.20~6.77，$p=0.00$）。因此，包含独居留守儿童在内的诸多儿童抑郁风险的改善可能需要以减少儿童伤害为基础，尤其是需要积极改善家庭忽视现象。

表 5-11 被调查儿童遭遇六类伤害亚型与儿童抑郁的关联

相关情况		家庭躯体虐待	家庭言语/情感虐待	家庭忽视	校园躯体暴力	校园言语/情感暴力	意外伤害
		B/OR	B/OR	B/OR	B/OR	B/OR	B/OR
总体	抑郁值	4.31**	4.15**	5.34**	3.57**	3.31**	2.86**
	阈下抑郁症	3.25**	2.82**	3.92**	2.07**	2.08**	2.46**
	重度抑郁症	4.20**	3.38**	4.88**	2.48**	2.66**	2.81**
男童	抑郁值	4.09**	3.55**	4.38**	3.42**	2.81**	2.43**
	阈下抑郁症	2.86**	2.55**	3.20**	1.78**	1.86**	2.05**
	重度抑郁症	4.28**	2.92**	3.98**	2.24**	2.30**	1.88**
女童	抑郁值	5.03**	4.85**	6.50**	4.49**	4.22**	3.32**
	阈下抑郁症	4.34**	3.18**	5.18**	2.94**	2.52**	2.95**
	重度抑郁症	5.04**	4.08**	6.77**	3.50**	3.48**	3.93**

注：** 代表 $p \leqslant 0.01$。抑郁值求测 B 值，两类抑郁症求测 OR 值。

（五）越轨行为情况

在儿童情绪问题之后，我们进一步解读各类儿童群体的越轨行为控制。在多类越轨行为的测量中（见图 5-9）[①②]，研究观察到尽管越轨行为的报告率达到了 49.5%，但是其平均越轨行为数量仅为 1.14 个，故儿童越轨行为的强度可能并不如预期那么不严重。在非攻击行为的评测中，“沉迷网络”（25.8%）的比例最高，“喝酒”（9.1%）、“早恋”（7.4%）、“抽烟”（5.9%）和“旷课”（5.7%）等行为的比例也均超过了 5.0%；而在攻

① 我们统计了各被调查学校的校规及《中学生守则》和《小学生守则》，拟定了通用型的 14 项越轨行为。其中，非攻击行为主要包含“抽烟”“喝酒”“旷课”“沉迷网络”“早恋”“夜不归宿”“赌博”七种类型，而攻击行为主要包含“打架”“辱骂”“起侮辱性绰号”“携带刀具”“被迫攻击他人”“偷拿别人东西”“强行索要财物”七种类型。

② 非攻击行为的 Cronbach's alpha 系数为 0.691，KMO 系数为 0.818，攻击行为的 Cronbach's alpha 系数为 0.683，KMO 系数为 0.776，两者的测量结果均具有较好的信效度。

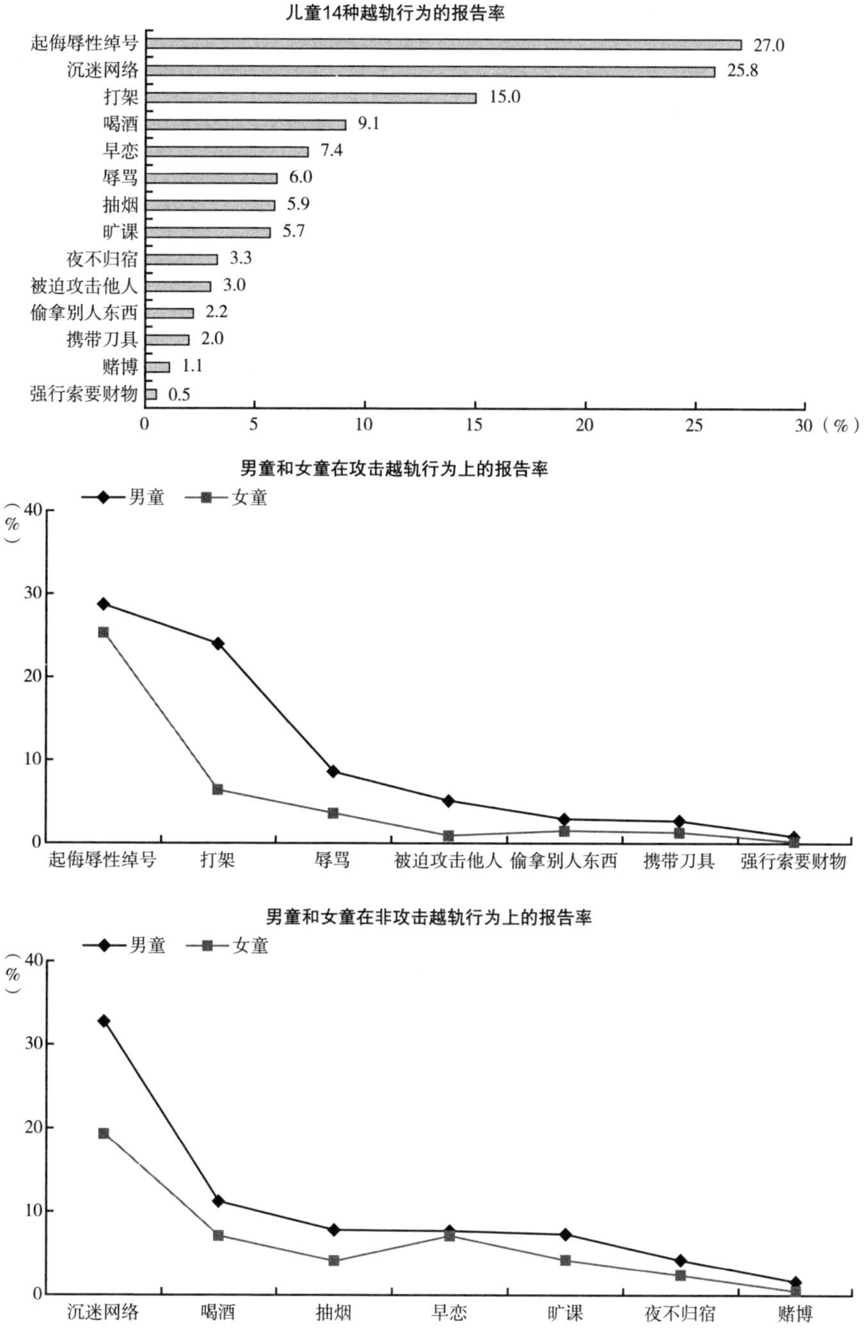

图 5-9　被调查儿童的越轨行为状况

击行为的测量中，“起侮辱性绰号”（27.0%）和“打架”（15.0%）的比例最高，而其余指标的评测结果均不超过6.0%。研究同样观察到男童和女童在儿童越轨行为上的巨大分野。调查显示男童在所有攻击行为的测量中均领先于女童，且其“打架”的报告率同比提升了17.6个百分点（$\chi^2=300.53$，$p=0.00$）；而在非攻击行为的测量中，男童比女童在“沉迷网络”上的报告率也有13.4个百分点的增长（$\chi^2=116.04$，$p=0.00$），因而与抑郁情绪的测量结果相反，男童的越轨行为似乎具有更大的威胁。

对于独居留守儿童等特殊弱势儿童而言（见图5-10），其最为集中的儿童越轨行为分别为“起侮辱性绰号”（27.0%）、“沉迷网络”（26.3%）和“打架”（20.4%），三者的比例均高于两成，是目前该类儿童最为常见的越轨行为。另外，“旷课”（14.6%）、“喝酒”（11.7%）、“早恋”（9.5%）、“辱骂”（6.6%）、“夜不归宿”（5.8%）和“抽烟”（5.1%）的报告率也相对较高。与非留守儿童相比较，独居留守儿童在12项指标的测量中整体上呈现更高的越轨行为报告率，尤其以“旷课”（$\chi^2=21.47$，$p=0.00$）、“夜不归宿”（$\chi^2=4.81$，$p=0.03$）和“打架”（$\chi^2=4.51$，$p=0.03$）等方面的差距最为明显。同样，独居留守儿童的越轨行为报告率虽然低于他人监护留守儿童42.6%的攻击行为报告率（$\chi^2=1.88$，$p=0.17$）和42.4%的非攻击行为报告率（$\chi^2=0.46$，$p=0.50$），但是其相比于父母监护儿童和单亲监护留守儿童均有显著的提升（$p\leqslant0.05$）。

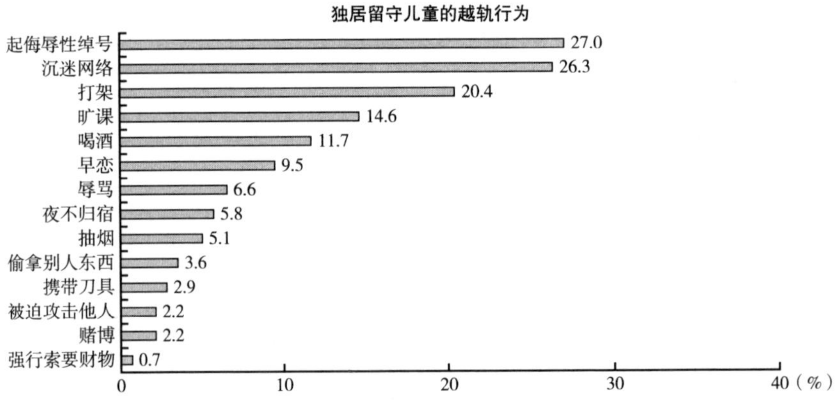

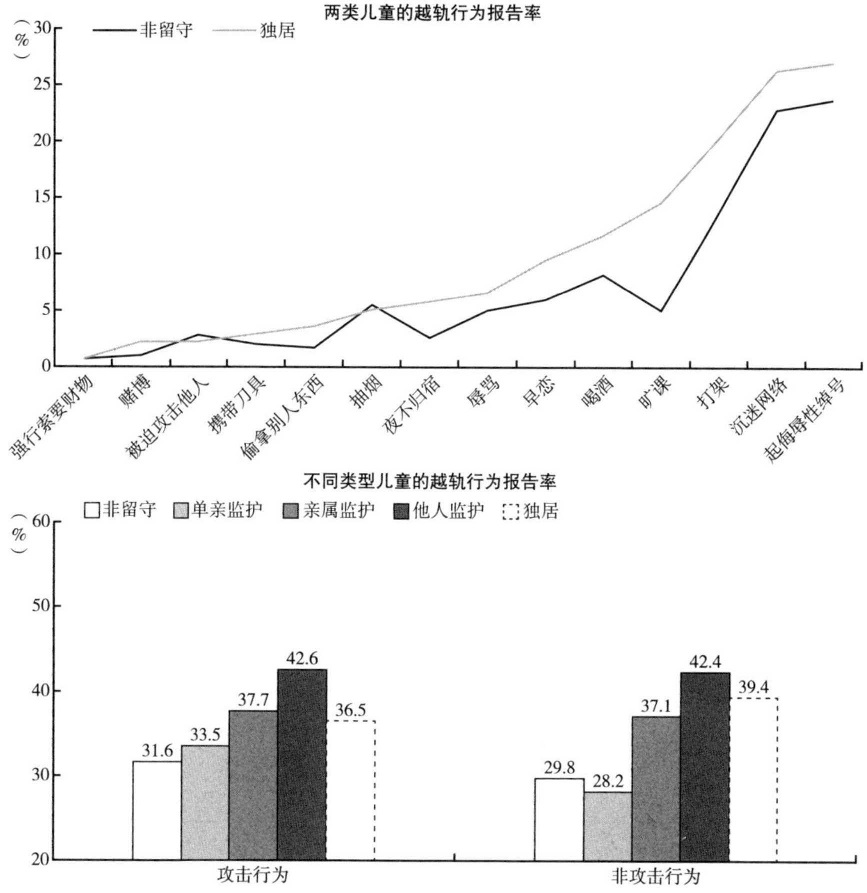

图 5-10　不同类型儿童越轨行为情况的比较

儿童伤害与儿童越轨行为的密切关联在图 5-11 中也尽显无遗。数据反映出当儿童的伤害值为零时，其越轨行为的数量平均仅为 0.44 个，但是当伤害值逐步增长至最高值时，其整体的越轨行为数量会上升至原来的 5.89 倍（$t=-20.86$，$p=0.00$），其增长的幅度非常明显，展现了伤害与越轨行为的紧密联系。不同性别儿童的变动趋势也是类似的，只是与儿童抑郁相反，男童的越轨行为一直比女童更为严重。研究观察到，男童（$t=-13.35$，$p=0.00$）和女童（$t=-15.86$，$p=0.00$）大致呈现了平行的增长态势，两者分别从零伤害时的 0.64 个和 0.28 个越轨行为增加到最高伤害时的 2.93 个和

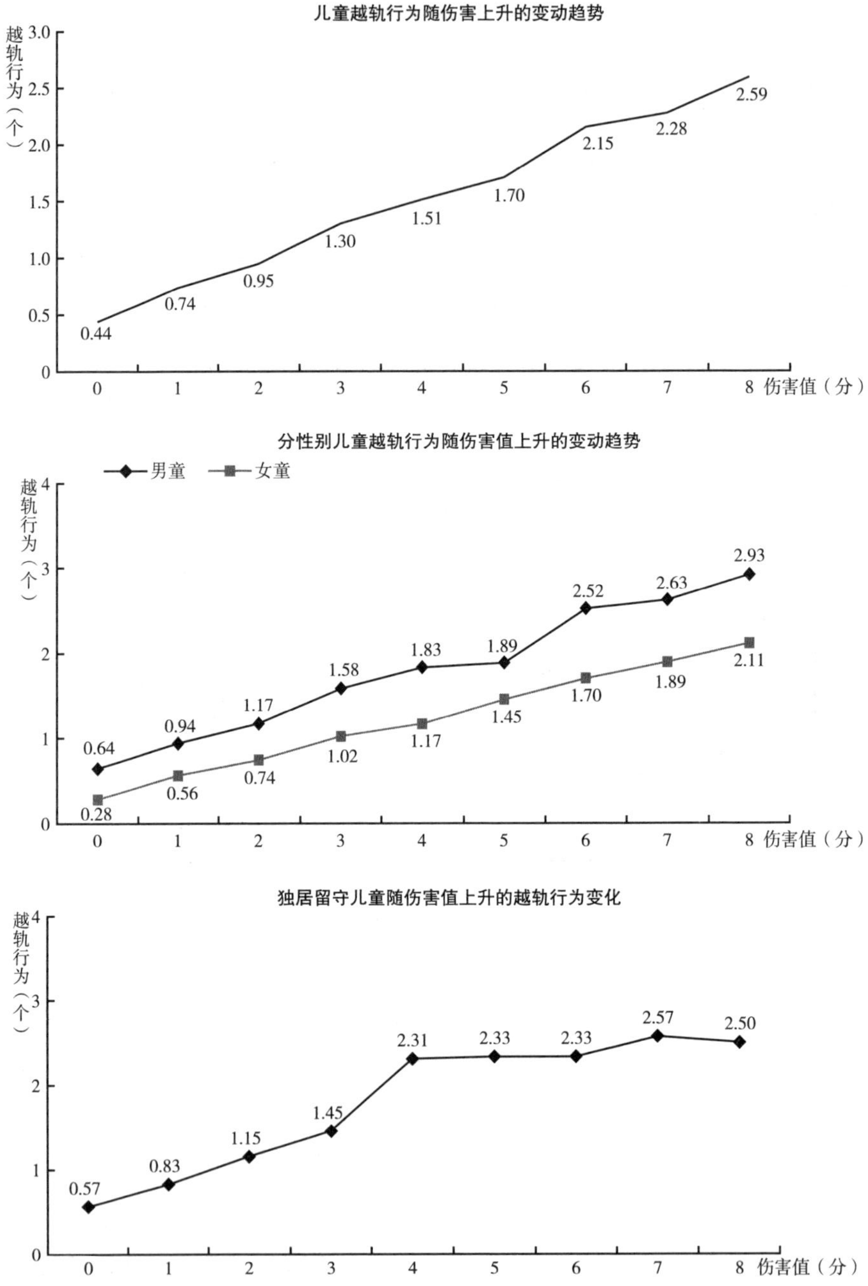

图 5-11　儿童伤害与儿童越轨行为的关联走势

2.11 个越轨行为。国际经验表明，长期经历儿童伤害等压力事件会扰乱儿童前额叶皮层的发育①，导致较低的压力耐受阈值和个体压力调节机制的崩溃②，这可能是导致儿童出现更多越轨行为的原因。对于独居留守儿童等特殊弱势儿童而言这种情况也是存在的，随着儿童伤害程度的逐步提升，独居留守儿童的越轨行为数量会逐步从 0.57 个上升至 2.31 个（$t=-2.12$，$p=0.05$），其提升至原有的 4.05 倍，之后伤害值与越轨行为的关联则变得较为平缓，仅从 2.31 个越轨行为缓慢增加至 2.50 个（$t=-0.16$，$p=0.87$），显示出儿童越轨行为随伤害值的变动呈现程度上的收敛趋势。

表 5-12 利用回归分析模型进一步证实了各项越轨行为与儿童伤害的关联。调查发现家庭忽视和校园躯体暴力对于儿童越轨行为的影响似乎最为明显，两者的得分每上升 1 个单位，儿童越轨行为分别上升 1.21 个和 1.20 个单位（$p\leqslant0.01$），越轨行为的比例则分别上升 3.54 个和 3.66 个单位（$p\leqslant0.01$）。家庭躯体虐待和家庭言语/情感虐待对于儿童越轨行为的不利影响居中（B=0.98~1.14，OR=2.61~2.74，$p\leqslant0.01$），而校园言语/情感暴力和意外伤害的影响最小（B=0.87~0.93，OR=2.09~2.60，$p\leqslant0.01$）。当然，五类儿童伤害行为仅具有不同的影响程度，在显著性上五个指标均达到了统计学要求（$p\leqslant0.01$）。调查还显示，在性别对比过程中，男童比女童更容易因伤害而导致越轨行为的增多。遭遇每 1 个单位的儿童伤害后，男童越轨行为的数量会呈现 0.90~1.29 个单位的增长（$p\leqslant0.01$），越轨行为比例会呈现 2.16~3.96 个单位的增长（$p\leqslant0.01$），而女童在上述两方面的增长幅度分别为 0.66~1.14 个（$p\leqslant0.01$）和 1.98~3.71 个单位（$p\leqslant0.01$），这显示对男童因伤害而造成越轨行为的控制可能比女童更为紧迫。

---

① Committee on Psychosocial Aspects of Child and Family Health, Committee on Early Childhood, Adoption, and Dependent Care, and Section on Developmental and Behavioral Pediatrics, Andrew, S. G. & et al., "Early Childhood Adversity, Toxic Stress, and the Role of the Pediatrician: Translating Developmental Science into Lifelong Health", *Pediatrics*, Vol. 129, 2012, p. e232.

② Iob, E., Lacey, R. & Steptoe, A., "Adverse Childhood Experiences and Depressive Symptoms in Later Life: Longitudinal Mediation Effects of Inflammation", *Brain Behavior and Immunity*, Vol. 90, 2020, pp. 97-107.

表 5-12 被调查儿童遭遇伤害与越轨行为的关联

相关情况		家庭躯体虐待	家庭言语/情感虐待	家庭忽视	校园躯体暴力	校园言语/情感暴力	意外伤害
		B/OR	B/OR	B/OR	B/OR	B/OR	B/OR
总体	越轨行为数量	1.14**	0.98**	1.21**	1.20**	0.93**	0.87**
	有无越轨行为	2.74**	2.61**	3.54**	3.66**	2.60**	2.09**
男童	越轨行为数量	1.23**	1.01**	1.29**	1.21**	0.90**	1.03**
	有无越轨行为	2.60**	2.61**	3.96**	3.01**	2.31**	2.16**
女童	越轨行为数量	0.73**	0.93**	1.14**	0.83**	0.87**	0.66**
	有无越轨行为	2.44**	2.72**	3.71**	3.48**	2.79**	1.98**

注：** 代表 $p \leq 0.01$。越轨行为数量求测 B 值，有无越轨行为求测 OR 值。

综合来看，上述研究深刻反映了以独居留守儿童为代表的各类留守儿童相比于非留守儿童面临着更严重的社会风险，这一风险集中反映在家庭虐待和忽视、校园暴力、意外伤害、抑郁情绪处置及越轨行为控制等多个领域，显示父母缺席不但会加剧留守儿童自身及其家庭的社会经济弱势性，而且对留守儿童的社会风险亦会形成普遍且巨大的不利影响。在多个类型留守儿童的比较中，独居留守儿童与单亲监护儿童的差异较为广泛，证实父母一方居家对于留守儿童的风险防范具有积极作用，其深层原因也可能与单亲监护家庭的社会经济地位与独居留守儿童家庭相去甚远有关。此外，独居留守儿童与亲属监护及他人监护留守儿童的风险差异具有明显的收敛趋势，其主要在家庭忽视报告率、经常性校园暴力比例、意外伤害报告率及罹患重度抑郁症比例等多项指标上具有更大劣势，但是整体而言三种监护境况不良家庭所面临的困境具有一定的同质性。同时，我们也不应当绝对地认为独居留守儿童在所有风险测量维度均是最为严重的，例如相比于他人监护留守儿童其越轨行为似乎更易控制，相比于亲属监护留守儿童其家庭言语/情感虐待更为有限，这说明独居留守儿童的风险形成可能也具有一定的特殊性，这对下一阶段的儿童保护工作颇具意义，我们将在质性研究过程中进行更为细致的解读。

四　留守儿童的福利态度

（一）对国家福利责任的认同

上述研究揭示出各类留守儿童的突出风险，这些现实风险很可能给他们的福利态度带来深刻的影响，并在一定程度上决定其对国家福利责任边界的评判，故下文将对其福利态度进行综合报告。图 5-12 首先反映出各类留守儿童等特殊弱势儿童对于九项国家福利责任的认可程度①。调查显示该类群体对于公共部门在福利提供过程中的责任承担持积极态度，九项被测量项目的得分率分别在 70.6%~86.4%，显示多数被访者对于国家提供的儿童福利项目持认可态度。在具体项目的比较中，“促进家人陪伴”（86.4%）、“保障周边安全”（86.4%）和“减少校园欺凌”（86.2%）是目前留守儿童最认可的国家福利项目，显示儿童忽视和儿童安全类议题最受该类儿童欢迎。在具体测量中，九类项目中“非常同意”的选择率维持在 47.7%~72.7%，“非常同意”和“比较同意”的加总比例维持在 67.4%~86.4%。另外在负向态度的统计中，“非常不同意”的选择率大致自 3.8%上升至 15.2%，“非常不同意”和“不太同意”比例加总后维持在 5.3%~17.4%。

---

① 在国家目标的考量中，我们没有采取 ISSP 过于偏向成人的设计规则，而是依据新修订的《未成年人保护法》和《国务院关于加强农村留守儿童关爱保护工作的意见》中对国家福利责任所提炼的九项核心福利项目进行测量，各类福利项目分别为“实施经济资助”（第 83 条）、“儿童侵害惩罚”（第 106 条）、“建设场地设施”（第 89 条）、“促进家人陪伴”（第 82 条）、“构建良好舆论”（第 42 条）、“开展丰富活动”（第 99 条）、“保障周边安全”（第 88 条）、“降低虐待忽视”（第 92 条）和“减少校园欺凌”等。实际测量中九项国家福利责任指标的信效度结果较好，其 KMO 系数为 0.943，Bartlett 显著性结果为 0.00，Cronbach's Alpha 系数为 0.901。

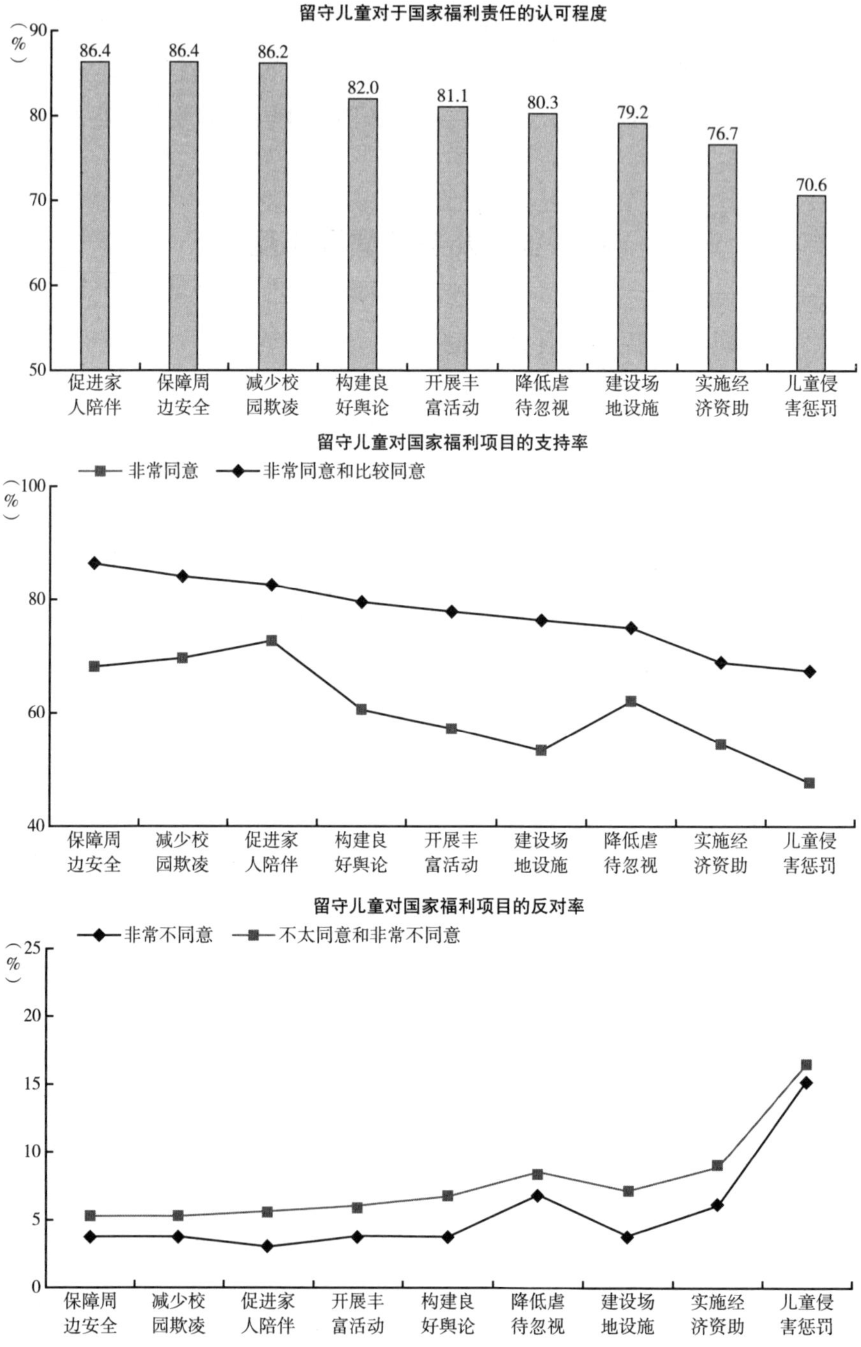

图 5-12　留守儿童对国家福利责任的认同程度

图 5-13 展示了留守儿童对国家福利责任认同度的内部差异。调查显示，尽管留守儿童内部也存在小幅分化，但是其整体上对国家承担福利责任表示欢迎。在性别维度的比较中，留守女童相比于留守男童对于国家福利责任的认同度略微偏高（$t=1.56$，$p>0.05$），两者对于各类政府福利项目的认同度分别维持在 73.0%~91.3%和 69.3%~85.8%，与目前诸多有关成年人的国际研究结论类似，女性对于公共福利提供的看法似乎更加积极①。年龄方面则大致呈现下降的趋势，其认同度从 11 周岁的 87.9%下降到 14 周岁的 74.7%（$t=-2.20$，$p=0.03$），整体来看年龄越大则态度越消极。在地区比较中，湖北、陕西和辽宁留守儿童的认同度均接近九成，而最低的甘肃省则仅为 69.4%，且湖北和甘肃的群体差异也具有统计学意义（$t=-2.20$，$p=0.04$）；考虑到各地的经济发展水平，我们似乎没有发现在儿童成长过程中更多的宏观经济依存现象，这与很多基于成人的跨国比较研究具有较大差别②。整体而言，大规模调查数据表明不同类型留守儿童对于国家福利责任的认同度普遍较高且同质性较强。

当然，我们也观察到留守儿童相比于非留守儿童的福利责任认同度并不是更高，这种风险更高群体反而具有更低社会福利期待的现象与 Han 有关我国成人福利态度的测量结果高度吻合③。图 5-14 的数据显示，两类儿童对于国家参与各项福利提供均呈现积极态度，其中前者比后者的认同度低 2.1~7.2 个百分点（$t=-2.64$，$p=0.01$）。在支持比例与反对比例的测量中，前者显示出更为明确的统计学差异（$\chi^2=42.24$，$p=0.00$），九项指标的支持度存在 2.6~12.3 个百分点的差异；后者的统计学差异则有所收敛（$p>0.05$），九项指标的差异幅度也缩小至 4.2 个百分点以内。研究认为留守儿童对于公共福利项目的高认同度可能在儿童中并非个例，儿童群体可能普遍存在对于国家责任履行能力的较强信赖。

---

① Blekesaune, M., & Quadagno, J., "Public Attitudes toward Welfare State Policies", *European Sociological Review*, Vol. 19, 2003, pp. 415-427.

② Schmidt, A., "Economic Inequality and Public Demand for Redistribution: Combining Cross-sectional and Longitudinal Evidence", *Socio-Economic Review*, Vol. 14, 2016, pp. 119-140.

③ Han, C., "Attitudes toward Government Responsibility for Social Services: Comparing Urban and Rural China", *International Journal of Public Opinion Research*, Vol. 24, 2012, pp. 472-494.

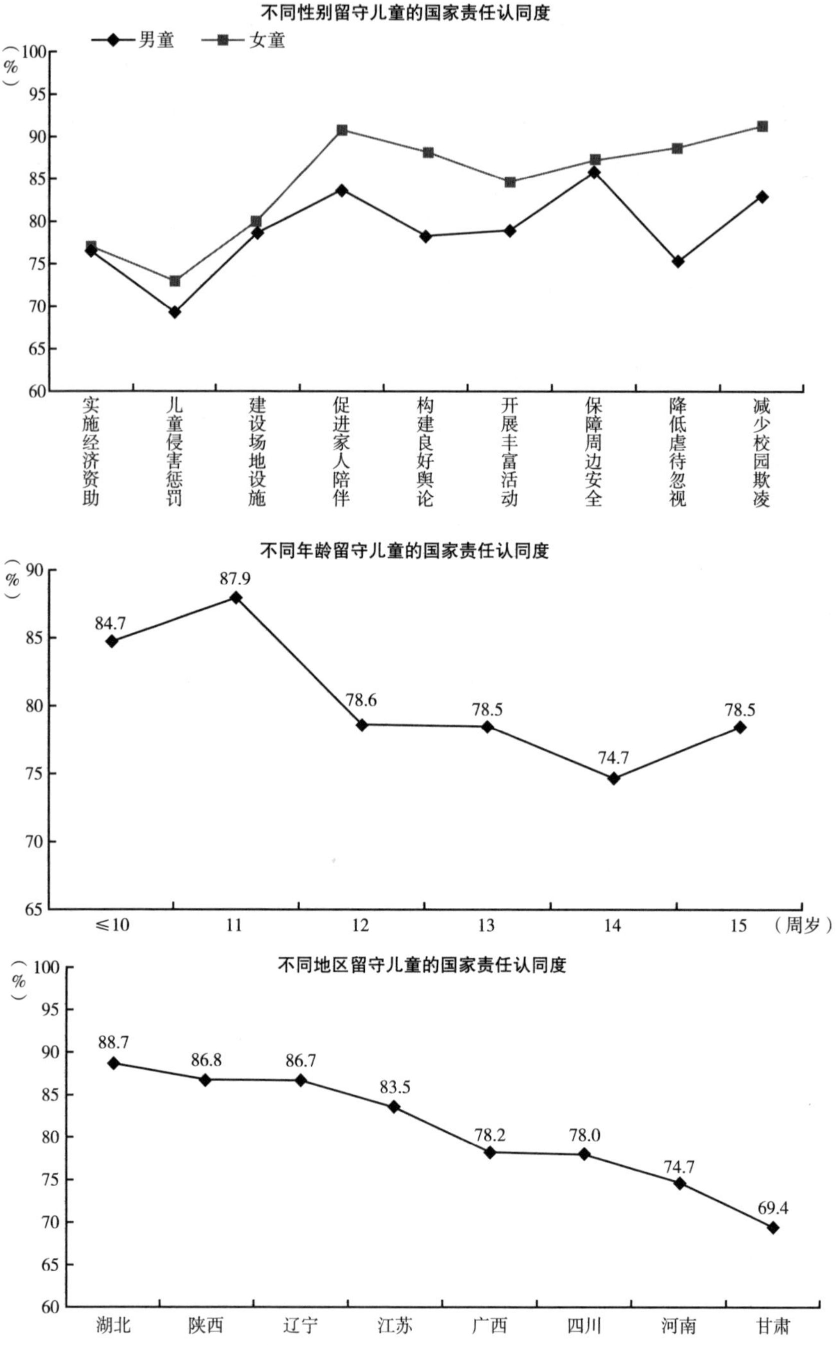

图 5-13　留守儿童对国家福利责任认同度的差异

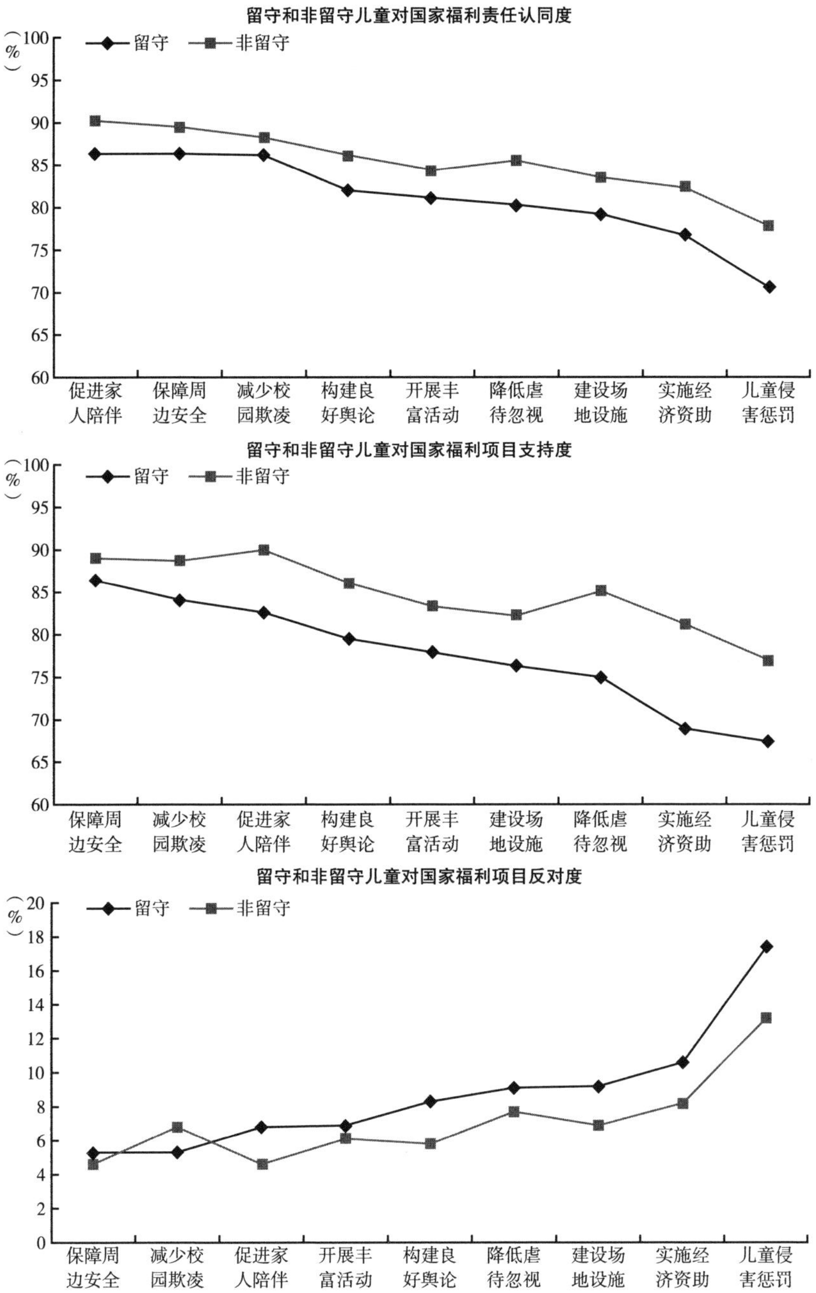

图 5-14　留守儿童和非留守儿童对国家福利责任认同度的比较

在多种类型留守儿童的比较中（见图5-15），研究发现虽然独居留守儿童的认同度低于各类留守儿童，但是其群体差异却明显小于和非留守儿童的差异。数据证实，单亲监护、亲属监护和他人监护留守儿童的国家责任认同度普遍在75.1%～88.4%、75.4%～87.5%和73.4%～89.9%的范围内波动，但三者与独居留守儿童所呈现的群体差异均不具有统计学意义（$t=-1.54\sim-1.14, p>0.05$），这说明留守儿童整体上的福利态度似乎相比于非留守儿童更为消极。进一步分类解读还显示，独居留守儿童在"实施经济资助""儿童侵害惩罚""建设场地设施""促进家人陪伴""保障周边安全""降低虐待忽视""减少校园欺凌"等指标上均呈现最悲观的态度。从数据上看我们并未发现社会风险更高的留守儿童对国家福利责任抱有更高的热情，他们甚至是不同类型儿童中对国家福利提供最悲观的人群，这似乎和以往西方各国的成人调查结果具有显著差别[①][②]。研究认为，对国家福利责任的认同从根本上看是福利接受者对公共组织既有福利角色扮演的认可以及对其后续福利提供的预判，但由于长期脱离父母监护及儿童童年逆境的持续

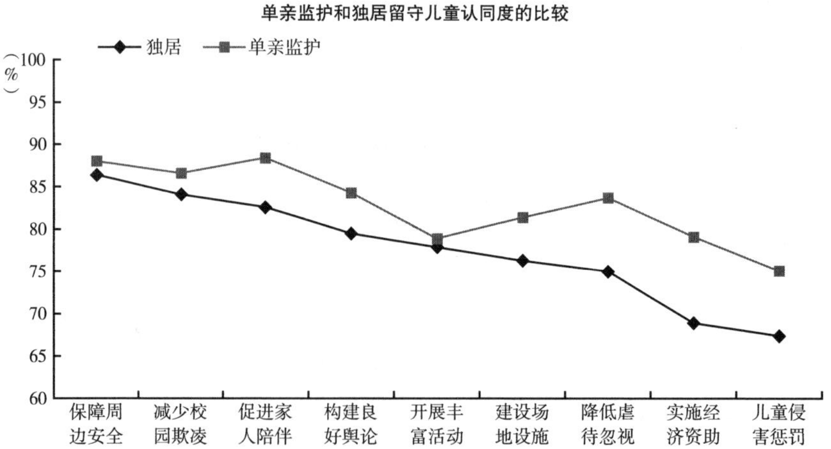

① Jager, M. M., "United but Divided: Welfare Regimes and the Level and Variance in Public Support for Redistribution", *European Sociological Review*, Vol. 25, 2009, pp. 723-737.

② Cheng, Q., & Ngok, K., "Welfare Attitudes towards Anti-poverty Policies in China: Economical Individualism, Social Collectivism and Institutional Differences", *Social Indicators Research*, Vol. 150, 2020, pp. 679-694.

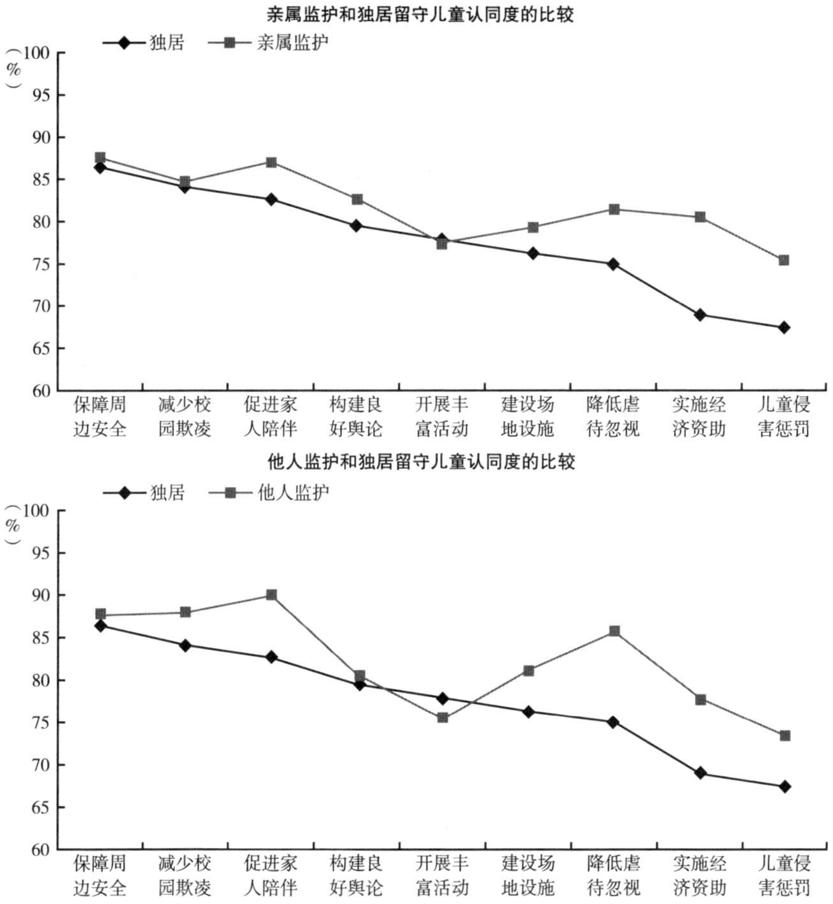

图 5-15　不同类型留守儿童对国家福利责任认同度的比较

增加，以独居留守儿童为代表的家庭去功能化儿童对于现有福利提供机制的脆弱性更为感同身受，他们对于其面临的福利需要满足不畅具有更深刻的认识，这可能显著降低其对未来国家福利责任履行的信心。

（二）可感知的福利组合

除国家福利责任认同度以外，可感知的福利组合是福利态度评测中的另一个关键议题。图 5-16 进一步介绍了现行儿童福利提供过程中被调查者可感知的福利组合状态。调查显示，在所有儿童的统计中，父母的福利提供仍然是最优先被儿童感知的，约有 73.1%的被访者认为父母在日常福利提供过程中发挥了实质性作用，其在多主体福利提供中的相对占比达到了 27.1%[①]。学校/教师和邻居的作用位居其次，两者的选择率分别为 44.6%和 37.3%，相对占比分别下降至 16.6%和 13.9%，显示儿童普遍认为非正式力量是核心家庭以外的最重要福利来源。亲属的替代性作用可能被夸大，带有补偿效应的亲属福利提供在调查中并未被普遍观察到，本研究显示只有 30.6%的被调查者选择此类，其相对占比下降至 11.4%，这一比例已经低于学校/教师和邻居。而政府/村委会和志愿团队发挥的作用是最不容易被儿童感知的，两者在被调查儿童中的选择率分别为 15.5%和 17.6%，相对占比则分别仅为 5.8%和 6.5%。上述结果反映出，对于全部被调查儿童而言，以父母为主体的福利提供格局是目前多数被访者认同的，公共部门和志愿组织在福利提供中发挥的作用难以被感知。

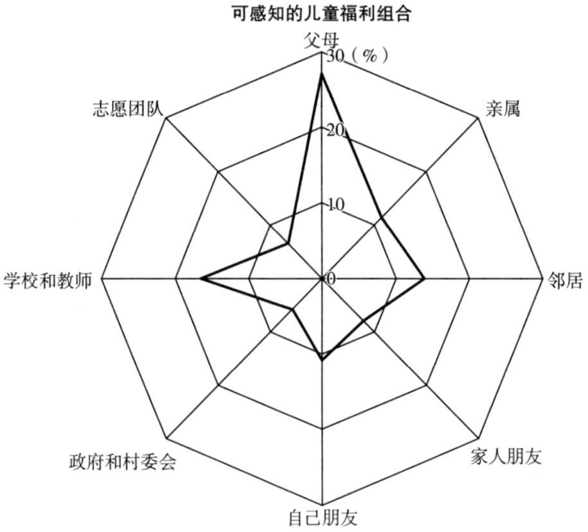

① 相对比例的测量公式为“可感知某主体具有九项福利项目重要作用的比例”除以“可感知所有主体具有九项福利项目重要作用的累加比例”，研究主要分析在儿童福利提供过程中不同主体的相对价值。

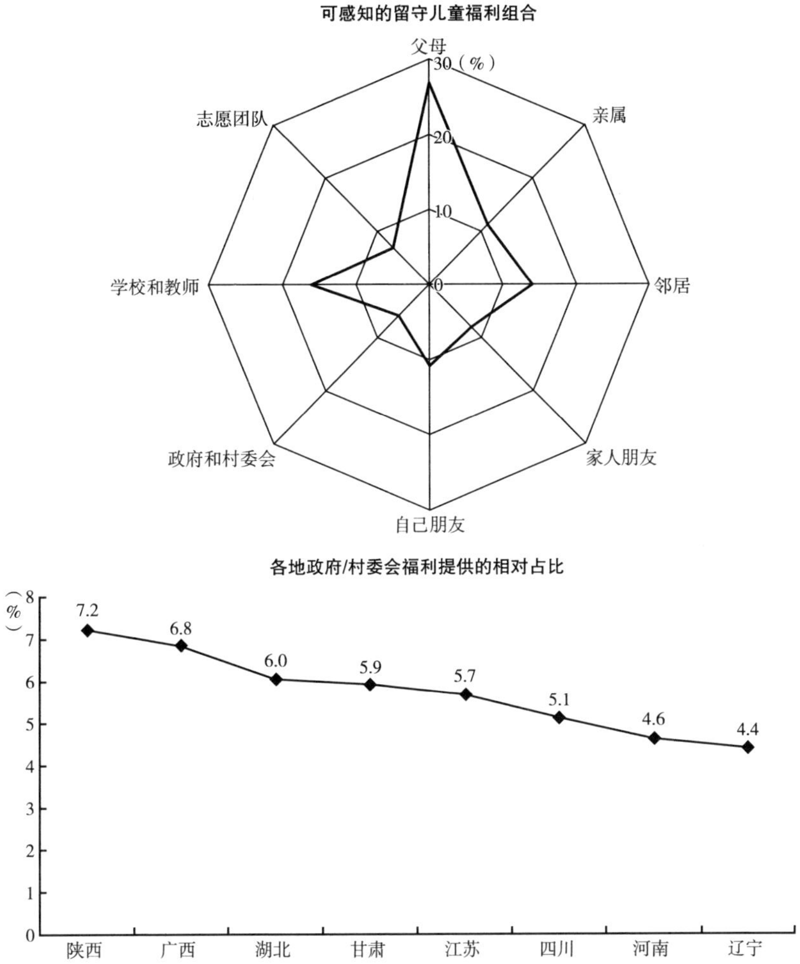

图 5-16　被调查儿童感知到的福利组合

图 5-16 的统计结果还反映出，留守儿童的评测结果与上述结论相仿，即除了父母在可感知福利提供上的作用有所降低（69.6%）以外，其余主体的补偿效应均非常有限（15.3%～41.7%），且政府/村委会在福利提供中的角色最为边缘，因而其感知性福利组合的相对占比相比于所有儿童未发生实质性改变。在各地政府/村委会福利提供角色的比较中，尽管最高选择率的陕西（7.2%）接近最低选择率的辽宁（4.4%）的两倍（$t=-8.43$，$p=$

0.00），但是其整体的福利提供仍然被儿童普遍认为是较为有限的。研究认为，在儿童福利提供过程中，目前其福利组合不但具有主体角色上的静态不平衡性，即父母在福利提供中的作用过大而其余主体的作用过小，而且当父母出现功能性障碍后各主体均难以实现动态的福利补偿，尤其是政府/村委会依法提供的正式支持有限使得过度依赖家庭的福利组合形式可能会以降低困境儿童的实际福利获得为代价，并持续削减了儿童对于多主体福利提供能力的感知性。

在对不同类型儿童的综合比较中（见图5-17），研究同样观察到所有类型儿童能够感知到的福利提供以父母为主，但非留守儿童的父母角色似乎更为重要，其77.8%的选择率相比于单亲监护（$t=4.88$，$p=0.00$）、亲属监护（$t=11.71$，$p=0.00$）和他人监护（$t=3.39$，$p=0.00$）留守儿童分别高出5.6个、14.2个和3.5个百分点，相比于独居留守儿童则显著高出8.2个百分点（$t=3.35$，$p=0.00$），反映出父母的福利提供对于非留守儿童而言更为关键。非家庭力量的补偿效应在统计中也被发现相对羸弱。研究观察到除了他人监护留守儿童以外（$t=2.14$，$p=0.03$），其他各类留守儿童可感知的替代性福利均相对较低，且留守儿童与非留守儿童的群体差异也在统计学范畴内（$t=-0.84$，$p=0.04$）。在进一步的对比中，留守儿童仅在志愿团队福利提供方面具有2.1个百分点的微弱优势，而在其余主体的统计中则普遍落后1.9~11.8个百分点。而在国家福利提供的测量中，各类型儿童的选择率在14.9%~16.1%区间波动，其相对占比维持在5.6%~6.0%，且非留守儿童和四类留守儿童均无统计学意义上的群体差异（$t=-0.95\sim0.62$，$p>0.05$）。综合而言，研究认为独居留守儿童与单亲监护、亲属监护留守儿童的可感知福利组合较为类似，父母发挥的作用相对非留守儿童明显下降，但是其他主体尤其是公共部门力量的补偿效应几乎不能被儿童所感知；而他人监护留守儿童尤其是住校生除了在亲子陪伴领域存在问题外，父母在资金以及其他类型帮扶方面的能力则并未明显衰减，这使得这类儿童对于福利提供的感知性并无过多下降。

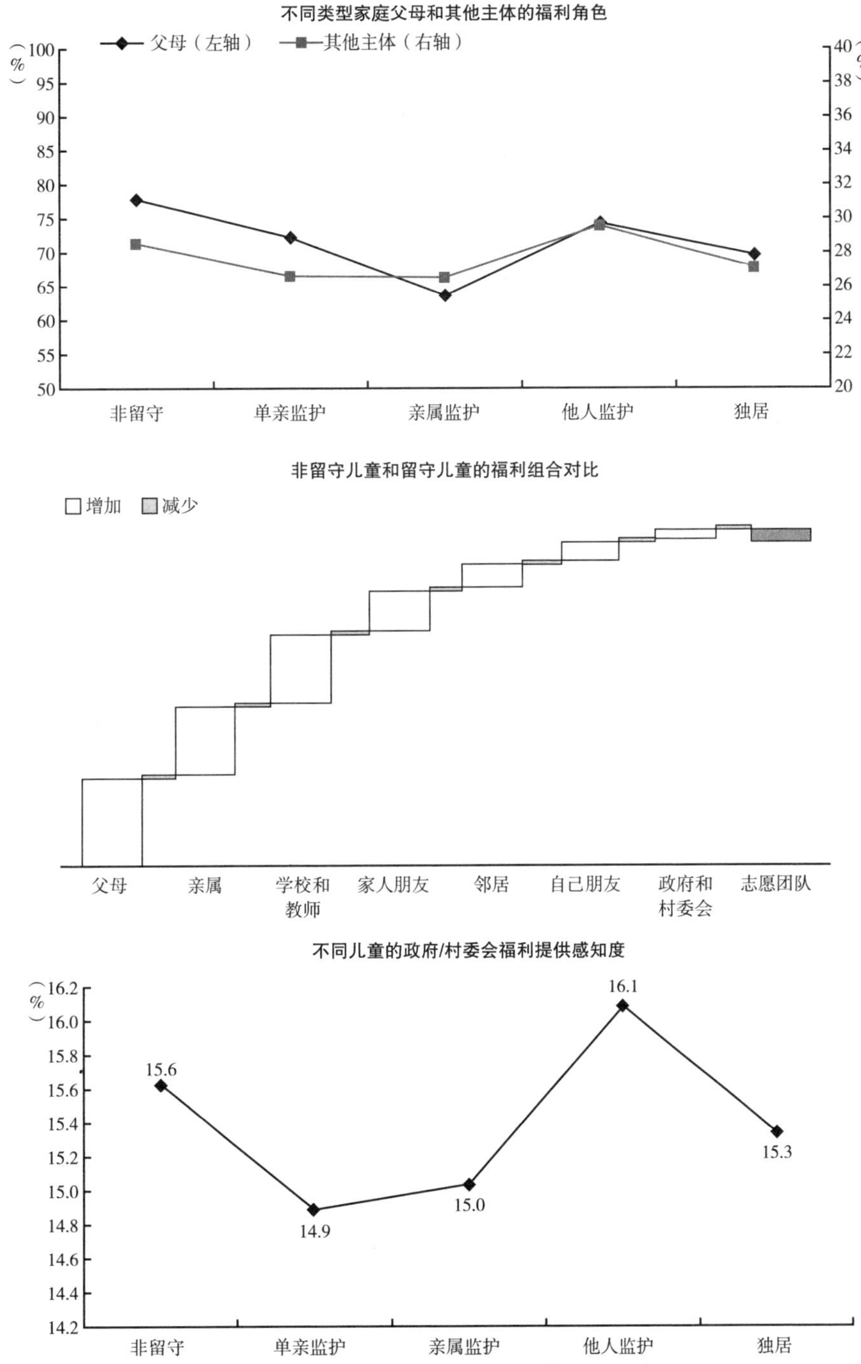

图 5-17　不同类型儿童感知到的福利组合

（三）可感知的福利广度与深度

在国家福利提供广度的评测中（见图5-18），研究观察到儿童对公共部门在各项福利项目提供方面的感知性普遍不高[①]。数据首先证实五类儿童可感知的福利项目享有具有一定的差别，“关心爱护”（43.9%）和“安全教育”（37.8%）领域的儿童福利提供往往被认为较为充裕，而“资金支持”（21.1%）和“生活照顾”（24.0%）领域的福利提供则被认为较为有限。数据同时显示，公共部门在儿童最关心的九项福利项目领域曾经发挥过积极作用的选择率整体较低，其中“安全教育”是其最容易提供的帮助，但其选择率也仅达到32.3%，而其余项目的提供比例均在两成或两成以下，尤其是直接的预防性服务最为羸弱。而在与父母福利提供的分类对比中，父母在各类项目上的福利提供力度被认为是国家福利提供力度的2.4~11.3倍，前者与后者的差异幅度也达到43.5~77.0个百分点，因而两者整体上呈现巨大分野。研究认为，尽管当前很多研究都认为现代性社会风险已经严重削减了核心家庭福利责任的履行[②]，但近年来有所拓展的公共儿童福利项目所能发挥的作用仍然羸弱。

从不同类型儿童感知到的国家福利项目来解析统计数据（见图5-19），研究也并未发现群体之间的显著区别。其中，非留守儿童和独居留守儿童在多个福利项目的测量中高度重合，两者仅在“关心爱护”（$t=-1.10$，$p=0.27$）和“行为矫正”（$t=1.02$，$p=0.31$）领域分别具有4.1个和3.3个百分点的差距，但其均未显示出统计学意义上的差异性。在单亲监护、亲属

---

① 针对国家福利广度的测量，我们依据访谈确定了九项儿童核心福利需要，并分别进行针对性的福利项目测量，主要包括“资金支持”“生活照顾”“学习辅助”“生病照顾”“行为矫正”“安全教育”“心理疏导”“关心爱护”“化解矛盾”。实际测量中上述九项可感知福利项目的信效度结果符合统计学要求，其KMO系数为0.830，Bartlett显著性结果为0.00，Cronbach's Alpha系数为0.70。

② Turner, H. A., Finkelhor, D., Hamby, S. L., & et al., “Family Structure, Victimization, and Child Mental Health in a Nationally Representative Sample”, *Social Science & Medicine*, Vol. 87, 2013, pp. 39-51.

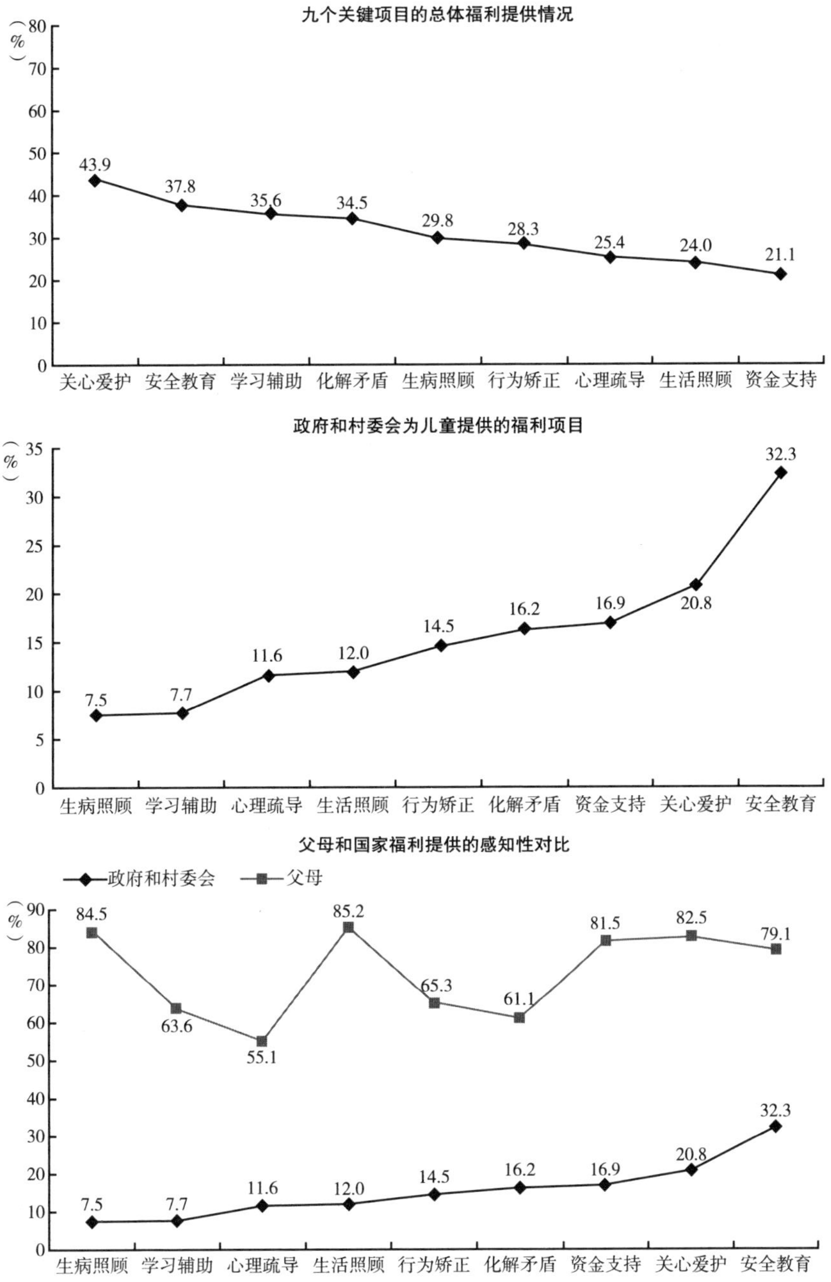

图 5-18　儿童可感知的国家福利提供广度

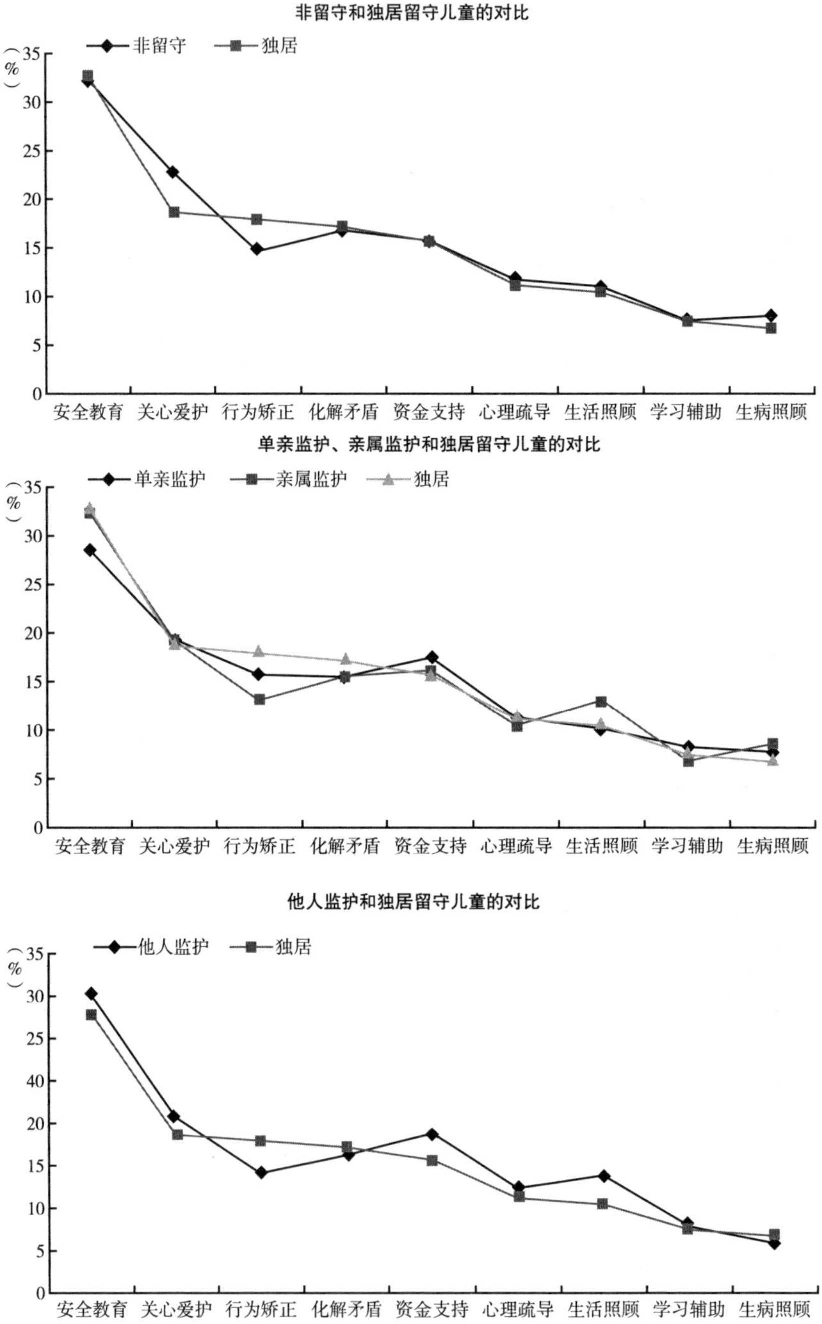

图 5-19　不同类型儿童可感知的国家福利提供广度

监护和独居留守儿童的对比中，三者的主要差异集中在“行为矫正”（$t=0.66\sim1.51$，$p>0.05$）和“生活照顾”（$t=-0.85\sim0.11$，$p>0.05$）领域，但其整体的测量结果也均不具有统计学意义。在他人监护和独居留守儿童的对比中，两者在“行为矫正”（$t=1.19$，$p=0.23$）、“资金支持”（$t=-0.88$，$p=0.38$）和“生活照顾”（$t=-1.09$，$p=0.28$）方面的差异较大，但3.8个、3.1个和3.4个百分点的差异也并未展现出统计学意义的显著性。综合来看，数据证实独居留守儿童所能感知到的国家福利提供似乎在各类子项目的测量中均没有实质性增加，倾向性的公共支持并未被感知。

在可感知国家福利提供程度的测量中（见图5-20），研究观察到当前公共力量在关键领域所发挥的作用仍然不被儿童群体广泛认可。我们将访谈中最为关键的“儿童虐待欺凌保护服务”[①]“儿童情绪行为管控服务”“儿童意外事故预防服务”的优先提供者作为福利提供深入度的衡量标准，可以发现父母仍然在儿童保护性服务和预防性服务中占据优势地位。调查中，遭受儿童虐待和欺凌后的首要报告对象通常以母亲和父亲为主，两者的相对占比分别为29.7%和24.5%，加总后的比例约五成；以警察、老师为代表的具有相应强制报告职能的人群也有一定的占比[②]，儿童遭遇伤害后首先向其寻求帮助的比例加总上升至20.9%，但同样具有报告职能的村干部或社工的占比却极低；亲属的保护作用事实上很脆弱，兄弟姐妹、祖父母、外祖父母和其他亲属的加总比例仅为11.9%；同学、邻居、其他人等非正式群体的加总比例为9.2%；此外，还有2.4%的被访者遭遇虐待欺凌后没有人可寻求帮助。

---

① 这里的虐待欺凌主要指西方意义上的“儿童虐待”（child abuse）、“儿童忽视”（child neglect）和“校园欺凌”（school bullying）三个方面。其中虐待一词等同于英文中的“child maltreatment”。

② 根据新修订的《未成年人保护法》第11条的规定“国家机关、居民委员会、村民委员会、密切接触未成年人的单位及其工作人员，在工作中发现未成年人身心健康受到侵害、疑似受到侵害或者面临其他危险情形的，应当立即向公安、民政、教育等有关部门报告”。依据此条款及其他类似规定分别以警察、老师和村干部或社工代表行政机关、学校和村委会的强制报告义务。

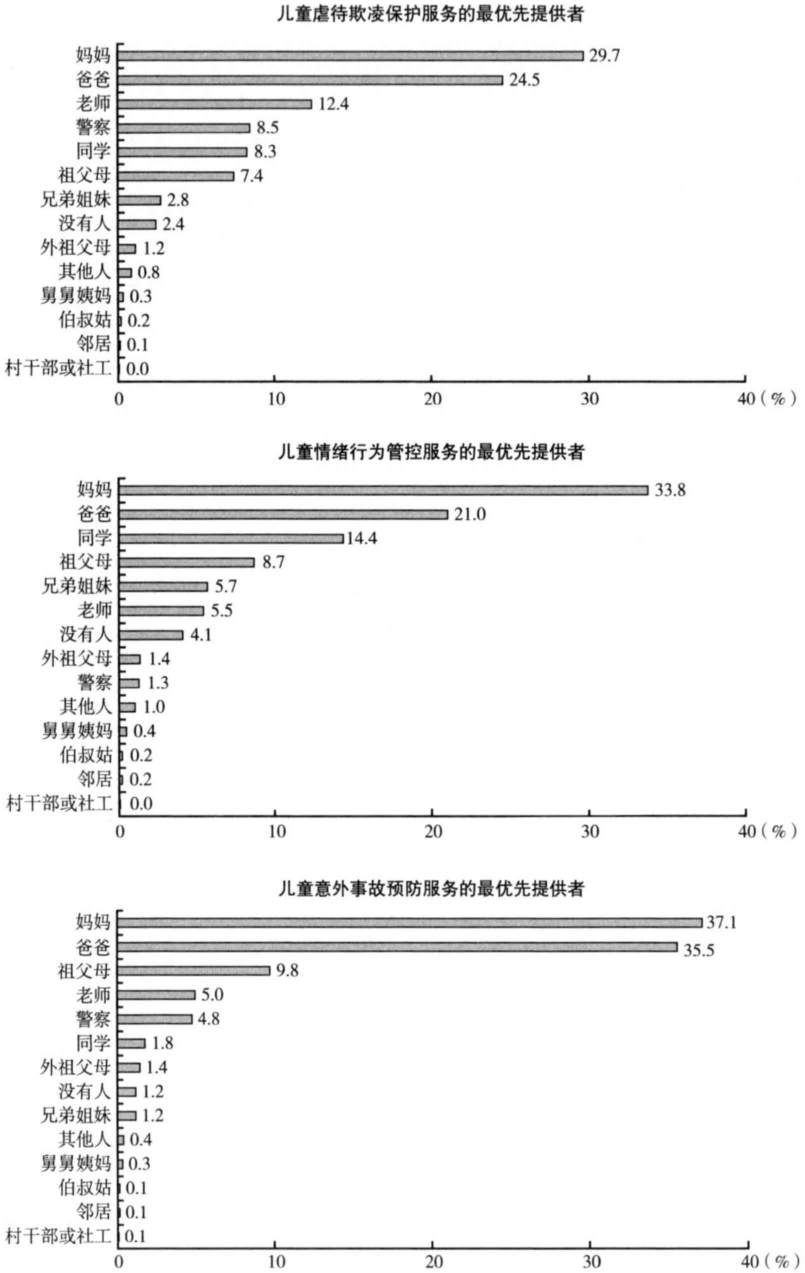

图 5-20　儿童可感知的国家福利提供程度

类似的情况在意外事故的预防服务过程中也能够被观察到，父母、亲属、具有公共职能人员和非正式力量的累计比例分别为 72.6%、12.8%、9.9%和 2.4%，以父母为主的保护性服务主体仍然是多数儿童的首选，反映出该类主体在此类儿童福利项目中的信任度最高；而村干部或社工的占比为 0.1%，其能够发挥的关键作用目前没有被儿童所观察到。在情绪和行为问题的处置中，家庭成员的心理慰藉服务能力会大幅上升，母亲、父亲、祖父母和兄弟姐妹等家庭成员的累计占比达到了 71.2%，此外同学、老师的占比也较高，分别达到了 14.4%和 5.5%，村干部或社工的比例仍然不足 0.1%，另有约 4.1%的儿童无法进行任何形式的情感倾诉。研究意识到，在儿童出现重大保护性或预防性福利服务需要的时刻，父母仍然扮演着极为关键且不可替代的作用，而当前的公共部门尤其是近年来积极推广的儿童主任很难扮演优先的服务提供者角色，其福利提供的深入度难以获得多数儿童的认同。

独居留守儿童的福利提供情况与所有儿童的统计结果颇为类似。图 5-21 的调查结果显示，父母仍然在三类保护性或预防性服务的提供过程中具有绝对优势地位，过半数儿童依然需要在三项重大威胁来临时首先请求父母协助。尽管事实上处于独居状态，但超过半数独居留守儿童在面对重大危机挑战时仍然不得不首先请求父母的保护，其依据其他主体福利提供经验而产生的信赖度均比较有限。同样，亲属的替代作用也不能够过度高估，父系或母系亲属在虐待欺凌保护服务、情绪行为管控服务和意外事件预防服务领域的累计占比分别仅为 7.3%、13.1%和 10.9%，显示父母以外其他家庭成员的替代性作用事实上非常有限，儿童对于上述主体提供服务的感知性普遍不高。同时，具有保护义务及亲密关系双重属性的老师所发挥的作用也明显低于预期，其 15.3%、6.6%和 4.4%的占比显示其保护性角色的扮演也较为有限，尤其是当问题情绪行为及意外事件出现时儿童难以对教师产生很多信任。另外，警察在虐待欺凌保护服务及意外事件预防服务方面发挥着一定的作用，且亲密伙伴关系在问题情绪的纾解过程中也具有较大效用。而基层社区在上述三类福利服务的提供过程中均不具有优先性，几乎没有儿童将其视为最优先的福利提供者，现有社区儿童主任发展的羸弱性可能严重制约了其可能获得的信任感。研究整体上观察到，独居留守儿童和全部儿童的统计结果具有一定的雷同性，即父母的缺席似乎并未根本性改变独居留守儿童面临重大福利需要时的求助格局，他们依然广泛寻求父母的积极协助，一旦父母难以或不愿施以援手，其他替代性或补偿性力量的严重不足或许会使得儿童的福利需要难以获得满足。

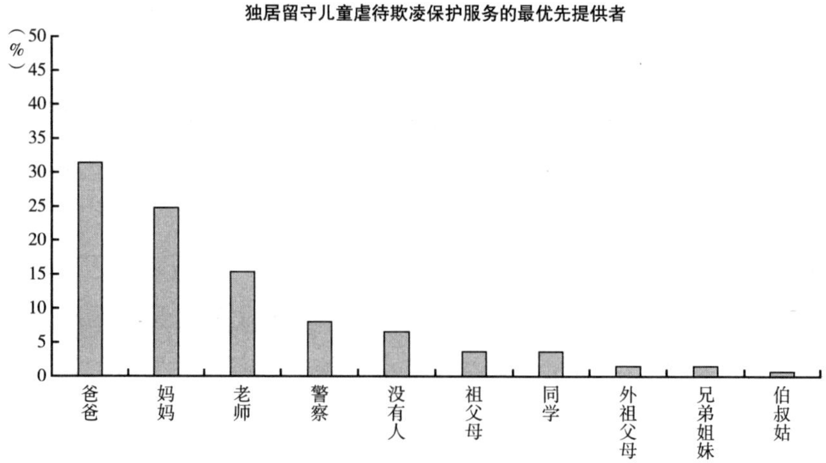

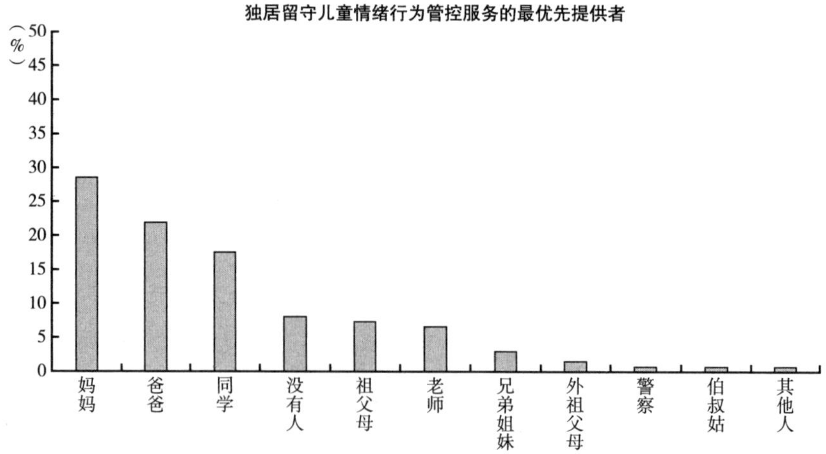

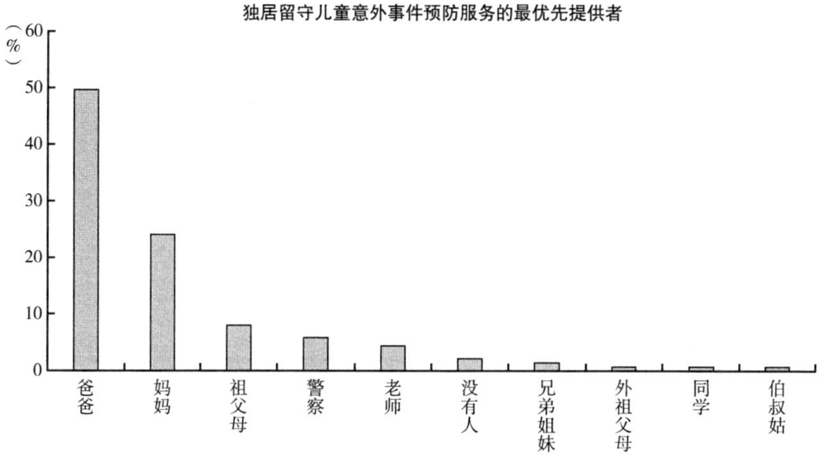

图 5-21　独居留守儿童可感知的国家福利提供程度

当然，图 5-22 中的数据同样证实尽管家庭福利提供在虐待欺凌保护和情绪行为管控等领域有所衰减，但是以父母为主的福利提供形式仍然是目前儿童面临重要威胁风险时的首要选择，这一格局并未随儿童类型的变化而变化。研究证实，在儿童虐待欺凌保护领域，家庭成员的福利提供依循非留守儿童、单亲监护、亲属监护、他人监护和独居留守儿童而逐次降低，其占比从 69.5%小幅下降至 61.3% （$\chi^2=1.64$，$p=0.20$）。父母的福利提供也大致呈现类似的下降趋势，唯一的例外在于亲属监护留守儿童所依赖其他家庭成员（主要是祖辈）的比例会明显上升，显示此类家庭具有父母与祖辈养育职能的替换作用；而其他类型留守儿童的亲属保护力度稳定在 10.0%左右的范围。情绪行为管控服务的调查结果与此类似，从非留守儿童到独居留守儿童出现了家庭功能责任的逐次减低，其占比从 74.8%逐步削减到 65.2% （$\chi^2=7.75$，$p=0.01$）；同样，除了亲属监护儿童具有父母和祖辈的置换效应以外，其余群体的亲属福利责任占比略高于一成。而在儿童意外事件预防领域，其情况与前两者有很大区别，家庭保护性服务没有明显降低，五类儿童的占比维持在 85.3%～87.0%的范畴内（$\chi^2=0.28$，$p=0.60$），且亲属的作用随着父母缺席程度的提升而增强。研究认为，

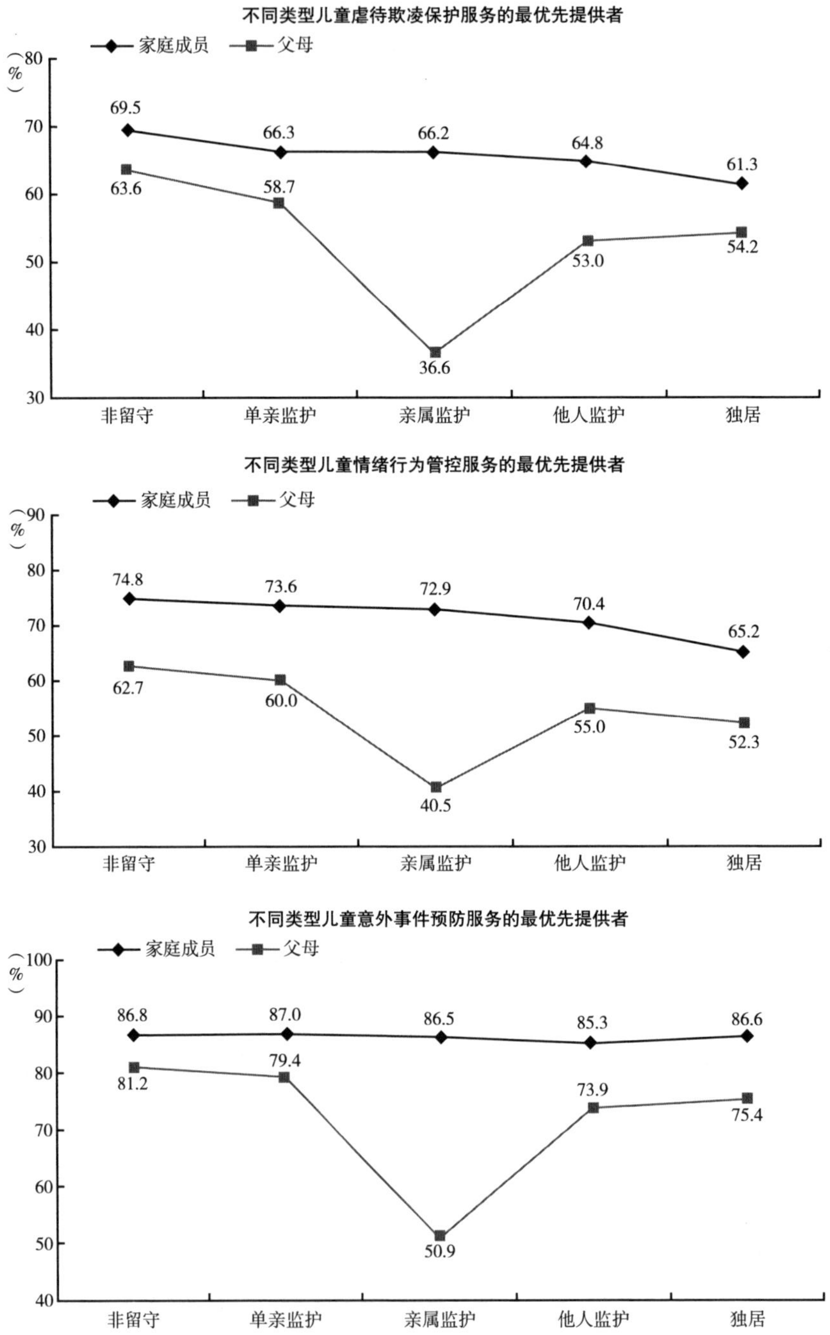

图 5-22　不同类型儿童可感知的家庭福利提供情况

父母福利提供的衰减事实上很难被其他家庭成员所替代，在重大威胁来临时父母缺席对于部分留守儿童所形成的天然劣势目前没有办法被其他力量所弥合。

图 5-23 的数据进一步显示各类留守儿童相比于非留守儿童面临着更多的保护性和预防性服务风险。调查证实，在儿童虐待欺凌保护服务、情绪行为管控服务及意外事件预防服务等领域，独居留守儿童的无人求助者比例分别达到了 6.8%、8.3%和 2.2%，其中前两者相比于非留守儿童（2.6%和 3.8%）显著上升（$\chi^2=5.64\sim7.00$，$p\leqslant0.05$）。在与其他留守儿童的比较中，独居留守儿童在虐待欺凌保护服务（$\chi^2=6.88\sim10.98$，$p\leqslant0.01$）及情绪行为管控服务（$\chi^2=3.17\sim3.96$，$p\leqslant0.05$）等两个领域的群体差异也均较为显著，其相比于其他留守儿童 1.8%～2.5%和 4.2%～4.5%的报告率明显上升；在意外事件预防服务领域，由于无人求助者比例过低且独居留守儿童的样本偏少，目前尚无法认定其存在普遍的统计学差异（$p>0.05$）。研究综合认为，当前父母在上述领域的福利提供能力下降以及其他主体补偿能力的不足可能迫使部分留守儿童面临更高的家庭虐待、家庭忽视、校园暴力以及情绪行为问题（上述问题已经被本研究前文的数据所证实），而国家福利提供的兜底保障能力不足需要尽快在政策上予以重视与解决。

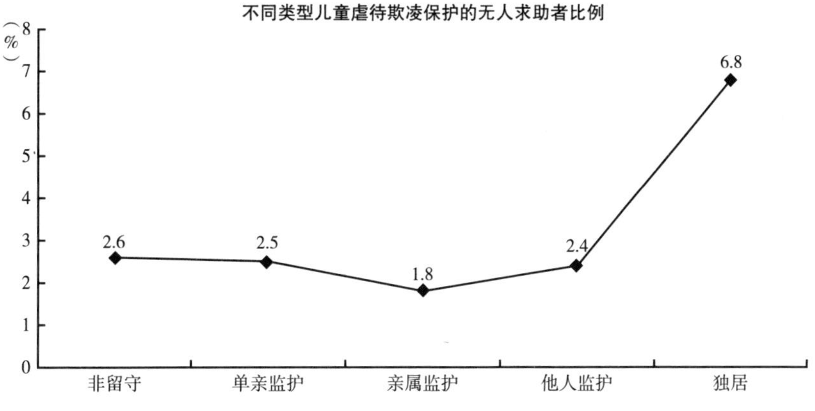

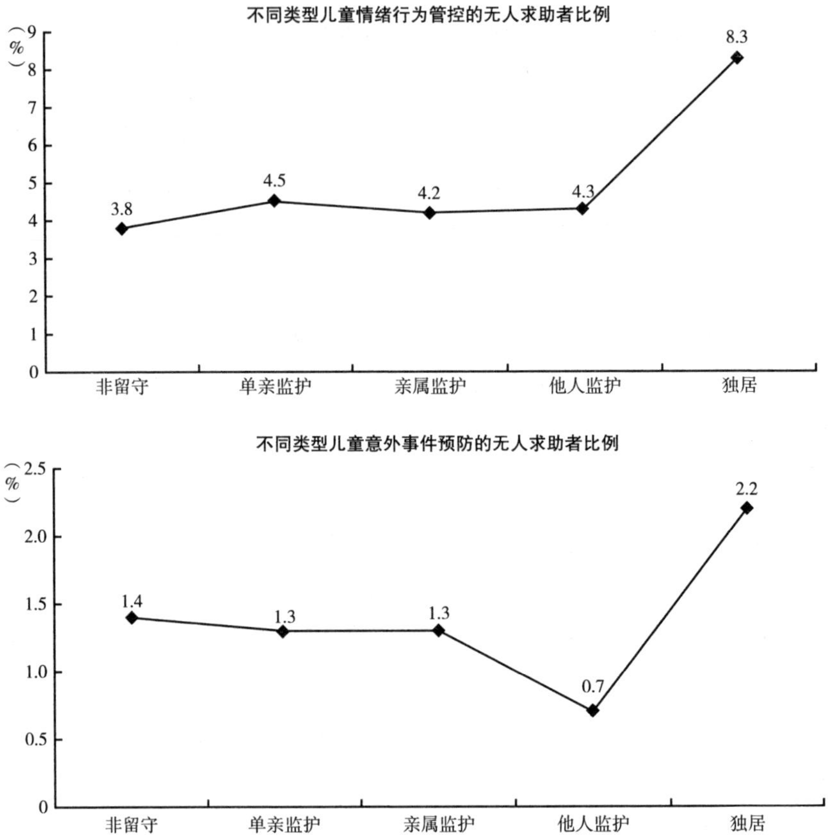

图 5-23　不同类型儿童可感知的福利提供缺失情况

(四)可感知的执行过程

在国家福利执行过程的评估中，我们着重统计了九项在基层开展较多的公共儿童福利项目①，并发现以儿童主任为代表的相关政策安排需要加快自身的建设速度。从儿童对各类福利项目执行情况的评价来看（见图 5-24），

① 针对国家福利执行过程的考评，我们主要测量目前在基层开展较多的九项政策安排，主要包括“安全演练”“资金支持”“心理慰藉”“关爱活动”“热线电话”“宣传标语”“儿童之家”“入户寻访”“儿童主任”。实际测量中上述九项指标的信效度结果基本符合统计学要求，其 KMO 系数为 0.771，Bartlett 显著性结果为 0.00，Cronbach's Alpha 系数为 0.642。

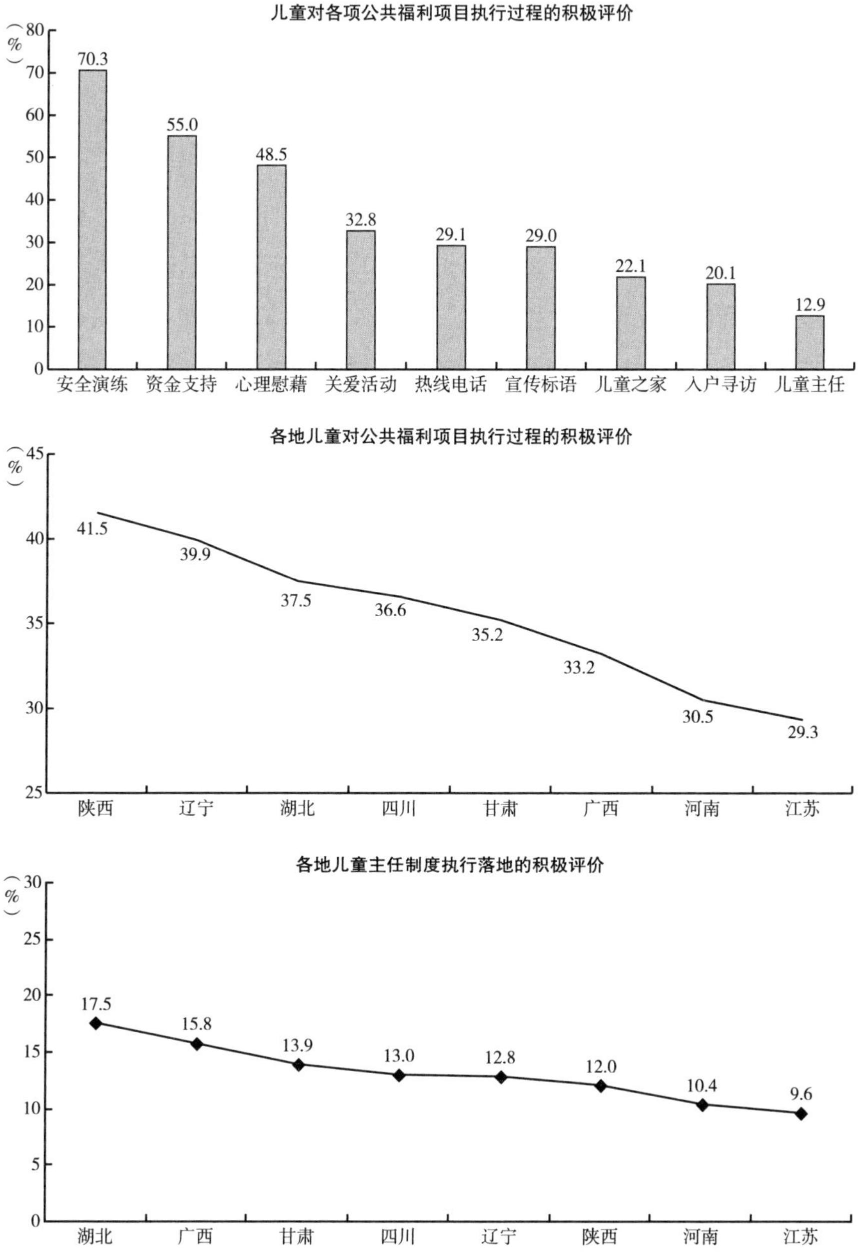

图 5-24　儿童对于各项公共福利项目执行过程的积极评价

“安全演练”是目前儿童最积极评价的福利项目，其占比已经达到70.3%；“资金支持”和“心理慰藉”的选择率也达到一半左右；而“儿童之家”“入户寻访”“儿童主任”等社区服务类项目的选择率则在约两成或两成以下，尤其是“儿童主任”制度的选择率最低（12.9%）。同时，各地儿童对公共福利项目的实施也具有不同的评价，陕西省41.5%的选择率明显高于江苏省29.3%的比例（$\chi^2=20.38$，$p=0.00$），显示出在不同地区各类公共福利项目的开展情况也有较大不同。近年来，民政部主要推动的儿童主任制度的评价在各地也存在明显不同，湖北17.5%的积极评价率相比于江苏的9.6%存在显著差异（$\chi^2=16.03$，$p=0.00$）。

图5-25显示出不同类别儿童对各项公共福利项目执行过程的积极评价状况。调查证实既有政策在落地过程中对于特殊困难儿童似乎没有明确的倾向性支持。数据显示五类儿童的积极评价结果分布在34.5%~36.7%，且他们之间并未表现出统计学意义上的显著性（$\chi^2=0.15\sim1.36$，$p>0.05$）。在五类儿童分项目的对比中，研究发现尽管独居留守儿童仍然能够在儿童主任（19.1%）等制度上具有潜在优势，但五类儿童在九项国家福利项目执行过程中的评价具有相当高的重合率，显示多数公共福利项目在执行过程中通常不具有特定人群的倾向性。或者说，目前我国基层儿童福利制度的落地未能对特定困难的留守儿童施加特殊保护。

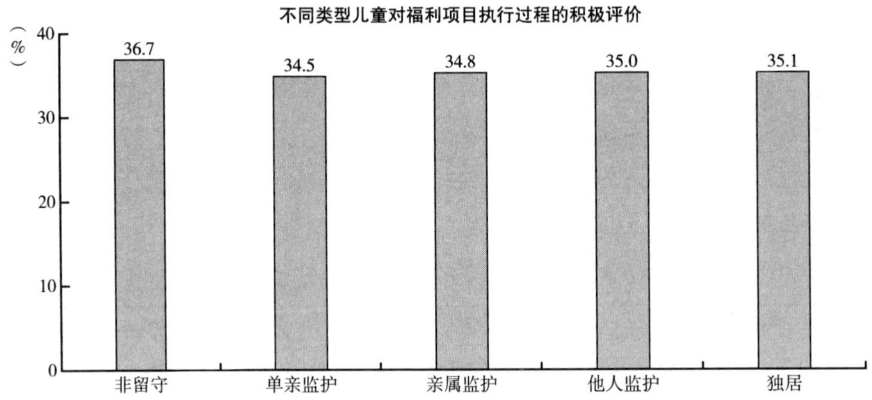

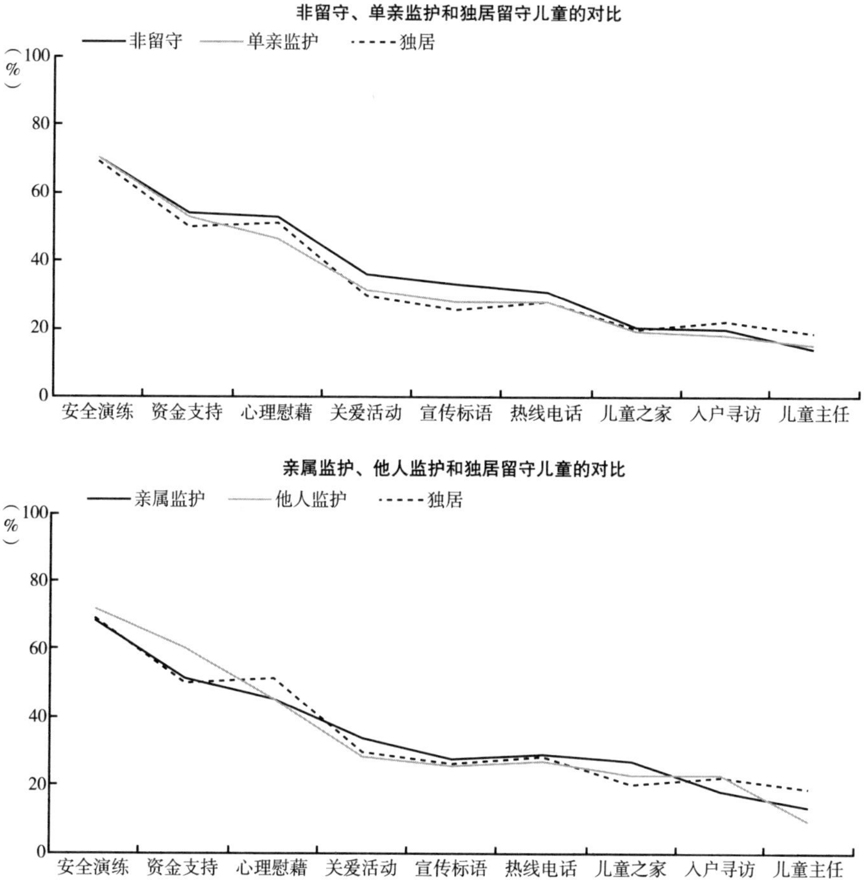

图 5-25　不同类别儿童对于各项公共福利项目执行过程的积极评价

（五）可感知的输出结果

从独居留守儿童对国家福利输出结果的评价来看（见图5-26），当前独居留守儿童最为严重的挑战主要集中在两个突出领域：一是校园欺凌，调查中四成以上的被访者将其视为首要威胁；二是心理健康，调查中超过两成的被访者认为此问题是首要威胁；而其他领域对独居留守儿童的威胁相对有限。在三项最主要风险的评价中，独居留守儿童仍然坚持将心理健康（21.7%）和校园欺凌（20.9%）视为最主要的风险。在分性别的比较中，独居留守男童（45.5%）相比于女童（34.7%）对于校园欺凌风险的选择率更高，而独居留守女童则对情感关爱（20.4%）和家庭忽视（6.1%）等领域风险的选择率高于男童。

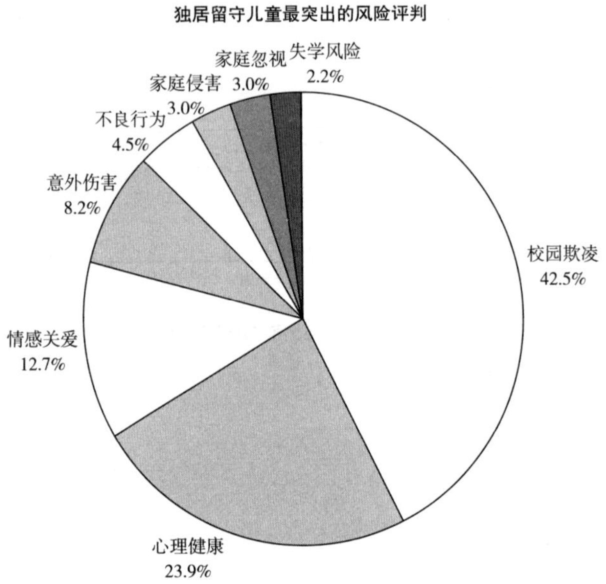

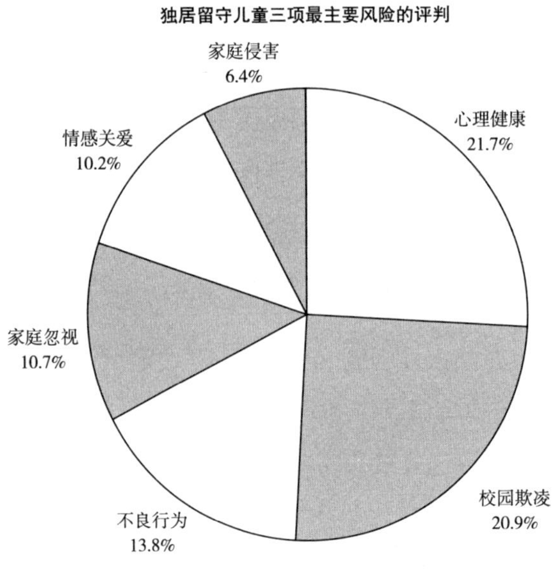

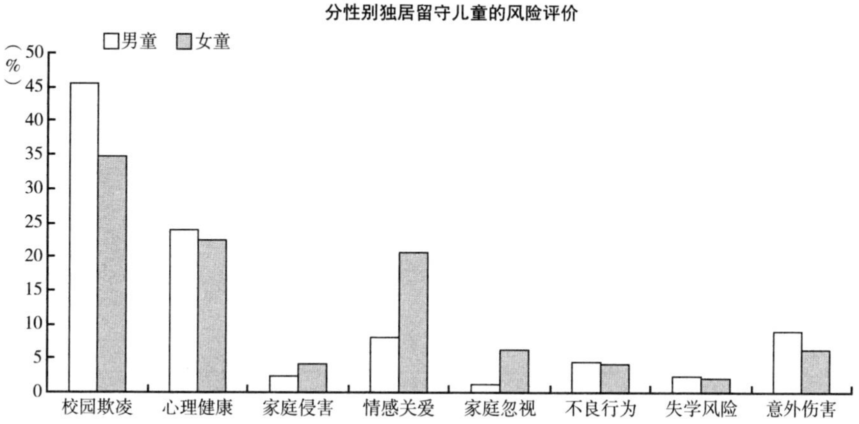

图 5-26　独居留守儿童对福利提供后重大风险的评判

图 5-27 进一步展现出不同类型儿童对两类重大风险的认同度。研究首先观察到独居留守儿童相比于其他类型儿童在校园欺凌风险上具有更高的选择率，其 42.5%的比例相比于其余各类儿童 30.9%～37.4%的比例明显偏高，这显示该类儿童在当前福利多元主体保护下仍然面临更大的校园欺凌风险。而在心理健康的统计中，他人监护留守儿童 29.4%的选择率明显高于其他儿童 23.9%～25.3%的选择率，因而此类儿童的心理健康问题最值得关注。在分性别的统计中，研究观察到男童认为校园欺凌风险的威胁度相比于心理健康风险普遍更大，女童在两者的选择率上则差异不大，且各类独居留守儿童对于校园欺凌风险的报告率都更高。故此研究倾向于认为，独居留守儿童在当前福利提供体系下面临校园欺凌和心理健康的重大威胁，其中前者是较为特殊的威胁，后者则为普遍性威胁，故未来的多元力量需要紧紧围绕上述两项问题开展重要的福利提供。

我们对量化研究结果进行一个简要总结，可以发现当前我国独居留守儿童对于国家福利责任具有较高的认同度，但是国家福利责任的履行无论是在普惠性、优先度、可及性还是最终结果输出方面均具有不良的感知状况，以独居留守儿童为代表的部分留守儿童对于国家福利提供的获得感不强。调查还显示，当前我国儿童福利多元治理框架仍然是以父母为重要依托、以亲属

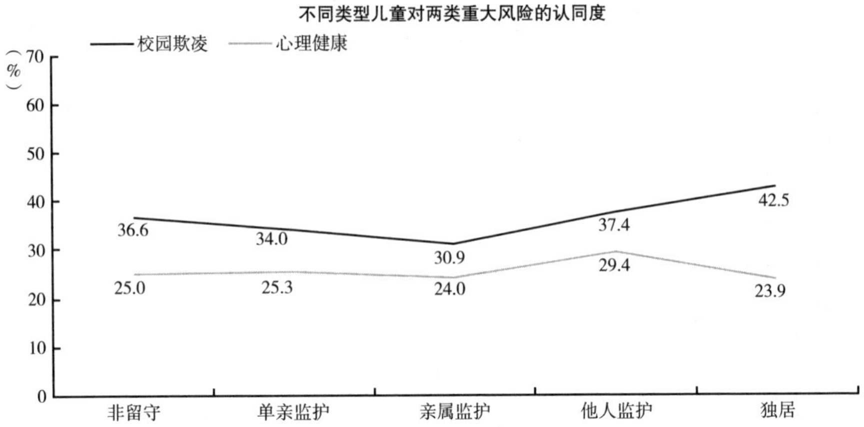

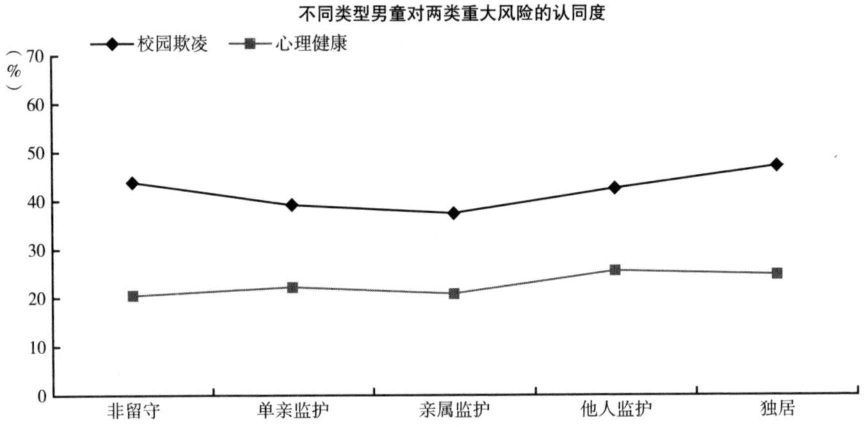

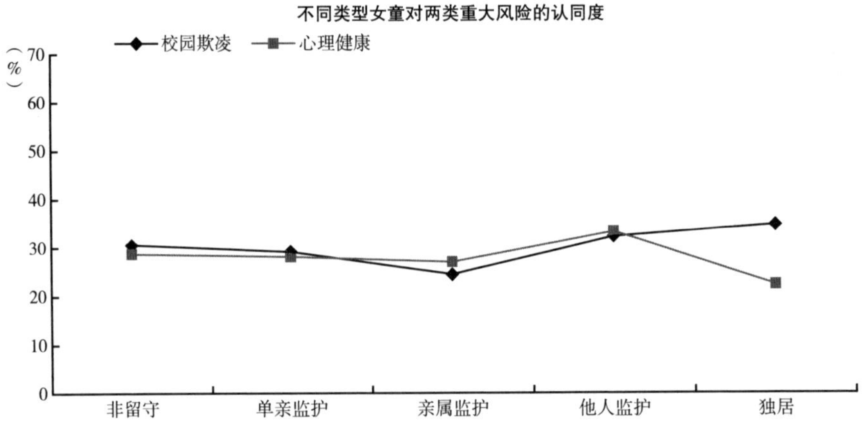

图 5-27　不同类型儿童对福利提供后重大风险的评判

为辅助力量的家庭福利责任共担格局，而非事实上的多主体福利责任共担格局，上述福利分配格局使得独居儿童面临重大社会风险时，多元主体福利补偿不力，只能以特定儿童福利享有程度的下降为代价，并在加剧部分留守儿童风险的同时拉大了不同儿童群体之间的差距，因而构建更加普惠、可及和有效的公共儿童福利项目势在必行。

第六章
留守儿童福利态度形成的质性阐释

一　监护缺失的留守儿童

（一）监护缺失的留守儿童是否存在

上述研究利用定量数据对各类留守儿童的家庭特征、突出风险以及由此产生的福利态度进行了细致的解读，研究发现我国以独居、他人监护为代表的部分留守儿童面临着更高的风险，但仍然缺乏对于高监护风险留守儿童的深层次细节刻画，故我们希望进一步利用观察法、访谈法等形式从质性的角度对该问题进行进一步讨论①。研究首先关注高监护风险留守儿童是否存在。从访谈情况来看，各地父母双亲外出的比例不尽相同，其与各地的育儿习惯及家庭性别角色有很大的关联，其中在河南、甘肃、陕西、四川等地多以夫妻同时外出较为常见，据访谈可知部分地区的此类留守儿童比例可达全部儿童的70%以上（访谈者JS034），而辽宁等地因家庭耕地较多且“男主外、女主内”思想更为严重，因而其母亲一方照顾的情况较多（访谈者JS011），这一情况反映在高风

① 由于我们在访谈中主要以对话形式来获取材料，且在访谈中很多儿童存在哭泣等行为，我们不宜直接以对话形式来完整整理每一段对话，故访谈材料分析是以被访者对话原意为基础整理出来的。

险留守儿童的测量中则演变为部分地区的高风险汇聚趋势。我们意识到，这种地域性的差别可能对于高风险留守儿童的分布具有潜在的影响。当然，无论在哪个地区，祖辈承担父母离开后的儿童养育照顾责任都是最为常见的（部分家庭为祖辈孙辈相互照顾），少数家庭由叔叔、姑姑、舅舅、姨妈等近支亲属尤其是父系近亲养育，另有部分家庭则采取长期托管、长期住校等方式来解决儿童无人照管问题，故真正独居的留守儿童占比在各地均不高。据统计，在本次访谈的127名存在弱势性的留守儿童中，长期独居儿童仅为7人，周中住校周末独居的仅为2人，两者加总后的占比为7.1%，显示出独居留守儿童虽然存在但是数量不多；另外由非亲属成人监护的留守儿童共计8人，占总体样本的6.3%。

HRR老师（编号JS034）：我们这里留守的可能得有70%～80%，其中30%～40%是父母离婚的。一般这类孩子就是祖辈养育的多，但他们最多就能看顾两三个，其他的有哥哥姐姐看的，少量的初中生有独居的。

WN老师（编号JS002）：我们学校1/4是父母同时外出的，一个外出的也加上，有30%以上。留守儿童多数是附近走读的，和爷爷奶奶一起居住，住得比较远的会住校，大概有1/4吧。自己独自居住的也有，不过数量少点，一个年级有个把吧。还有的是爷爷奶奶有病但还算监护人，每年也有一两个。

ZP老师（编号JS011）：因为我们这里地比较多，一般是男的出去，女的在家。如果都外出了就是爷爷奶奶、姥姥姥爷照顾或者送去长托。

（二）监护缺失留守儿童的形成原因

留守家庭选择子女独自生活或者由其他成年人监护生活，通常也要充分考虑其年龄、性别等人口学因素。在调查中，初中生往往具有更高的独居或由其他成人监护的比例，而小学生鲜有如此生活的，这背后的原因与儿童本身的自我照顾能力有很大关联。实践中，如果父母确实不能够进行长期照顾，且周边没有亲人可以委托照顾，他们通常会选择让小学生长期住校或长期托管。例如，在访谈者 TS017 的调查中，该女生因为父母长期在柳州打工自小学一年级就开始住校；另在访谈者 PU064 的访问中，该女生在小学四年级之前一直长期在托管机构生活，后来母亲因奶奶疾病而返回照顾才使其摆脱了此状态。因而在实际调查中，即使是祖辈孙辈相依为命或长期住校/托管，小学阶段的留守儿童也通常有名义照顾者。在性别方面，由于女童的社会侵害风险通常被认为比男童更高，因而其独自居住的比例明显低于男童，访谈中仅发现 1 名留守女童长期独居（访谈者 TS001），1 名女童周末独居（访谈者 TS010），1 名女童和其他未成年人共同居住（访谈者 TS015），而其他留守女童在家庭无法有效照料时主要以长期托管、长期住校等方式予以安置。

当然，人口学因素的影响只是监护缺失留守儿童形成的一个原因。事实上家庭去功能化才是其主要的形成原因。表 6-1 展现了当前长期独居、周末独居及长期由非亲属监护的被访者及其家庭情况。研究观察到在独居儿童中，访谈者 TS001（XK 同学）存在母亲离家出走的情况，访谈者 TS013（XJ 同学）存在父母离异的情况，而访谈者 TS007（WH 同学）、访谈者 TS010（HYC 同学）和访谈者 TS014（LY 同学）则存在父母一方去世的情况，这显示家庭变故可能是导致留守儿童独居的潜在原因。在其他长期托管的儿童中，父母离异、父母一方死亡、父母一方智力残障、父母再婚、父母一方重大疾病等家庭去功能障碍也是较为常见的。研究据此认为，非家庭成员养育的留守儿童尤其是独居留守儿童在根本上属于家庭去功能化的外在表征，这需要在未来留守儿童关爱保护政策上予以高度重视。

表 6-1　独居留守儿童和他人监护留守儿童的访谈者情况

编号	称呼	具体情况描述
TS001	XK 同学	女,15 岁,长期独居,爸爸各地做生意,三四个月回家,妈妈两三岁就离家不归了
TS002	LYH 同学	男,12 岁,父母 9 岁离异,父母分别外出务工,由一个 35 岁的托管人照顾
TS003	LL 同学	男,14 岁,父母在沈阳打工,周一到周五长期住校,周末长期独自居住
TS004	ZSG 同学	男,14 岁,父亲长期做生意,母亲沈阳工作,周一到周五长期住校,周末独自居住
TS005	XKX 同学	男,13 岁,爸爸一个月或半个月回来一次,妈妈长期在成都务工,独自居住
TS006	FY 同学	男,12 岁,爸爸外出打工,妈妈去世,长期托管
TS007	WH 同学	男,14 岁,爸爸每个月回来一次,妈妈去世,长期独居
TS008	DYL 同学	女,11 岁,父母在杭州工作,长期托管,寒暑假去姥爷家
TS009	THH 同学	女,13 岁,父母分别在陕西汉中和江苏打工,平时住校,周末去托管班
TS010	HYC 同学	女,14 岁,五年级时爸爸去世,妈妈和哥哥在江苏打工,平时住校,周末独居
TS011	CZH 同学	男,13 岁,父母离婚,爸爸去新疆打工,平时住校,周末去托管班
TS012	LJP 同学	男,12 岁,再婚家庭,爸爸在广西打工,长期托管
TS013	XJ 同学	男,13 岁,父母离异,妈妈失联,爸爸季节性外出打工,父亲不在家时独居
TS014	LY 同学	男,15 岁,父亲去世,母亲外出务工刚检查出乳腺癌,独居
TS015	LXT 同学	女,13 岁,爸爸妈妈开长途货车,和未成年表哥表弟共同生活
TS016	DYY 同学	女,14 岁,爸爸在来宾打工,妈妈智力残障,平时长期住校,过年住舅舅家
TS017	LL 同学	女,10 岁,从一年级开始住校,父母在柳州打工,长期住校,过年住舅舅家

从家庭去功能化角度来看，因病死亡具有一定的意外性，因而保持稳定的婚姻关系就成为有效预防监护缺失留守儿童陷入照顾危机的重要方式。但是实践中，我国农村地区的婚姻破裂风险仍然较高，调查中父母离异现象在各类留守儿童中均屡见不鲜，这使得由亲属养育的留守儿童也可能在未来因祖辈等家庭成员去世而滑入独居或者非亲属监护的局面。那么，为什么我国留守家庭会产生如此严重的离异问题呢？主要原因有四个：一是部分农村家庭在结婚时就可能存在一定的欺骗行为（如访谈者 JS035 所言），留守儿童的生母很可能在目睹艰苦的生活条件后选择离家出走，这一现象在广西、陕西等的山区中尤为突出。二是部分农村夫妻的结婚或生育年龄在 20 岁之前，很多在尚不具备独立生活能力时已经生子，因而部分父母缺乏履行婚姻和家庭责任的意识和能力（如访谈者 JS019 所言）。三是一方单独外出务工或者夫妻双方同时外出但不在一个地区的人口流动形式可能会加剧婚内出轨风

险，这在访谈者JS016的调查中可以被观察到。四是部分夫妻同时外出人口的婚姻质量不佳，外出务工往往是其逃避情感纠葛和育儿责任的重要方式（如访谈者JS022所言）。如下多位被访者均可证实上述观点。

CLH老师（编号JS035）：留守家庭的离婚率比较高，得有20%~30%吧。有的当时就是打工时骗过来的，没想到我们这个地方比他们那边条件还差，有的就直接跑了。

QHX老师（编号JS019）：现在留守家庭离婚的很多，外面诱惑很大，农村生活条件也很有限，父母生育过早，一有诱惑就离婚了，然后谁也不管孩子，都出去打工了。

JSS老师（编号JS016）：现在父母同时外出的好多也是感情不好的，俩人即使都出去打工也不在一个地方，所以一方出轨的现象挺严重的，这个对孩子影响很大。

XF老师（编号JS022）：现在离婚率高了，留守儿童中每四个就有一个是这种情况，小孩会成为父母再婚的累赘，很多都不愿意要。离婚的原因一个是俩人感情差，常年异地，再一个是外面的诱惑大。

另一些留守儿童的监护问题似乎和家庭的离异现象无关，而与其家庭的贫困状况及其未来的财务负担关联更为密切。一方面，河南等特定地区的高昂彩礼可能迫使父母双方同时外出务工，甚至父母明知道儿童有监护风险也需要为了将来能够给儿子娶上媳妇而选择同时外出（如访谈者JS020和JS021所言），这在增加男童家庭经济负担的同时也显著降低了男童的养育质量。另一方面，由于国家在医疗救助、城乡低保制度的兜底能力方面尚有短板，部分家庭必须以儿童养育不佳为代价来为家庭成员的基本生活和疾病治疗提供资金（如访谈者JS014所言），这也降低了儿童获得高质量家庭照顾的比例。

XYC老师（编号JS020）：我们这里定亲礼、彩礼都很重，要十几万甚至二十万元的彩礼，男方还要买房子、车和家具，有的还要在县城买房，种地又指望不上，所以夫妻都要出去打工。如果有两个及以上的儿子，这个问题就更加严重。主要还是家庭经济方面的问题。

ZXJ 老师（编号 JS021）：彩礼影响不小。现在的情况是条件越差的（家庭）彩礼越高，这个对男孩家庭影响很大。……因为农村家庭里面大多数都有男孩，父母就有个创造好条件的动力，就都得出去，要不然孩子没钱娶媳妇。

WMH 老师（编号 JS014）：（我们班）有个女生的爷爷照顾能力很弱，有严重的脑血栓，她家也是没办法，家里有病人，很贫困，必须出去打工才行。她父母就经常过年也不回来，因为有时候工厂会给双薪。……孩子一般也不会过去，交通不太方便，也不方便照顾，而且她还要照顾爷爷。

（三）降低监护缺失风险的替代方式

对于很多不是特别贫困且无家庭成员能够承担照顾责任的家庭而言，降低儿童监护缺失风险的主要方式就是长期托管和长期住校。在访谈者 JS013 的调查中，研究发现托管班的价格和质量存在显著不同，其管理儿童的人数多则十几人，少则两三人，费用为每个月 1000 元左右，服务质量依据价格和本地物价而有所差异。在无亲属照顾的情况下，部分儿童甚至会被全年托管，我们在陕西的调查中就遇到了几乎全年托管的儿童。在广西的调查中，访谈者 JS035 也认为托管对于很多留守家庭而言在经济上是比较划算的，因而托管在很多地区具有一定的市场。而在较为偏远的学校，市场意识和市场容量的不足也会限制长期托管的发展，如在访谈者 JS022 的调查中就发现该学校附近没有相应的托管服务。通过观察可知，该学校坐落于河南远离县城的最偏远乡镇（驾车到县城需要 45 分钟左右），学校规模也不大，且紧邻村落，因而需求量的不足导致很多家庭缺乏为监护留守儿童选择托管机构的机会。除此以外，长期住校也是解决留守儿童监护问题的重要策略，我们在江苏、河南、陕西、甘肃等地都发现了住宿制学校，且有些学校可以从小学一年级开始住宿（访谈者 JS030）。尽管过早的住宿生活对于儿童发展并非有益，但是在无人监护的情况下仍然不失为一种有效的被动安置方法。当然部分学校由于场地设施等限制仍然不适宜安排住宿，这些地区的留守家庭需要以更多的亲属养育及托管来实现儿童照料。

CC 老师（编号 JS013）：长托这种很多留守家庭会选择，这种寄宿家庭有好有坏，和价格有很大关系。

CLH 老师（编号 JS035）：父母照顾不过来的就选择托管了。我们学校有 30~40 人就一直托管着。……一般一个托管班十来人，3500 元一个学期，包吃包住，还能给孩子辅导下作业。这个在经济上比较划算。因为祖辈租房照顾的话一个月怎么也得 500 元，还没法照顾田地，所以祖辈不愿意来，选择托管的就比较多。

XF 老师（编号 JS022）：我们农村没有长托这种，一是没这种理念，市场意识不行；二是小孩在青春期叛逆期，也不好管。

SLX 老师（编号 JS030）：父母外出打工，祖辈租房子觉得麻烦的，就安排住校。……我们这里一年级就可以安排住校了，你能够看出来住校和不住校的区别还是蛮大的，住校生的生活习惯不太好。

简单做一个总结，高监护风险留守儿童在所有类型留守儿童中并非主流，甚至可以说其虽然存在但是占比较低。现实中，多数家庭会将家庭成员的替代性养育作为父母缺席后的首要选择，少量家庭则通过长期住校或长期托管的形式对留守儿童进行安置，因而真正的留守儿童独居率并不高。留守儿童出现监护问题主要源于家庭的去功能化及沉重的家庭经济负担，尤其是留守家庭因丧亲、离异等问题造成的婚姻关系破裂乃是该问题形成的最重要诱因，或者说部分留守儿童是因父母婚姻矛盾问题而造成的变相遗弃，而多数留守家庭不会刻意以牺牲儿童养育质量为代价来换取不必要的增收，在家庭经济能够承受的情况下会安排父母一方或近亲属主要照料。此外，儿童的性别和年龄对于留守儿童的监护形式也有影响，照顾风险被家庭和社会普遍认为更低的男童和初中儿童更容易被父母单独留置在家中或由非亲属的成人来照料，这与文化上对儿童性别所引发的不同危险程度的看法有关。

二　留守儿童面临的普遍风险

（一）留守儿童的共性风险

1. 不良习惯

在对留守儿童看法的调查中，目前被访教师的观点是较为统一的，即其相比于父母同时监护儿童通常表现出更多的胆小怯懦、更差的卫生习惯和更多的不良行为，因而多数教师认为留守所造成的影响以负面居多。上述访谈结论与既有的有关留守儿童风险识别的诸多文献资料相吻合①②③。调查中，不良情绪问题是被访教师首先观察到并普遍提及的，例如被访者 JS003 和 JS009 等教师都反映留守儿童存在较为明显的情绪和心理障碍。通过观察法也可以印证相应的观点，我们所选取的部分留守儿童不但存在衣着不洁、身上有异味的问题，而且部分儿童自闭内向、沉默不言或者不停哭泣，部分儿童则在问卷调查过程中通过频繁询问问题或故意搞怪等方式来吸引调查者的注意，我们同样认为这是一种较为典型的情感缺失表现。另外，还有很多教师认为留守儿童存在较大的内部分化，部分儿童似乎特别内向，部分儿童则非常具有攻击性，如 JS015 所言“他们好像是两个极端”。研究认为，由于父母缺席及由此导致的家庭教育功能弱化，留守儿童可能会在性格养成等方

---

① 范兴华、余思、彭佳等：《留守儿童生活压力与孤独感、幸福感的关系：心理资本的中介与调节作用》，《心理科学》2017 年第 2 期。

② Hu, H., Lu, S., & Huang, C. C., “The Psychological and Behavioral Outcomes of Migrant and Left-behind Children in China”, *Children and Youth Services Review*, Vol. 46, 2014, pp. 1-10.

③ 宋月萍、张耀光：《农村留守儿童的健康以及卫生服务利用状况的影响因素分析》，《人口研究》2009 年第 6 期。

面存在一定的缺位，在部分留守儿童中会表现得尤为突出。

LXN老师（编号JS003）：现在留守孩子的物质条件并不差，主要是精神健康方面的问题。……有的女孩子问题还很严重，有的自卑会转化为偏激，有的则有自残想法，或者是故意引起老师们的注意，课堂上你说上一句她接下一句。

HJZ老师（编号JS009）：留守儿童普遍就是胆子小，见世面少，有10%~20%的很内向，基本上不说话。

TMM老师（编号JS015）：留守的孩子中个别人很内向，很自卑，走路的时候不抬头，和同学玩的时候也是小心翼翼的。有的却是特别外向，比较散漫，组织纪律性差，所以他们好像是两个极端。……心理问题挺突出，能够看出来很缺乏情感关爱，特别是小学六年级后就有早恋倾向了。

2. 越轨行为

留守儿童的第二个普遍风险在教师们看来是突出的越轨行为问题。如下三位老师都明确提及留守儿童具有抽烟、早恋、厌学和沉迷网络等越轨行为，这些问题要么是因为留守儿童本身的叛逆性格无人约束，要么与留守儿童脆弱的情感依恋有关。我们在入班调查过程中也发现了一些案例，有部分留守儿童完全不听课堂讲授，有部分留守儿童则故意和教师争吵，甚至有留守儿童将水有意泼向教师。研究认为，留守儿童越轨行为的背后深刻反映出家庭教育在儿童行为习惯养成过程中的重要意义，因而加强留守儿童的家庭教育指导非常必要。

JSS老师（编号JS016）：（留守儿童的）越轨行为主要就是抽烟，这个是为了耍酷，再一个是恋爱，有的孩子不光是爱慕还有肢体动作。……再有就是沉迷网络的多，经常打游戏。

HRR老师（编号JS034）：早恋问题是比较突出的，主要是五六年级的学生。爱穿着、打扮，注意力根本不在学习上。……还有的就是爱玩游戏，有的通宵玩。……抽烟喝酒一般都是为了耍酷，家里没人管。

PDD 老师（编号 JS038）：越轨行为还是很多的。厌学情况挺突出，有的留守小孩认知能力非常差，就坐在那里也不听课，有的初中生 26 个字母都记不全，乘法口诀都不会，你让我的化学课怎么教？有的厌学的直接就去街上玩耍了，骑着电动车逃学出去玩，少数也辍学了。……动员作用不大，动员几天又跑了，意义不大，尤其是男孩子。……早恋也有。初一就开始了，50 个人里面有两三个吧，主要是跟社会上的男青年玩。……玩游戏的也有，回家玩通宵。……抽烟的、玩摩托车的也有。

3. 校园暴力

此外，部分留守儿童还面临着严峻的校园暴力风险。调查中，尽管教师很少指出学校中存在校园欺凌问题，但是访谈者 PU059 等还是详细说明了身边存在的这一现象。根据他的介绍，故意辱骂、殴打等儿童欺凌问题还是会在校园中存在，部分行为造成的潜在后果甚至比较严重；在遭受欺凌后，多数人往往采取隐忍的态度息事宁人，尤其是对于缺乏家庭保护的儿童而言。进一步的多人调查还显示，成绩差、不良行为多且家庭保护能力差的留守儿童会成为其攻击的重点对象。除了同学之间的欺凌以外，还有访谈者也报告了教师的暴力行为，我们在走访中也目睹部分教师做出罚站、戒尺打手心、蹲着写检讨等惩罚行为。

TSS 同学（编号 PU059）：校园欺凌就是有的同学会团结其他一些同学共同骂这个人。以前小学的时候，大家都知道彼此家里的情况，就会说这个人怎么怎么，有一些成绩不好的人就会殴打他人。……我告诉老师也是于事无补吧，然后我告诉家里人，家人就会胡乱担心你，有的人还会拿拳头打人，你越反抗就会越打你，还不如乖乖挨打。最后就是上课时，老师在上面讲，他们就在下面骂，有的时候课都听不下去。……也不是说父母的事情，反正就是骂，有的时候也会骂你的家长。……我看到别人经历我以前经历的那些事情，就特别难过，比如昨天晚上我们班上的同学被打，那个声音特别大，头都流血了，我看到之后立马就哭了，还是有点害怕。

（二）留守儿童社会风险的内在差异

1. 性别差异

大量访谈资料还反映出留守女童和留守男童的显著区别。其中，访谈者JS002、JS004和JS025等多位教师均观察到留守女童更为内向敏感的性格以及留守男童更具攻击性的行为，这些方面显示出性别对于留守所带来的负面影响具有潜在制约力。我们在访谈中也能够感受到留守女童相比于留守男童似乎更为内向、胆怯。这一性别差异背后的深层次机理可能在于不同性别儿童的情绪处置方式存在差异，有研究发现当儿童面临多重童年压力事件时，男童通常被认为更有可能采取外化的情绪处置方式来调试不良心理，而女童则通常以内化的情绪纾解方式为主①，这种情绪处置方式的不同影响了其具体行为。上述质性访谈结果与我们在定量调查中的观察结果高度类似，显示出留守儿童在面对负面童年经历过程中的心理与行为表现可能具有显著的性别差异。

WN老师（编号JS002）：父母外出务工的孩子具有性别上的差别。女孩自卑的多，跟别人玩的时候不说话，小心翼翼的，有的小孩被欺负也不敢反抗。男孩攻击行为多，而且总是比较敏感极端，喜欢博关注，所以他们往往会被孤立，大伙排斥他。

WXD老师（编号JS004）：现在留守儿童性格方面分化很严重，有

① Jung, H., Herrenkohl, T. I., Lee, J. O., et al., "Gendered Pathways from Child Abuse to Adult Crime through Internalizing and Externalizing Behaviors in Childhood and Adolescence", *Journal of Interpersonal Violence*, Vol. 32, 2017, pp. 2724-2750.

的一般都会退缩，不主动解决问题，一味忍让，这类女孩多。有的受委屈后往往用暴力来解决，这类男孩比较多。

SYH 老师（编号 JS025）：留守的孩子还是会存在一些问题。一部分是厌学退学的，尤其是男孩的问题突出。女孩则因为缺乏关爱而早恋，十四五岁就开始天天打扮了。

2. 年龄差异

此外，研究还观察到年龄因素给留守儿童带来的影响似乎也是异常明显的。访谈过程中，访谈者 JS021、JS027 和 JS040 等诸多教师都认识到八年级（初中二年级）是留守儿童性格和行为转变的关键时间点，其背后既有青春期儿童叛逆性格的形成逻辑，也与留守儿童对于学校环境的适应力有关。进一步针对多位老师的访谈显示，从小学阶段过渡至初中阶段后，留守儿童在七年级时面对高年级学生的压制，所以其不良行为的突出度不高，多数儿童仍然是较好沟通的；随着课业压力的加大及其对新校园环境的适应，部分留守儿童逐步展现出其叛逆性，并在不良行为等方面表现得尤为突出。研究意识到，对初中阶段留守儿童心理与行为的引导需要在下一步的关爱保护政策中予以突出。

ZXJ 老师（编号 JS021）：初一好教一点，初二最难管，初三就有流失问题了，有的小孩也知道学习了，好一点。……初三的这个流失问题不是经济上的辍学，现在国家政策好了，学费减免，主要是学习好的都去县城了，学习不好的没有兴趣学，自己不想学了。

ZHY 老师（编号 JS027）：八年级是个关键时期。小学上来的孩子都是单纯活泼的，七年级也还行，但是到了八年级沉迷网络的就开始变多了。留守儿童中的暧昧、早恋也就变得更多。

YYF 老师（编号 JS040）：初二是个重大的转型，初三慢慢会好一些，成熟懂事了，可能知道自己想要什么了。

本研究对留守儿童的普遍特征加以概括，可以发现三方面的基本结论：一是由于父母缺席的影响，留守儿童通常相比于非留守儿童面临情绪障碍、越轨行为、卫生健康和校园欺凌等方面的不利境况，留守所带来的负面影响可以被广泛观察到。二是祖辈及其他人员的替代性照料不足以弥补留守带来的负面影响，“家庭照顾赤字”仍然是留守儿童面临的巨大挑战。三是留守儿童之间也存在一定的区别，留守男童相比于留守女童被证实具有更少的抑郁情绪及更多的越轨行为，大龄留守儿童的情绪和行为风险似乎比低龄儿童更为突出，而其背后可能与不同类型儿童的情绪处置方式及成熟度有关。

三　监护缺失留守儿童的特殊风险

（一）教师眼中的独特风险

作为特殊儿童，监护缺失留守儿童在具有普通留守儿童共性风险的同时也具有其独特的社会风险。从访谈者 JS020 和 JS027 等的访谈结果可知，高监护风险留守儿童不但相比于普通留守儿童显现出辍学等新问题，而且长期负面经历也使得其对亲子依恋关系更加看重，部分留守儿童甚至需要寻求心理治疗。访谈者 JS028 则反映监护不良留守儿童在物质、照顾和精神领域面临着多重风险，特别是当儿童面临一些需要难以得到满足时其表现出强烈的渴望感和克制力。

XYC 老师（编号 JS020）：再一个是有的会辍学务工，有个十四五岁的孩子去集镇给别人洗车，赚了一千块钱就去上网，不读书了，后来老师做工作才回来。还有一个是父母外出打工了，他住一个院，爷爷住一个院，说是有人照看，实际上就是自己住。家长因为要联系给他一个手机，他就开始在家玩游戏，谈恋爱，也经常夜不归宿，抽烟和迟到也有，家里管不了。

ZHY 老师（编号 JS027）：我们班有一个男孩，从小奶奶看大的，七年级时父母出去打工了，自己住。就开始变得特别依恋父母，军训的时候就拼命想回家，哭、闹、不睡觉，还说一些威胁的话。妈妈给他打电话就说会抓紧回来，但是也没回来，后来一到校门口就不进学校，总觉得老师和同学会笑话他，最后休学了几个月，还去看了一段心理医生，现在妈妈回来带他了，才好一些。

ZRQ 老师（编号 JS028）：我们班的一个学生，爸爸去世了，妈妈去上海打工了，他和弟弟一起在学校附近住。他家非常远，爷爷奶奶就生活在山上，好像现在那里只有他们一家了，没有大路，每周俩孩子走回家。这个孩子现在特别不爱交流，问什么只会说不知道。……心理上也有很强的自卑感，有首歌叫《父亲》，他没事的时候总听，估计很想爸爸。周末回家就是做土豆面条吃，自己洗洗衣服。……有一次想参加篮球班，需要几百块钱，他害怕给妈妈增添负担，最后没有参加，从眼神中能够看出很落寞，但是又很复杂。

更加值得警惕的是，部分监护不佳留守儿童已经表现出明确的伤害自己的行为。我们在河南（访谈者 JS021）、陕西（访谈者 JS044）、广西（访谈者 JS040）和江苏（访谈者 JS032）等多地的调查均显示，各地教师均发现过监护缺失留守儿童因情感问题（包括父母离异或早恋）而出现割腕、烫伤等自残行为，这一举动反映出部分儿童的情感缺失问题已经相当严重，一旦处理不当就有可能出现危及儿童生命的事件。另外，我们在广西调查问卷的整理中也发现一名初中独居留守男童在问卷上写下“有时想自杀”五个字。研究认为，针对留守儿童青春期叛逆性增强，我国亟须构建健全的针对特定留守儿童的心理健康指导机制，以帮助他们在面对童年逆境时真正抵御精神崩溃的风险。

（二）儿童眼中的独特风险

我们基于儿童本身的调查也发现这种情感缺失所带来的情绪障碍是相当严重的。调查中，访谈者 TS005 和 TS015 均表现出对家人陪伴和情感沟通的高度渴望，长期监护缺失过程中的孤独感以及他们对爱的渴望从其访谈内容的字里行间蔓延开来。在访谈过程中，我们也观察到当描述家人时，部分有独居经历的留守儿童的眼神中充满了期待与失望的矛盾感，部分儿童在被询问这一问题时会在短暂停顿后直接哭泣。访谈者 TS010 则展现了自己性格的转变过程，由于独居经历她已经从一个善于沟通的人转变为一个内向孤僻的人，她甚至在部分程度上展现了抑郁症的先兆（如注意力不集中、失眠等典型特征）；尽管她意识到了这种不良的性格转变，但是通过自身力量似乎很难改变现状。研究通过这些访谈结果再次确认了在农村地区构建完善心理健康指导机制的必要性。

XKX 同学（编号 TS005）：有时候就感觉自己没人要，尤其是自己一个人很孤独的时候，很想让家人陪自己。……他们总是说什么时候会回来陪我，但是从来没有实现过，这时候我就很失望。

LXT 同学（编号 TS015）：爸爸妈妈不在身边，我会很羡慕别人。我同桌的妈妈，每天早上起来给她做早饭，如果她起迟了，她妈妈就会和老师说一声，不让她站着，让她进教室，这种时候我就会觉得很失落。

HYC 同学（编号 TS010）：自己也挺坚强的，自己住比较害怕时就会告诉自己要坚强。……原来自己还比较开心，经常和朋友一起，也喜欢与人沟通，但是现在很不愿意说话，而且不知道为什么人一多我的手就会抖，心里也很慌。……我希望有人开导我变得开心一些，但是没有这样的人，学校也没有心理老师。……心情不好或者压力太大时我都会自己一个人憋着，不会和妈妈讲也不会和朋友讲，因为不知道该怎么表达。……可能一方面爸爸去世对我的影响很大，另一方面是独自生活太久了，也造成我现在不愿意说话的性格。……有时自己想爸爸就会哭。……现在也没有什么心情学习，注意力集中不到学习上。现在躺在床上挺早的，但是一直睡不着，在家里的话有可能一晚上睡不着，在学校还能睡会儿，白天会特别困，感觉每节课都在睡觉。

事实上，不仅仅是独居留守儿童如此，一些长期托管或长期住校的留守儿童也面临着类似的情感忽视问题。访谈者 TS008 与 TS010 一样，她也深刻感受到了自身性格的巨大转变，长期托管后她已经从一个爱笑的人转变为暴躁的人。访谈者 PU086 的行为一方面反映了他存在严重的情感忽视及情绪调节困难，另一方面则显示出其心理层面的巨大忍耐力。研究认为，当前农村儿童心理健康指导机制的不足可能已经成为严重困扰有类似情绪纾解需要儿童的重要问题，心理健康指导机制的建设完善不仅有益于独居留守儿童，对有类似需要的儿童也极为关键。

DYL 同学（编号 TS008）：我以前不是这样的人，是很爱笑的人，现在特别爱生气和暴躁。……我感觉自己已经是两个人的样子，开心的时候是一个人，不开心的时候又是另外一个人。

GHL 同学（编号 PU086）：爸爸从我四年级的时候开始外出打工，一年回来一次，每次爸爸回来我都会非常开心，走的时候非常难过。所以，五年级的时候我曾和爸爸说过能不能不要外出，能不能留在家里工作，但是爸爸拒绝了我，当我听到爸爸拒绝的时候，心里非常难受。我很羡慕那些有父母陪着的孩子，心里难过的时候，会自己趴在桌子上哭。……我有时很自卑，别人欺负我的时候我不会反击，也不会和家里说，都是自己憋着（哭泣）。……我希望爸爸多陪陪自己，但是爸爸说自己没有办法，必须外出打工，我也只能理解，将所有委屈和不开心压在心里面。

一些长期脱离父母监护的儿童甚至会因此产生严重的自责倾向。调查中，访谈者 PU054 就将父母的离异问题归咎于自身，将某些事情的挫败归咎于自身的无能，因此当其面临新的挑战时总是显得很自卑。在访谈中，多位其他访问者也表现出了类似的情绪，其童年的不幸多被儿童内化为自身表现不佳，这加重了很多儿童的心理负担，并降低了他们参与社会活动的意愿和预期。

LZM 同学（编号 PU054）：比赛的时候，我跟同学比赛，如果我输了，我就会觉得“我不行！我不行！”就不想参加了。还有一次呢，我搬东西的时候不小心弄坏了，然后我就觉得我怎么什么事情都做不好呢？（哭泣）如果我什么都好的话，爸爸妈妈就会陪在我身边，不会离开我。看到别人的爸爸妈妈都在，我就觉得都是我自己的错（沉默后哭泣）。……看到别人的爸爸妈妈跟孩子在一起的时候，我都有点暴力的心理了。……想发泄了，就会用自己的手砸墙啊什么的。

除了家庭情感忽视所带来的情绪障碍以外，监护缺失留守儿童所面临的另一个突出问题是校园暴力风险。调查显示由于缺乏父母的稳定保护，部分独居留守儿童或监护不佳的留守儿童会面临严重的校园欺凌，包括但不限于恶意辱骂、殴打、抢劫等。访谈者 TS001 是一名长期独居的留守女童，由于家庭贫困她会进行发传单等有偿劳动；但当她有钱后，部分同学会进行恶意的言语攻击，而对于这种攻击她通常选择隐忍。访谈者 PU086 虽然周末有奶奶照顾，但是在住校期间仍然会面临财物抢劫，有时候会遭到高年级儿童的殴打；由于害怕报复，通常情况下他也不会选择求助。研究认为，与家庭情感忽视所导致的情绪障碍类似，校园暴力也是特定留守儿童面临的突出问题，在未来的留守儿童关爱保护过程中亟须通过提升政策可及性来解决这一问题。

XK 同学（编号 TS001）：有辱骂。这我觉得很正常。……因为他们知道我平时不怎么有钱，一有钱，他们就说你拜金什么的，我觉得随便他们开心就好。

GHL 同学（编号 PU086）：有高年级向低年级索取钱财，我在小学时也经历过，被索取了十几块钱，但我并没有向老师或家人讲起过，也没有反抗过，因为害怕再被打。……后来是爸爸找到学校，那些人才没有继续欺负我。

也有少量独居儿童或长期住校儿童在面对校园暴力时呈现迥异的态度。访谈者 TS015 会对校园暴力勇敢地说“不”，面对他人的校园欺凌时她敢于站出来表明自身态度，并积极帮助被欺凌者抵御欺凌。另一名被访者 PU086 则具有完全不同的选择，他会转变为攻击者角色，即当他心中感到压抑时会将这种不良情绪以欺凌形式释放给更弱小者。两个被访者对于校园暴力的差异性态度体现了缺乏良好的家庭照顾不一定会让儿童变成“坏人”，但这种可能性却始终存在。我们不应将这种对校园欺凌的正确认知寄托在某种概率上，而是应当通过良好的替代性家庭教育来正确引导留守儿童做好情绪纾解及校园氛围建设。

LXT 同学（编号 TS015）：有一个姓张的女生总是被一个男生打，昨天就被他踹了一脚，差点趴地上，她也没有还手，因为还手会被打得更重。我会让这个女生去告诉老师，但是好像那个女生并没有去。我曾想过写匿名信，但总是会忘记。有时候我看到那个女生被打，就会推开那个女生，但是那个男生会推开我继续打那个女生。……她成绩不好，上课会被老师开玩笑，下课就自己坐在那，我觉得她和我挺像的，所以我想保护她。

DX 同学（编号 PU080）：班里有个同学总会被大家欺负，打他，用脚踢他，我也讨厌他，全班都讨厌他。他自己和老师说过，也和他妈妈说过，老师警告过我们，但是说完他继续被打。……我心情不好，他来烦我，我就会打他，他今天还被打了。

访谈中，第三个持续困扰监护缺失留守儿童的问题是随处可见的不安全感。由于我国各地区村落的居住通常以熟人聚集为主，整体上安全性较高，故在调查中没有遇到过非常严重的儿童侵害案例。但是生活过程中的不安全感却会深深萦绕在部分高监护风险的留守儿童周围。访谈者 TS001 作为独居留守女童对周边环境具有强烈的不安全感，另一名访谈者 TS003 作为男童也在年幼的时候面临此种局面。研究认为尽管独居或非亲属养育过程中真正面临的社会侵害可能是概率极低的，但是该类留守儿童由此产生的不安全感却真实存在，这需要在未来的政策设计中予以综合考虑。

> XK 同学（编号 TS001）：去年开始我就自己居住了，去年过年也是我一个人过的。……有害怕的时候。因为我比较怕黑，就晚上一个人，我家在马路边上，然后我有时候会害怕，因为我在二楼，底下什么人都没有，黑漆漆的。
>
> LL 同学（编号 TS003）：我从小学四年级开始独居生活，刚开始觉得不太安全，晚上自己住害怕黑，到五年级就没有这种感觉了。

这种家庭内部的不安全感还表现为一种“寄人篱下”的心态。访谈者 TS016 和 TS017 均明确表现出其在亲属寄养过程中的谨小慎微。我们看到正处于撒娇和叛逆阶段的孩子却在父母缺席后保持了惊人的“成熟”，如会主动将喜欢的电视让给舅舅家的弟弟，这背后显示出其在亲属寄养过程中的谨小慎微。我们在其他访谈中也多次看到了独居留守儿童或他人监护留守儿童所表现出的极度“成熟”和“忍让”，这种超越年龄阶段的心理状态让人深刻体会到其背后的艰辛。部分被访者在访问前半个小时往往是坚强的，但是打开心扉后就会潸然泪下，我们意识到这种“成熟”的背后是特定儿童对于自己内心的长期压抑。

> DYY 同学（编号 TS016）：我看见舅舅一家人都在一起，心里会羡慕、嫉妒，有寄人篱下的感觉。……小时候，在舅舅家和表弟吵架，表弟说“这不是你的家”。舅妈会制止表弟，不让他说，但是我内心还是会感到不舒服。……我很想爸爸，有时晚上会偷偷地哭，然后白天当成什么事都没发生，告诉自己要坚强。……我的东西主要是放在学校，放在舅舅家的主要是被子、书和日常用品，觉得那不是自己的家，是别人的家。
>
> LL 同学（编号 TS017）：我从一年级开始住校，假期主要住舅舅、

舅妈家。……妈妈曾经告诫我要听舅舅、舅妈的话，要帮舅舅、舅妈做事。所以我不会和舅舅家的弟弟争抢看电视，当弟弟想看的电视和我不一样时，我会主动将电视让给他看，因为那是别人家的，然后自己就不看了，回到自己的房间去。……我很羡慕妹妹能够和爸妈一起在外面，在舅舅、舅妈一起给表弟过生日的时候，我是非常羡慕的。……节日期间，爸爸妈妈不能回来，我自己就非常想念他们，就会打电话给他们，也会自己偷偷地哭。……年后，爸爸妈妈他们要外出时，自己就要来到舅舅、舅妈家，第一天，我很失落、伤心，独自一人在舅舅家的房间里。

此外，少数缺乏监护的留守儿童还面临着严重的物资匮乏问题。具体而言，多数父母外出务工主要是为了维持生计、帮亲人治病、盖房子和为孩子娶媳妇四项事务，多数留守儿童并不缺乏生活资金，反而是部分外出务工的父母基于补偿心理而愿意多给留守孩子一些钱财。也有少量家庭因为自身经济状况不佳而严格限制了儿童的资金使用，从而使之面临较大的经济压力。访谈中，XK 同学（访问者 TS001）就面临较为严重的物资匮乏问题，其食物支出、衣着支出和教育支出不但出现捉襟见肘的境况，而且需要在假期通过打工来谋取生活和教育费用，物质生活对于尚处初中八年级的她而言相当窘迫。

XK 同学（编号 TS001）：爸爸他压力比较大，有时候会给我生活费，有时候就不会给那么多。然后我就从去年开始打寒假工，自己赚生活费，这样我就不用老是找爸爸要生活费，因为我觉得他太累，他也没钱，我就想有时间可以去打暑假工什么的，可以帮他节省一点（哭泣）。……我有时候每天就花两块钱，吃一个包子或者一杯豆浆，或者买瓶矿泉水，中午就吃学校的午餐。……衣服是我自己存钱买的。因为生活费就那些，用了就没有了。我有时候和别人一起去，就一张饭票吃两顿。然后，一个星期 30 块可以存 15 块，这一半钱都省下来了。……

爸爸就这样，他一边说我砸锅卖铁都会让你好好读书，但是他不给钱，不给钱我怎么读书，就很烦。问他要钱，他就说我好辛苦，我没有钱什么的，要么就骂你一顿才给钱，就这样。特别烦。每次和他要钱，就感觉是我求着他。……爸爸一个星期给我 30 块钱，最多 35~40 块，然后他就说没钱。

（三）监护缺失留守儿童的“懂事”

当然，尽管多数监护缺失留守儿童面临着较为严峻的情感忽视、情绪障碍、校园暴力以及物资匮乏等问题，但是我们也不能就此将此类儿童全部标签化为问题儿童。事实上，即使是独居留守儿童也存在适应性上的较大差异。一些儿童在父母缺席后依然能够保持良好的状态，其在资金管理、自我照顾、情绪调节和行为控制等方面都和普通儿童没有过多差异。我们首先通过访问 JS011、JS023 和 JS039 等教师证实了上述情况。

ZP 老师（编号 JS011）：当然也有好的，我们这儿有个中考状元，父亲打工，母亲不在了，他自己租房住，所有的事情都自理，自己照顾自己，独自居住。

ZXZ 老师（编号 JS023）我们这里有个初三学生，自己住，但他心态还可以，能够坦然面对，再加上班主任适当照顾下，所以也没有什么太大问题。

WPX 老师（编号 JS039）：初三的一个男孩，爸妈在南京工作，一年才回来一次。为了方便上下学爸妈给买了辆助力车，给一张卡，自己取钱，自己生活。他就没什么特别，看起来不自闭。

针对儿童的调查也显示，部分监护缺失的留守儿童能够坦然面对独居等童年逆境。访谈对象 TS003 和 TS004 均对独居生活表现出一定的适应力，其不但能够理解父母外出务工过程中的辛苦，也能够通过同伴关系等舒缓自身压力，有的独居留守儿童即使可以与祖辈共同居住也会选择独自居住生活。这显示监护缺失并非会给全部留守儿童带来显著的不利后果，个体的抗逆力水平以及高质量的同伴关系有助于缓解监护缺失所造成的心理与行为压力。

> LL 同学（编号 TS003）：有时候周末会去爷爷奶奶家吃饭，爷爷奶奶会劝说我来家里住，但是我自己不愿意，感觉自己住习惯了，人多不自在。……过节的时候我也会想父母，一般高兴的时候就会忘记想念的感觉，可以自己调节这种心情。父母外出打工期间，我心里倒也没有失落的感觉，比较难受的是长时间跟父母在一起忽然间要分开的时候就会不习惯。有时候看到别的同学有家长接送，晚上有家长管，心里会有些羡慕，这种时候自己会通过找别人唠嗑来缓解，之后心情就会变好。……我平时一起玩的朋友特别多，校内、校外、别的城市的朋友都有。朋友都很幽默、直爽，跟自己性格差不多，学习也很好。
>
> ZSG 同学（编号 TS004）：平时周末我自己一个人在家会学习、看电视啥的，或者出去和朋友玩。我没有觉得独自居住有不安全的地方，以前晚上会有小偷，会敲门，但也不感觉害怕。……以前也会觉得孤独，就会非常想爸爸妈妈，会告诉父母，爸爸妈妈虽然忙但也会及时安慰我，现在就没有那种孤独的感觉了。觉得住学校和住家里都挺好的。……我平时一起玩的朋友很多，朋友的性格都很外向、很开朗，因为大家在一起有共同语言，可以玩得到一起。

另外，在一些问题上监护缺失留守儿童可能相比于其他类型儿童的风险更为有限。以家庭躯体虐待为例，目前离异家庭和重组家庭中的家庭虐待问题似乎更为严重，尤其是当儿童和有暴力倾向的父亲/母亲共同生活时这种风险会明显增加。根据被访教师 JS029 的介绍，其班级中最为严重的被虐待儿童和有家暴倾向的父亲一起生活，父亲甚至因为离异而将怒火发泄到他的身上。访问者 PU011 和 PU047 均是由母亲施加虐待，其中前者是离异后母亲对其施暴，他明确表示“有时候把我打得手脚都是黑青”；后者则是继母的虐待，在遇到压力时继母会将怒火撒向儿童。由于独居或非亲属养育的留守儿童身边没有家人监护，所以多数情况下他们很少面对严重的家庭暴力（有一定比例的留守儿童在假期会遭受家庭暴力），故其家庭虐待情况可能并不是最严重的。

> ZFL 老师（编号 JS029）：我们班的一个同学曾经是尖子生，但父母关系不好。他父亲呢性格暴烈，以自我为中心，因为家暴把妈妈打跑了。他爸爸就发泄到他身上了，拿着皮鞭打，孩子上学的费用让他去找妈妈要，妈妈没钱给他，就不上学了。我们做了一个月工作又回来了，但是这个孩子现在不喜欢见到老师，特别沉默。
>
> YST 同学（编号 PU011）：我爸妈离婚后爸爸就不怎么联系了，妈妈会经常打我，有时候把我打得手脚都是黑青。妈妈从来不会体会我的内心，就是打骂。……我和外婆五年来也没有说过一百句话，开始见了面就吵，后来就不说话了。……有些老师会侮辱我的家人，初一时数学老师会骂我家人，让我非常难受。所以我就和校外的一个哥哥一起玩，他在读职高二年级，比较好沟通，讲义气，能理解自己。
>
> WXL 同学（编号 PU047）：后妈一不开心就会把气撒在我身上，然后打一顿，一个字写不好会把整个作业撕掉，还不让我和爸爸告状，所以我就会和爸爸视频还有发文字，之后删除掉。最后迫不得已，爸爸把她赶走了。……我和后妈很难沟通，因为后妈的原因当时压力特别大，每天很害怕不敢进家门，后妈走后，感觉就没有压力了。

简单总结，质性研究结果在此部分呈现了三个重要结论：首先，监护缺失留守儿童与其他类型留守儿童一样在情感忽视、情绪障碍、行为问题、校园暴力等方面均比父母监护儿童面临着更高的风险，且其相比于其他类型留守儿童的问题通常更为严重，这说明其兼具留守儿童和困境儿童的双重属性。其次，监护缺失留守儿童的部分风险已经相当严重，如部分儿童有过伤害自己的经历，部分儿童则存在严重的物资匮乏情况，这些方面需要我国的留守儿童关爱保护政策能够真正“兜住底、兜准底、兜好底”。最后，既不能将监护缺失留守儿童的所有风险都标签化为最严峻，也不宜将所有该类留守儿童都简单视为问题儿童，监护问题对于部分抗逆力强大及朋辈关系良好儿童的不利影响较为有限。

四　留守儿童的福利态度

（一）可感知的福利组合

由于上述风险的存在，留守儿童对于不同主体福利责任边界尤其是国家福利责任的履行异常敏感。在有关福利责任分配的实际调查中，我们首先观察到留守儿童对父母在福利提供中所发挥作用的主观评价呈现矛盾且分裂的情况。一方面，部分监护缺失留守儿童对于父母普遍性的照顾忽视和情感忽视给予了相当大的负面评价，他们认为父母在生活照顾、生病照顾、情感关怀、安全保障和心理抚慰等方面存在严重的缺位，这使得他们对于父母福利提供的认可度明显降低，少数儿童甚至坦诚羡慕别人的同时坚持父母没有尽到自身的养育职责。调查中的几个案例也让我们印象深刻，访谈者 TS001 不但无法获得父亲足够的资金支持（一个星期的生活费 30 元左右，每个星期给一次），而且在谈到生活照顾时明确表示“去年是我一个人过年的”。访谈者 TS004 在谈到生病照顾的时候表示“我感冒都是自己照顾自己，没有人监督我用药，只有生特别大病的时候才会叫奶奶来照顾”。而访谈者 TS010 在发现自己可能罹患抑郁症的时候也不知道如何处置，“心情不好或者压力太大时我都会自己一个人憋着，不会和妈妈讲也不会和朋友讲，因为不知道该怎么表达”。上述福利责任履行的缺位也影响到部分留守儿童对父母责任感的评价，他们要么会表现出对父母的怨念（如访谈者 TS007 曾经明确表示“爸爸是个大忙人，他根本没有时间关心我”），要么充满了对父母的失望（如 TS009 同学明确表示“我如果有一些不开心的事就不会和他们说，因为感觉他们不会给我什么建议，只会说调整一下，对我没什么帮助。所以有时候心情不好了我就会自己一个人哭”），要么表现得相当冷漠（如访谈者 TS010 表示“我一个人住习惯了”，访谈者 TS001 明确表示“家庭陪伴这个无所谓，我自己也挺好的，我已经长大了”），这显示父母缺席对于儿童的福利需要满足及建基其上的家庭责任履行影响巨大。但是，研究发现很多留守儿童即使存在监护问题也仍然认为父母在自身成长尤其是资金提供过程中发挥着不可替代的作用，如访谈者 TS003 认为“父母在儿童保护过程中发挥作用最大，所以（儿童照顾和保护）这些问题必须从这个源头上去找解决方法”，另外访谈者 TS004 也主张“儿童养育与保护过程中父母的作用最大，需要多和父母沟通”。这种怨念冷漠与祈盼期待兼具的矛盾态度背后既彰显出留守儿童在现行福利分配格局下除了父母别无依赖，也反映出其余主体在福利提供方面的替代性严重不足。

作为替代性的补偿力量，相当比例的留守儿童有赖于亲属的照顾，但这一帮扶有时候只会在假期出现，部分独居留守儿童（如 TS001）甚至因为没有直系亲属而根本无法获得此类扶助，这与祖辈养育留守儿童相比具有很大差别。此外，在长期住校和长期托管等周末独居类型儿童的访谈中，学校和托管机构也能发挥一定的作用，这在 TS008（托管的阿姨会跟我交流，也很照顾我，比起爸爸妈妈，我甚至更喜欢托管的老师）和 TS011（托管机构离学校很近，一共有二三十个同学，六个老师挺细心的）等儿童的访谈中均可观察到。而对学校以外的政府、村委会与志愿组织等多元力量，多数留守儿童给出了消极评价，认为这些主体在实际生活中的作用比较有限。研究认为，我国独居留守儿童相比于祖辈养育留守儿童在可感知福利提供领域的更多负面评价事实上体现出父母缺席后其福利提供状态的恶化以及其福利提供体系的不完整。

LYH 同学（编号 TS002）：我看到过贫困儿童的助学金发放，每次会给 1000 块钱和一个书包。另外，家里遇到问题可以向老师反映，遇到侵害也可以向老师反映，遇到心理问题老师会及时安慰。老师在爸爸妈妈离婚的时候也会经常家访，班主任对我非常关心。学校有安全演练和安全课程，对我们的安全很重视。爸爸妈妈对我的学习和生活非常了解，但是对于心理情况不太了解，比如父母离婚时没有关注我的心情。

THH 同学（编号 TS009）：我看到过相关资助，一学期一次，每次会发 500 块钱的贫困补助。……还有就是心理辅导，学校没有心理咨询室，老师会问，但是没有人找过。……儿童保护标语也会有，爸爸妈妈出门的时候也会安排好。

在目前留守儿童目睹过的家外儿童福利项目中，被访儿童对于经济资助项目的评价最高，多数被访儿童对于经济资助项目的作用给予了高度评价。实践中，经济资助一般为每学期 500~1000 元，这有利于缓解经济状况不佳儿童的窘困境遇，但其仍然可能存在人群遗漏现象，因为家庭极为贫困、需要靠日常打工来维系的 XK 同学（访谈者 TS001）就没有享受到相关资助。其背后的原因在于经济资助的享有可能与社会救助资格挂钩，我们对陕西民政干部（访谈者 ZC003）的访谈也证实了这一情况（原话为“专门的儿童保护经费没有，现在给困境儿童发放的补助，走的都是社会救助渠道”）。研究还发现，现行学校支持体系中的安全管理、问题反馈和家庭访问是经济帮扶以外的重要福利项目，多数被访学生认同教师对于自身的情感关怀并愿意在出现问题后向教师报告，部分学校还通过教师家访等方式稳固师生之间的感情关联；心理健康教育虽然在各个学校也有开展，但是从其实效来看似乎利用率不高。而近年来国家努力发展的社区为本的儿童福利提供体系在多数地区较为脆弱，不但几乎未有监护缺失留守儿童报告社区开展过丰富活动的案例，而且被访儿童几乎未曾见过儿童主任等基层儿童福利人员。此外，官方群团组织及社会组织等能够发挥的作用也比较有限，其开展的活动频次和质量均未得到多数被访儿童的认可。从现有的家外支持体系来看，学校所能发挥的作用要远大于社区和社会力量的作用，这构成了当前留守儿童对于既有家外福利提供项目的基本评价。

WN 老师（编号 JS002）：我们学校针对留守儿童还是有一些政策

的。比如我们有助学金，一个学期现在按照精准扶贫的政策有 312 元，另外政府每个学期还会给 500 块的助学金。如果住校每学期是 625 元，这个是国家出的贫困寄宿生补助。对于有家庭变故的学生，学校师生还会有捐款，这几年大概有 30 万元。其他的项目不多。比如你说的热线电话，现在打 110 的比较多，心理老师和宿管老师我们也有，别的没什么了。

ZP 老师（编号 JS011）：我们学校主要有贫困儿童的补助，会开展一些安全演练，关爱留守儿童的活动是县总工会搞的，一个学期一次。还有志愿服务，学校会走访一些困难家庭，送点东西，但这部分主要是给父母残疾或者贫困孩子的，留守孩子的很少。

WXL 民警（编号 ZC008）：和学校联系也多，校园安保嘛，每天上学放学派个民警在校园门口执勤。然后每个学期需要讲两三次的法律知识，我们所长是他们法治副校长。然后是讲防拐卖、防游泳溺水、防山体滑坡、防上学放学交通事故之类的嘛。也要给家长讲，和家长还要签责任书。

WDL 股长（编号 ZC002）：老师也有家访的要求，我们规定教师对学生要家访，这个是和扶贫工作结合的，每一个学生有个档案袋，要实地走访和电话家访，每一次家访都要做记录，针对儿童的表现啊什么的和家长沟通。

上述情况也得到了被访成年人的侧面证实。在对教育局干部（访问者 ZC002）和教师（访问者 JS002 和 JS011）等多名成人的访谈中，我们也发现上述两个特征在基层调查中体现得非常明显，即学校事实上承担着家外儿童福利提供的主责，多数学校当前在经济资助、安全管理方面投入了较多精力，也有部分学校形成了教师家访制度，这对监护缺失留守儿童享有相应的家外福利项目具有良好的支撑作用。同时基于访问者 ZC008 的调查，研究还发现多数学校对于安全教育相当重视，其对校园安全课程开设、校园安全管理方面的关切程度普遍较高。多数学校还会依托地方派出所开展法治教育，涉及的内容主要包括交通事故防范、防山体滑坡、防溺水、校园安全管理等。综合而言，学校业已成为家庭以外最重要的儿童福利提供平台，其所发挥的作用比政府、社区和民间社会更大。

（二）可感知的校园福利提供

当然，即使学校已经成为家外儿童福利提供的主阵地，但在其执行落实效果的评价中，留守儿童仍然普遍认为心理健康和校园欺凌问题尚未得到有效解决，这也是他们认为未来最值得优化的福利项目。对于前者而言，访谈者 TS003 曾经观察到身边同学有伤害自己的现象，访谈者 TS010 则认为自己有潜在抑郁症但不知道寻求何种求助途径，他们同时发现目前在心理健康领域学校也缺乏专业的服务介入。访谈者 TS013 则认为校园欺凌问题最为严重，他曾观察到校园中存在较为明显的欺凌行为。上述研究结果与定量调查结果类似，显示出童年逆境风险对于留守儿童的福利态度具有较为显性的影响，由情感忽视而造成的心理障碍和因父母缺席而导致的校园欺凌风险业已成为诸多监护缺失留守儿童的普遍忧虑，这严重影响了他们对福利输出结果的评价。

LL 同学（编号 TS003）：应该是心理健康、意外伤害和情感关爱。心理健康最重要，因为我看到同学有过伤害自己的行为。

HYC 同学（编号 TS010）：心理健康。我现在不知道如何向别人寻求帮助。……我还在网上搜过自己的情况，说是有些抑郁症的表现，但是我也不知道该怎么办。

XJ 同学（编号 TS013）：觉得问题比较严重的是校园欺凌，这个问题主要是学生素质问题，有些学生喜欢骂啊什么的。……心理健康问题和不良行为也很严重。

调查还证实，在福利结果输出的评价方面各种类型留守儿童的差别不大。访谈中，多数留守儿童认同校园欺凌和心理健康问题是目前最需要在政策上加以解决的问题。通过 PU016 和 PU017 的访谈结果可知，在当前儿童群体的观察中，校园欺凌是较为常见的，部分同学甚至在欺凌后不会报告给任何人，因而欺凌行为有可能长期存在；另外两位同学也观察到心理健康的不利影响，当出现心理问题时，多数儿童不会主动寻求教师等专门人员的帮助。访谈者 PU063 则代表了另一部分儿童的意见，他观察到家庭忽视在留守过程中的严峻性，并希望通过相应的政策来改变目前家人无法团聚的现状。

> LGL 同学（编号 PU016）：（最严重的是）校园欺凌和心理健康。……（选择校园欺凌是因为）我听说过有社会上的人欺负学生。……（选择心理健康是因为）我有时候心里有事情，上课容易溜号，学校有心理老师，但是老师没有给我们上过课，我也没有去找过心理老师。
>
> BL 同学（编号 PU017）：选择校园欺凌、心理健康。……（选择校园欺凌是因为）班级里有几个坏孩子，每天都会去找班上某一个比较弱的男生，几乎每一天都会打他，或者找他练手。那个男生比较瘦弱，那个男生应该没有跟他父母讲过。如果没人告诉老师，老师也不会管。我听班上的同学说，他们威胁过这个男生，说如果他敢告诉老师，那下次他会更惨。……（选择心理健康是因为）我觉得现在留守儿童也挺多的，大多是爷爷奶奶照顾，爷爷奶奶的思想还是比较老旧的，我们这一辈和爷爷奶奶还是有思想上的代沟吧，所以不易沟通容易引发心理健康问题。
>
> CK 同学（编号 PU063）：家庭忽视问题（最需要解决）。班里有很多同学都是爷爷奶奶在照顾，自己有时会羡慕爸爸妈妈都在身边的同学，但是感觉爸爸既当爹又当妈很辛苦，自己也很理解。

事实上，校园欺凌与心理健康问题成为被访者普遍认同的风险往往与多数地区脆弱的校园儿童福利服务体系有关。对于前者而言，在我们的访谈中几乎看不到教师明确将校园欺凌视为未来政策上必须解决的关键问题，校园欺凌的严重后果在教师的眼中似乎被人为忽视了，这与留守儿童的调查结果相去甚远，这可能意味着部分严重校园欺凌的发现报告渠道是比较封闭的。同时，校园欺凌问题也存在较大的地区差异，其中辽宁被访学校的问题不甚严重，而江苏、广西、甘肃、河南和四川等调查地区的校园风险则异常严重。我们基于质性访谈的观察认为，校园欺凌问题的区域差异可能和三个因素有关，一是该地区是否存在广泛的住校现象，当住校生比例更高时，校园欺凌的问题通常更为严重；二是该地区的留守形式是否有父母一方参与养育，父母一方养育的比例越高则通常校园欺凌风险更加可控，因为其意味着更为通畅的求助报告机制；三是和该学校对于校园欺凌的预防、监督和干预服务有关，学校对于校园欺凌的管控越严格则其威胁程度越低。

表 6-2 通过不同地区访谈结果证实了上述结论。研究观察到辽宁调查点的教师和儿童的看法是基本类似的，其校园欺凌现象普遍被认为较为有限，这与该地父母一方养育比例较高且学校对于校园欺凌的预防相对严格有关。河南调查点中班级学生及住校学生均显著增加（部分学校班级学生为辽宁班级学生的两倍，部分初中甚至有 70 人的大班级；部分学校为寄宿制学校），因此教师和儿童在实证调查中普遍认为校园欺凌风险较为严重。而江苏调查点的质性调查结果则非常奇怪，因为调查学校基本上为住宿制学校，因而不但校园欺凌风险的严重程度最高，而且教师和儿童对于校园欺凌现象的观察偏差最大，这反映出住宿期间的校园欺凌行为具有很大的隐蔽性。访谈者 PU080、PU084 和 PU093 的调查结果均反映出，在江苏的寄宿制学校中存在部分被欺凌儿童不予求助的现象，而教师面对校园欺凌行为时的“和稀泥”态度可能是挫伤其求助行为的主要原因。研究整体上意识到，校园欺凌行为在我国多数农村地区可能是相对较多的，少数校园欺凌风险甚至是相当严重的，其对于儿童尤其是家庭监护能力匮乏儿童的普遍负面影响也得到了证实，而当前校园欺凌预防、监控和干预服务的能力不强是该问题较为严重的潜在原因；尤其是在住宿生较为集中的学

校，如何降低校园欺凌的隐性传递比例并提高儿童的主动报告比例乃是未来重要的改革方向。

表 6-2　不同地区教师和儿童对于校园欺凌问题的观察

教师	儿童
CC 老师（辽宁，JS013）：留守儿童往往是抱团取暖的，所以不会被欺负。 LRR 老师（辽宁，JS017）：校园欺凌现在没有了，我们农村的孩子很淳朴。 YJ 老师（辽宁，JS018）：欺凌现象也几乎没有，校园管理现在问题不大。	LLH 同学（辽宁，PU012）：我和周围的人都没有遭受过校园欺凌。 WHR 同学（辽宁，PU014）：我周围没有校园欺凌的情况发生。 LYL 同学（辽宁，PU018）：我没有遇到这种情况。 CHJ 同学（辽宁，PU023）：学校没有遇到这种情况，很和谐。
ZXJ 老师（河南，JS021）：个别孩子的暴力倾向严重，尤其是男孩子多。打架的也有，主要是拿脚踢，拿东西打的少。 ZXZ 老师（河南，JS023）：男孩有暴力倾向的多，打架每年也得有七八次。校园欺凌也会有，主要是要钱的、打骂的和让别人给他写作业的，小学五年级就开始了。	LXY 同学（河南，PU028）：以前小学的时候，大家都知道彼此家里的情况，有时候就会说这个人怎么怎么，有一些成绩不好的人就会殴打嘛。 ZJ 同学（河南，PU026）：学校里偶尔有同学故意辱骂我，一般就说我"傻子"之类的。……我也目睹或听到同学打架。同学有时会被威胁使用暴力，放假在家的时候和朋友玩的时候，因为某些原因和别人吵起来了就打架。
XJH 老师（江苏，JS032）：校园欺凌问题不多，因为有老师看着，班会也会强调。 SYP 老师（江苏，JS033）：欺凌现象很少，因为现在孩子的法律意识都比较强，每星期我们也都会进行安全教育。	XLL 同学（江苏，PU084）：我看到过大学生欺负小学生，殴打小学生，我很希望去帮助他，但是因为害怕没敢去。 DX 同学（江苏，PU080）：班中有校园欺凌情况，班中有个同学会被欺负，打他，用脚踢他。 ZNL 同学（江苏，PU093）：班中有一个经常欺负人的男生，我偶尔也会被欺负，但不想将这个事告诉任何人，因为其他被欺负的同学告诉老师后也没有什么变化。

TXP 老师（编号 JS008）：心理老师方面我们在加强，但是目前还没有，主要是没有编制，农村学校没人愿意来。

HYQ 校长（编号 JS043）：现在心理教育也是坚持做着吧，不专业，我们现在班主任个个都是心理辅导老师。但是专职一点就好，你像遇到特殊情况，只有专职的才能真正处理好，询问的问题针对性才会更强一点。其实像这一块整个都很薄弱，像全县的话目前就是高中有一位心理辅导老师。

对于心理健康问题而言，当前脆弱的校园儿童心理健康服务体系同样是造成监护不力和情感忽视容易转变为心理疾患的主要原因。学校心理健康服务理应成为该类福利提供项目的核心，但多数被访儿童不会选择诉诸教师而是会将情绪问题向同学或朋友倾诉，其背后的原因一是既有心理健康指导队伍因专业能力与专业素质不足而通常难以真正解决儿童的心理困惑，二是因为部分儿童担心自己的隐私被熟人泄露，三是部分学生认为将心理问题告诉老师容易“小题大做”。这种不向心理教师求助的现象与部分被访儿童严重的情绪障碍形成了鲜明的对比，并需要深刻反思我国既有校园儿童心理健康服务体系。

（三）可感知的群团组织福利提供

妇联、团委等承担着留守儿童关爱保护职责的群团组织事实上未能在基层充分利用学校或社区场域来开展福利项目，其完成的关爱保护活动无论在频率还是在质量上也都未能获得被访儿童的积极评价。基于访谈者 ZC001、ZC002、ZC005 和 ZC009 的介绍可以发现，除了少量的宣传事宜以外，基层教育、团委和妇联在留守儿童关爱保护活动开展方面非常乏力，一些重要的工作如家庭教育指导、热线电话以及专业心理干预活动均非常有限。访谈者 ZC005 进一步谈及基层部门开展活动存在局限性的原因，即岗位设置不足、经费保障不力及技能培训不良严重制约了基层部门的专业活动开展。

WDL 股长（编号 ZC002）：单靠学校力量不行，还是要发挥我们社区和社会的力量，包括我们一些地方政府、村，像我们学校实际上弱势群体比较多，很多想法执行不下去，尤其是隔代教育的家庭根本执行不下去，他们的文化程度不高，他们做的就是把生活照顾好。……这个可能就需要妇联整合很多部门来做，根本上要在社区和村来落实，就需要民政、团委、妇联等部门来实施。

HHP 书记（编号 ZC001）：我们最重要的未成年人保护工作就是公安局讯问过程中充当监护人角色，相当于一个监护的过程。再一个就是宣传。因为团委的主要工作就是完善他们的“微心愿”啊，对他们做一些宣传啊，鼓励学校的团委或少工委为儿童讲一些自我保护、防暴力的知识，主要还是做一些宣传工作。

DYT 书记（编号 ZC009）：我们做的主要是上级部门给下来的要求，比如志愿活动之类的。……和村里的联系就是村“两委”，他们也有村团支部书记。学校开展的活动我们也会去。我们暂时没有组织活动。……团委目前还没有专门的儿童保护活动。妇联这边有儿童早教活动，但现在好像还没有学龄以上的活动。……留守儿童的关心帮扶活动，好像也没有。

WYJ 主任（编号 ZC005）：乡镇这一级开展的儿童保护活动很少。……（活动不足的原因）一个是乡镇的妇联经费很少，我还是兼职的，兼职三年了，在我们乡镇是没有一个妇联主席专门干这个的，所以没有把很多精力放在这上面。而且妇联是没有经费的嘛，所以更多的要求是在村委班子里面选妇联主席，村里面的妇联主席没有经费，下面这些人开展活动也没有经费啊，开展活动就比较困难。……（除了经费之外）再一个是妇联这项工作如果做得特别好，形式可以是很多样的，前些年县里也对我们妇联的干部进行过培训，心理教育方面的，但是（讲的内容）就比较片面了，主要是人员啊、基层配备啊太缺乏了。

（四）可感知的社区福利提供

除学校主阵地以外，近年来我国极力推动的社区儿童福利递送体系存在更为明显的问题。在多数留守儿童的访谈中，研究并未发现儿童主任作为中枢的社区服务者在儿童福利提供领域发挥关键作用，多数被访者没有看到社区开展任何儿童服务。在社区服务的探讨中，我们围绕民政和社区干部的访谈则均进一步证实当前社区儿童福利服务的羸弱性。尽管民政部门自 2016 年开始已经逐步承担了农村留守儿童、困境儿童的保护责任，但是从基层民政从业者 ZC003 的访谈结果来看，无论是在临时庇护、社区监护、热线电话还是社区寻访等方面都面临着落地实践的困难，这也是当前留守儿童在监护缺失后难以在社区层面享受各项公共福利项目的内在原因。儿童主任事实上是串联上述社区福利项目的关键中枢，但是在村主任 ZC011 的访谈中他甚至不清楚村里有这么一个人员设置。笔者深刻地意识到，由于我国广大农村地区的儿童主任事实上是兼职状态，活动开展也相对乏力，因而其在儿童福利政策执行过程中的显示度很低，这说明其工作实践落地能力不强的同时也显著限制了针对很多问题儿童的社区求助及帮扶能力。当然，该村的儿童主任还是存在的（即访问者 ZC012），但我们在访谈中发现其开展的活动主要有两类，一是例行性地为特定困境儿童申请救助和福利资金，二是承接极少数政府安排的试点项目（多为上级机关安排的与非营利部门的合作，如无试点项目则没有任何活动），由于其在专业素质方面具有一定的局限性，因而其儿童服务活动的开展不但频次有限而且效果不佳。

XGL 股长（编号 ZC003）：（热线电话）市里有专门的儿童保护热线说去年开，但是现在好像也没开。……（发现报告）我们县里直接发现的少，一般都是下面乡镇发现了往上报，啥情况，先给他临时救助，然后符合哪个条件就怎么处理。……（临时庇护）一般就是亲戚，亲戚不行的话就去敬老院等找个护工照顾，还不行就从社会上找，就是个临时性的照顾。

ZGR 主任（编号 ZC011）：文书一般和妇女主任是一起的，一般通过村民代表选的，妇联主任一直都有，儿童主任没有听说过。

LYF 主任（编号 ZC012）：（主要从事的事务）现在就是有需要帮

助的呀，需要救助的，给他们落实政策嘛。比如说有些残疾的啊，有些贫困的啊，其他的我们这边条件有限也没有开展什么活动。……还有就是一个‘入库早教’（政府试点项目）嘛，我们就去孩子们家里，讲讲怎么教育孩子。当时也有培训，培训也是这些方面内容嘛。……我们这三个乡镇是政府的一个试点。其他方面的儿童服务活动没有。……现在大多数地区的儿童教育还是一个盲区，教育方面还是很不懂的，有的即使我们给她们说了，她们也不会按照我们说的做。

近年来，民政系统着力打造的社区为本的儿童福利服务体系所表现出的脆弱性与既有“两个机构改革”和“一支队伍建设”的推动不力有关。针对 ZC003、ZC005 和 ZC012 三名被访者的访谈结果证实，我国基层儿童福利院和未保中心事实上仍然未能根本性地转型为信息统合中心和培训支持中心，仅对极为困难的儿童安排临时安置或长期庇护，故其整体的院外服务范围仍然非常有限，这就使得相应机构难以对基层儿童主任的培训、督导和监管形成良好的支撑。另外在基层儿童主任制度的推动过程中，儿童主任的选拔往往以初中学历为主，其所具有的儿童福利知识相对有限，培训开展不连贯，且在没有补贴支持的前提下缺乏强烈的工作意愿和从业动力，因而其活动开展的频次和质量难以保障。上述研究有力地解释了为何我国近年来积极推动的社区儿童福利项目没有被被访儿童所感知，社区儿童福利的发展不足乃是这一评价的根本原因。

XGL 股长（编号 ZC003）：现在每个镇有个儿童督导员，每个村要求有儿童主任，但是有个重要的问题是，儿童督导员好说，都是镇里的干部，儿童主任的这个待遇问题，现在村里的活比较多，他们都是兼职，比如说每个月增加 50 块钱啊，目前没有这个政策，所以他们的活比较重，投入的精力就很少，村里面每个月能走访个 20%或者 30%就不错了。……乡镇这边的儿童督导员和村里面的儿童主任，都没有专门的补贴，乡镇的一般都是我们的正式干部嘛，村里面也没有这一块。……未成年人保护中心现在在民政部门下面，但是县里面没有编制，就是救助站在做这个工作，见到弃婴或者虐待儿童就会由他们出面。现在也是没有专门的人马，有问题的小孩派出所给我们送过来，我们会和市福利院或者未保中心联系，需要送到哪里就送到哪里。

WYJ 主任（编号 ZC005）：说实话我们单独的村组妇联主席是没有钱的，没有人愿意干这个事情的，她没有钱，谁愿意单独干个妇联主席，她们也要生活啊。……村里面妇联主席能够起到的作用很小，非常小，她没有工作的主动性，都挺被动的，再一个就是村里面妇联主席的学历都是很低的，她根本没有这个能力开展活动。……我们没有（学历）这方面的要求，很多就是初中学历，镇这一级也没有要求，年龄啊、专业啊都没有要求。……在工作层面我能够提供的帮助肯定会帮，但是基本上我们八个村都是兼职的，就是文书啊、计生专干啊，因为文书和计生专干是有工资的。

LYF 主任（编号 ZC012）：妇女儿童主任没有补贴，就是文书之外附带的。我的全部工资就是村里的工资，一个月一千来块钱吧，我们相当于为人民服务。……我就是初中毕业，我是七几年的嘛，当时差不多都是初中。……可以开展活动，但是我们现在哪有时间，我们手头的工作都做不下来，我做文书整天都要待在村里，很多事情忙。再说我就算开展活动，很多人也不一定愿意参加，因为现在人都忙得要命，都要忙着挣钱，我们平常开个会都找不到人。

（五）可感知的民间社会福利提供

同样作为儿童福利提供体系重要组成部分的民间社会也因其羸弱的资源提供力度而难以获得被访儿童的积极认可。在调查中，绝大多数儿童都没有给予社会组织或志愿者积极评价，部分儿童虽目睹过极少数的志愿帮扶但其执行效果的评价仍然不高。出现这一问题的原因也与我国较不充裕的社会组织建设和志愿服务文化有关，由于多数农村社会组织的资源禀赋很少，很多地区甚至没有任何一家社会组织，因而其针对留守儿童的活动开展是比较有限的。而农村志愿服务意识和能力的缺乏也使得其基于特定留守儿童的志愿服务在实践中不但是严重匮乏的而且是相当不专业的，这在如下三位访谈者的介绍中均可以被证实。

WDL 股长（编号 ZC002）：教育局没有和社会组织开展过合作，但是有一些志愿者，像我们有些老师作为志愿者参与服务，他们在省里也是专家了，主要是上一些课。

WYJ 主任（编号 ZC005）：（社会力量的利用）这种之前县里面也说过，但是我觉得我们县的资源很少，比如说专业方面的心理疏导，在我们这里就是去医院嘛，我们不具备这样的专业知识，县里妇联也没有这方面的人，她们一般就是调查一下情况，针对问题也是没有处理能力的。

DYT 书记（编号 ZC009）：志愿服务也没有。……志愿群体更多的应该是村里的人，比如捐钱啊，还有就是一些老人吧，能帮忙带一带这种。

（六）对国家福利责任的认同

在基于国家责任认同度的调查中，留守儿童普遍认为国家应当提供更多的机会来促使其家庭团聚，部分儿童尽管会谈及经济资助问题，但是实质上却希望父母不要因为经济原因而外出打工。我们意识到，尽管很多留守儿童所在家庭因为丧亲、离异等而存在家庭福利提供功能的弱化问题，但是父母在儿童福利提供体系及情感依赖中的核心作用仍然是无法动摇的。尤其是访谈者 TS001 的一句话“（家庭陪伴）这个无所谓，我自己也挺好的，我已经长大了”，让我们深刻认识到在政策上推动更积极的父母陪伴对于儿童身心保护的重要意义，因为这句看似“懂事”的话透露了该女童在成长过程中的辛酸和无奈。除了父母陪伴以外，另一个留守儿童较为强调的国家福利项目为安全周边环境的建设，部分监护缺失的留守儿童目睹了严重的校园欺凌问题以及其在日常独居过程中所产生的不安全感可能是儿童做出上述选择的深层次原因。研究认为尽管现在我国农村社会整体安全治理情况较好，但较早脱离父母或亲属独自生活仍然对儿童的安全意识尤其是其充分信赖周边环境带来潜在的挑战，这需要在该类人群未来的心理调适政策中加以考虑，并且需要积极改变其独自生活的状态。

ZSG 同学（编号 TS004）：我选择“家人更多陪伴关心和理解”与“周边环境更加安全”这两个选项。……因为我一个人坐火车去找爸爸妈妈的时候总觉得不安全，害怕车上会有人贩子。

LJP 同学（编号 TS012）：我特别期待国家能为贫困家庭提供更多资助，爸爸妈妈就是因为没钱才去打工的，他们有钱了就不出去打工了，就可以陪在我身边了。

CZH 同学（编号 TS011）：我更希望国家能让爸爸陪我。因为经济原因爸爸会离开我，我也能理解爸爸，但还是希望他能够多多地陪我。

XK 同学（编号 TS001）：我觉得第二个，侵害儿童权益的人能够得到更大的惩罚，因为它对儿童的心理阴影我觉得特别大。……然后我觉得周边的环境要安全，如果不安全的话，你每天都提心吊胆的，这样慢慢自己感觉心理都有问题。还有是第一个，更多经济资助，因为不是每个家庭都那么富有。

综合上述质性调查结果，本研究将留守儿童的福利态度概括为四个方面的基本结论：首先，当前留守儿童可感知的福利提供结构仍然以父母为主，替代性的养育主体如少量亲属（周末亲属养育类型）、学校教师（长期住校、周末独居类型）和托管从业者（长期住校、周末托管）等也能够发挥一定的作用，而政府、群团组织、社区以及社会力量能够提供的帮助非常有限，这显示儿童可感知的福利组合仍然是失衡的。其次，留守儿童对于国家福利责任履行的感知度较低，近年来国家积极推动的一些关键公共福利项目如儿童主任、热线电话、临时庇护、心理健康教育、家庭指导等均未能有效落地，而“两个机构转型”和“一支队伍建设”的羸弱性是造成这一局面的主要诱因。再次，以学校为平台的福利提供形式相比于以社区为平台的形式具有更强的可感知性，我国农村地区羸弱的社区建设可能无法有力地支撑起儿童福利提供的重任，这需要在未来的政策设计中予以充分考量。最后，我国儿童福利递送的“最后一公里”出现了严重的障碍，编制岗位、保障资金和服务技能等三重障碍使政策规定在基层无法真正落实，这深刻限制了被访儿童的福利获得感。

第七章
儿童福利制度的转型升级

一　儿童福利制度转型的必要性

（一）福利态度背后的制度逻辑

总结量性结合的研究结果（见图7-1），我们观察到留守儿童尤其是监护缺失留守儿童的福利态度具有五个典型特征：其一，从国家福利责任认同度来看，目前留守儿童对于公共部门的福利责任持积极态度，这显示其对国家维护儿童发展权益提出了强烈的福利诉求，因而构建更加普惠、可及和有效的公共福利项目体系应当成为下一阶段国家儿童福利布局中始终不渝的坚持方向。其二，从感知到的福利组合角度来看，当前的儿童福利提供仍然主要以父母为重要依托，亲属和学校可进行一定的福利补偿，但群团组织、社区和民间社会的作用普遍有限。对于去功能化的家庭而言，当父母缺席后，其他福利主体的动态补偿效应严重不足，这预示着这类家庭的福利组合缺位很可能是以儿童持续降低福利享有为代价的。其三，从可感知的福利提供广度和程度来看，目前国家所承担的福利提供责任仍然过度边缘化，尤其是国家近年来持续推动的诸多制度既无法在家庭出现困境后提供倾向性、保护性或替代性支持，也不能在重大威胁来临时获得儿童的充分信任，故儿童感知到的国家福利供给并不充裕。其四，从可感知的执行过程角度来看，当前多数社区为本的公共福利项目在落地实践方面的认可度普遍不高，儿童真正参与或目睹“（留守）儿童之家”“社区入户寻访”“儿童主任”等重要公共福利项目的比例普遍低于两成，且农村社会以儿童主任为中枢的福利递送体系尚不能突破“最后一公里”的障碍。其五，从可感知的结果输出角度来看，目前以校园暴力干预服务和心理健康指导服务为代表的部分福利服务项目仍然被留守儿童视为重大漏洞，且囿于上述风险对于儿童身心健康的影响巨大，儿童所感知到的国家福利提供方案仍然具有优化空间。整体上看，尽管被调查者对国家福利责任表示高度认同和深深期盼，但当前我国公共部门在福利递送过程中的获得感不高，留守儿童仍然普遍坚持其存在福利组合不稳定、福利提供不充裕、执行过程可及性低及结果输出存在重大隐患等负面评价，尚无法真正满足其福利需要，理应在未来的儿童福利布局中强化资源投入力度和理顺实现途径。

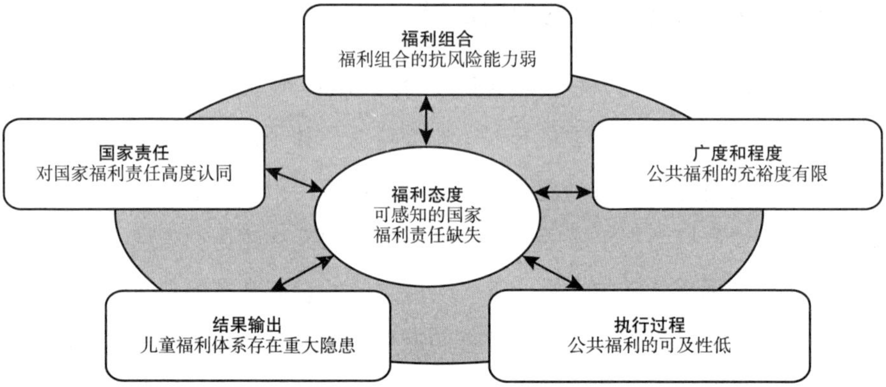

图 7-1　留守儿童福利态度的基本特征

进一步的研究还表明（见图 7-2），留守儿童福利态度的形成与其实际所感受到的风险防范压力有关，并在个体自利因素的驱使下对未来的公共福利项目提出了更高的要求。具体表现为五个基本维度：一是留守儿童对于各类公共福利项目普遍表示积极的认同，这不但显示出其对公共组织福利递送潜力的高度信赖，也彰显出其因为所面临的境况不佳而对国家福利提供更加

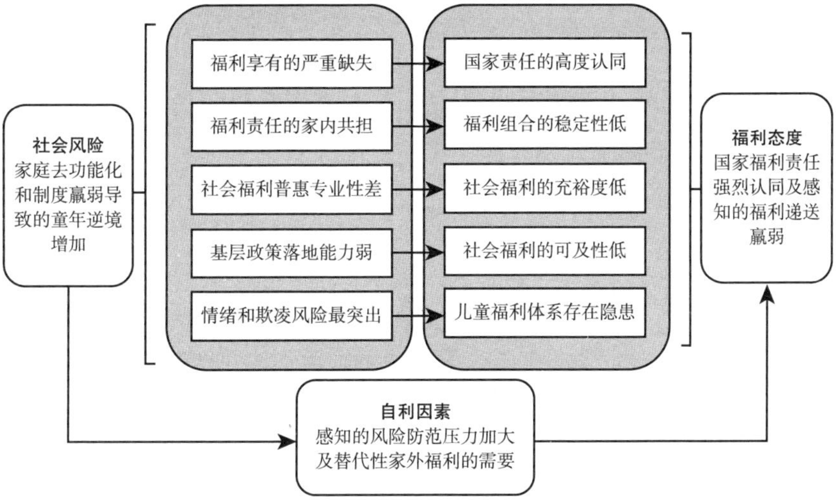

图 7-2　福利态度形成逻辑

依赖，尤其表现在“促进家人陪伴”和“保障安全环境”这两个领域。二是留守儿童可感知的福利组合存在严重失衡，父母的福利责任履行最能被感知到，而政府、社区和志愿组织的福利提供则最不被认同，显示不均衡的福利组合格局决定了儿童的福利组合感知状态。三是留守儿童对于国家福利提供的普惠性和深入度均评价不高，这与我国既有儿童福利项目覆盖面窄、专业性差的现实情况非常符合，因而儿童福利项目的充裕度低很难提升特定儿童的公共福利获得感。四是留守儿童目睹到的基层公共福利项目可及性弱，这与质性研究中我国“两个机构转型”和“一支队伍建设”的执行能力存在不足密切关联，显示儿童可感知到的福利执行过程与实践中的政策落地效果相伴而生。五是留守儿童认为福利输出的最大漏洞是心理健康服务和校园欺凌干预服务，上述两方面分别来源于情绪障碍与校园欺凌对于独居留守儿童的重大威胁，两项社会风险的控制不佳使儿童福利体系的重大隐患被儿童感知到。基于以上结论，研究认为留守儿童对于国家福利责任的判断以及对其福利责任履行情况的评价与当前其面临的童年逆境及制度不能有效回应童年逆境高度关联，或者说其独特福利态度的背后彰显出儿童基于自利原则的多重风险防范压力。

与既有的很多文献类似，本研究也发现以留守儿童为代表的弱势儿童不但表现出了更多的童年逆境[①②]，而且在福利需要满足领域也存在严重的不足[③④]，这使得他们因感知到的社会风险更高而对国家福利提供有着更多的希冀。从福利组合结构来看，当前儿童福利提供的不足并不应当仅仅归咎于家庭养育责任的下降或者家庭“躺平”思想的盛行，恰恰相反，由于生活、治病、住房和子女婚育四大“财务刚需”在农村社会普遍存在，我国多数农村剩余劳动力在土地资源有限、兜底保障政策不佳及扶贫增收能力不强的前提下只能选择以牺牲子女照顾质量为代价来满足其家庭经济所需，前往异地务工成为他们维持生活及改善家庭不良境况的主要手段，因而过度苛责家庭福利提供的下降没有任何政策意义。或者说，当中国这样的拥有巨大人口规模的国家开始工业化道路时，不同区域的经济发展不均衡以及城乡间营收能力的差异必然会导致人口出现大规模的转移，而由此带来的留守及监护缺失问题也极大概率会形成，留守问题本质上就是中国工业化、城镇化进程的副产品。在家庭照顾领域，农村留守家庭问题就像是一个“危险的高空杂耍”，由于同时兼顾经济负担与儿童照顾在现实中很难做到，这一脆弱的平衡本身就意味着有相当多的家庭会有“摔落”风险。而现行制度中过度倚重其他家庭成员尤其是祖辈的替代照顾虽然能够节省儿童福利的公共开支，但却是以家庭拥有同等质量的祖辈替代照顾者为前提的，在农村社会空巢、丧亲、离异以及祖辈育儿能力普遍有限的今天，将良好的儿童保护和照顾建基于这一前提的逻辑本身就是错误的，这在前述的定量和定性研究中都得到

① 叶敬忠、王伊欢、张克云等：《父母外出务工对留守儿童生活的影响》，《中国农村经济》2006 年第 1 期。

② 段成荣、吕利丹、王宗萍：《城市化背景下农村留守儿童的家庭教育与学校教育》，《北京大学教育评论》2014 年第 3 期。

③ 张克云：《中西部农村贫困地区的儿童福利现状及需求分析》，《中国农业大学学报》（社会科学版）2012 年第 4 期。

④ 杨爽：《东亚福利体制中儿童照顾的福利态度——基于国际社会调查项目数据的比较分析》，《北京社会科学》2021 年第 2 期。

了证实。研究认为，当前家外福利补偿机制的匮乏尤其是国家近年来积极推动的公共福利项目落地能力不足是导致相当比例留守儿童出现重大困局的深层原因，这使多元主体的福利责任共担事实上演变为家内福利责任的内循环并由此造成福利组合的失衡失序，其直接后果就是家庭禀赋直接决定了儿童养育质量，并促使很多家庭禀赋不佳的儿童暴露在监护缺失等重大社会风险下。

（二）既有儿童福利制度的脆弱性

上述特征所展现出的儿童福利体系脆弱性深刻反映出既有的福利组合已经很难适应现代社会不确定风险的持续挑战，即既有的以家庭成员间责任流转为内循环的儿童福利提供机制已经越来越难以应对去功能化家庭的儿童福利需求满足问题。对于广大农村儿童尤其是监护能力相对缺失的留守儿童而言，两方面因素是导致其福利获得感显著下降的重要原因。

首先，现代社会对于家庭去功能化的负面影响被严重低估。一是从现实压力来看，由于部分留守家庭面临经济增收和家庭照顾的双重负担，加之儿童养育所付出的精力财力正随着现代社会的内卷化而变得成本高昂且收益有限，有研究甚至测算出城市和乡村儿童抚育的直接成本已经分别激增至27. 3 万元和 14. 3 万元①，因而家庭越来越无意愿支撑高质量的养育服务，部分外出务工家庭可能会以直接或间接放弃部分养育义务的“躺平”方式来弱化自身责任，这使留守儿童可感知的家庭福利快速下降。二是从家庭结构来看，近年来我国家庭照顾形式出现了迅速的变化，按照 2020 年第七次人口普查的结果，我国 65 周岁以上人口的抚养比比 1987 年增长 153. 6%②，平均家庭户规模从 1990 年的 3. 96 人下降到 2. 62 人，流动人口数量也从

① 马春华：《中国家庭儿童养育成本及其政策意涵》，《妇女研究论丛》2018 年第 5 期。

② 《第七次全国人口普查公报（第五号）》，国家统计局网站，http：//www. stats. gov. cn/tjsj/tjgb/rkpcgb/qgrkpcgb/202106/t20210628_ 1818824. html，2021 年 5 月 11 日。

2000 年的 12107 万人上升到 37582 万人[①]，80 周岁以上人口中不能自理的比例接近 10%[②]，加之我国的离婚率从 2000 年的 0.96‰快速上升到 2020 年的 3.1‰[③]，导致以丧亲、单亲、留守、失独等为代表的去功能化家庭占据全部家庭的 34.1%[④]，老龄化率抬升、家庭规模缩小和家庭成员分离增多给我国普通家庭提供高质量的家庭照顾带来了能力上的巨大挑战。三是从伦理约束来看，中国和诸多亚洲发展中国家正处于传统家庭文化向现代家庭文化的快速转型阶段，这一时期婚姻及家庭观念兼具保守与现代的双重属性，家庭照顾的性别不平等及高昂彩礼文化等传统文化糟粕在新时代面临着离婚率上升、人口跨区域迁移及家庭核心化等家庭变迁的深刻影响，家庭育儿、养老观念的多元化以及由此带来的代际文化冲突使得家庭伦理的有效约束力下降明显[⑤⑥]，以单纯亲情文化来引导家庭彰显功能的潜力日益不足。

其次，我国既有儿童福利制度应对现代社会风险的能力被严重高估。我国长期以来坚持的重法律惩治而轻服务干预、重事后保护而轻前期预防、重资源赋予而轻资源链接、重家庭责任而轻家庭支持的儿童福利制度在现阶段展现出的“儿童照顾赤字”已经愈加难以适应新时代的兜底保障要求，它不但无法有效地为面临家庭照顾困境的儿童提供替代性保护，无力回应因离异、死亡或劳动力转移而形成的父母缺席风险，而且已经不适应青年外出务

① 国务院第七次全国人口普查领导小组办公室编《2020 年第七次全国人口普查主要数据》，中国统计出版社，2021。

② 国务院第七次全国人口普查领导小组办公室编《2020 年第七次全国人口普查主要数据》，中国统计出版社，2021。

③《中国统计年鉴 2021》，国家统计局网站，http://www.stats.gov.cn/tjsj/ndsj/2021/indexch.htm，2022 年 9 月 10 日。

④ Chen, L., Yang, D., & Ren, Q., *Report on the State of Children in China*, Chicago: Chapin Hall at the University of Chicago, 2015, p. 2.

⑤ Suzuki, L. K., & Greenfield, P. M., "The Construction of Everyday Sacrifice in Asian Americans and European Americans: The Roles of Ethnicity and Acculturation", *Cross-Cultural Research*, Vol. 36, 2002, pp. 200-228.

⑥ Vu, H. Q., & Rook, K. S., "Acculturation and Intergenerational Relationships in Vietnamese American families: The Role of Gender", *Asian American Journal of Psychology*, Vol. 4, 2013, pp. 227-234.

工人口新的婚姻观、家庭观、育儿观和福利观，原有的以家庭担责来解决育儿问题的有限财政投资理念面临严峻挑战。更让人遗憾的是，我国近年来无论是在儿童福利覆盖范围还是在儿童福利财政投资方面的增长力度都是相对有限的。例如在儿童福利覆盖范围方面，我国传统上以孤弃儿童为主的保障目标虽然自 2016 年开始就逐步扩展到事实无人抚养儿童、困境儿童和农村留守儿童，但由于后两者采取的保障形式并不是“福利”制度而是“保障”或“关爱保护”制度，因此我国真正以儿童福利形式覆盖的人群仅有约 19. 3 万名孤弃儿童和约 25. 3 万名事实无人抚养儿童①，占我国儿童总数的比例不足 2. 0‰。儿童福利投资也类似，2013 年我国“儿童福利”的全国财政投资规模大致为 46. 4 亿元②，截至 2021 年该数值上升至 66. 1 亿元③，八年时间财政投资同比增长 42. 5%，但同时期我国“社会保障和就业”的投资规模从 14281. 7 亿元跃升至 32180. 6 亿元④⑤，增长幅度达到 125. 3%，使得儿童福利制度在社会保障体系中的财政占比从 3. 3‰下降到 2. 1‰。由于儿童福利建设相对缓慢，国家在福利提供过程中被迫面临两项选择，一是迅速调整陈旧的儿童福利建设理念并推动儿童福利向普惠型方向改革，加大对于特殊困难家庭的公共福利供应，积极构建“儿童投资型国家”⑥；二是继续漠视儿童既有风险并维系现有的低成本儿童福利制度，不断容忍因家庭不平等而带来的儿童福利不平等及人力资本损伤，从而将儿童现有的可控风险扩大至未来不容改变的境地。

---

① 《2021 年民政事业发展统计公报》，民政部网站，https：//images3. mca. gov. cn/www2017/file/202208/2021mzsyfztjgb. pdf，2022 年 9 月 11 日。

② 《2013 年全国公共财政支出决算表》，财政部网站，http：//yss. mof. gov. cn/2013qgczjs/201407/t20140711_ 1111874. htm，2014 年 7 月 11 日。

③ 《2020 年全国一般公共预算支出决算表》，财政部网站，http：//yss. mof. gov. cn/2020zyjs/202109/t20210917_ 3753571. htm，2021 年 9 月 11 日。

④ 《2013 年全国公共财政支出决算表》，财政部网站，http：//yss. mof. gov. cn/2013qgczjs/201407/t20140711_ 1111874. htm，2014 年 7 月 11 日。

⑤ 《2020 年全国一般公共预算支出决算表》，财政部网站，http：//yss. mof. gov. cn/2020zyjs/202109/t20210917_ 3753571. htm，2021 年 9 月 11 日。

⑥ 万国威：《迈向“儿童投资型国家”：我国低生育率的福利逻辑及儿童福利制度的转型升级》，《华中科技大学学报》（社会科学版）2023 年第 3 期。

从制度维度解析福利组合的失衡，可以发现长期以来我国儿童福利以“补缺型”制度为主，家庭在法律上承担儿童养育的基础及首要责任，当家庭出现问题时以亲属为主、其他主体为辅进行福利补偿，而国家则承担最终的兜底保障责任。从政策设计角度来看，这一方案可以在有力降低国家财政开支的前提下很好地适应我国家庭伦理传统和育儿习惯，同时有利于激发多元主体力量的广泛参与，在理论上似乎是一种相当巧妙且符合国情实践的设计。但是通过实证调研可以发现，这一看似合理的福利责任共担机制过度削弱了国家在儿童福利提供中的底线，并事实上演变为家庭内部的福利责任共担，即当父母出现福利提供不足时主要由亲属尤其是祖辈来提供福利补偿，而国家及其他主体有效参与儿童福利提供的意愿并不强烈。同时，这一福利组合的责任划分在实践中不但高估了去功能化家庭的实际育儿意愿、能力以及亲属的福利替代效应，而且基层民政服务体系的不健全和儿童福利从业者专业服务技巧的匮乏也使得公共部门的兜底保障能力匮乏，加之当前公益慈善、邻里互助和志愿服务的方兴未艾，低水平的儿童福利财政投资反而是以降低部分儿童的养育质量并增加社会长期负担为代价的，这与英国、德国、瑞典等国发现的社会福利多元化并不能提升福利供应效率的研究结果颇为类似[①②③]。尤其是改革开放以来家庭社会经济地位的差距拉大，这一政策设计下的家庭育儿能力不平等能够很顺利地转化为儿童发展上的不平等，家庭功能障碍能够很自然地转化为儿童成长障碍，育儿事宜过分倚重家庭本身既无限放大了家庭在育儿过程中的话语权，也增加了对违规家庭处罚的沉没成本。一个典型的例证是，今天当儿童独居不被法律所承认并被证实会对儿童

① Aiken, M., & Bode, I., “Killing the Golden Goose? Third Sector Organizations and Back-to-work Programs in Germany and the UK”, *Social Policy & Administration*, Vol. 43, 2009, pp. 209-225.

② Dahlberg, L., “Interaction between Voluntary and Statutory Social Service Provision in Sweden: A Matter of Welfare Pluralism, Substitution or Complementarity?”, *Social Policy & Administration*, Vol. 39, 2005, pp. 740-763.

③ Chaney, P., & Wincott, D., “Envisioning the Third Sector's Welfare Role: Critical Discourse Analysis of Post-Devolution Public Policy in the UK 1998-2012”, *Social Policy & Administration*, Vol. 48, 2014, pp. 757-781.

造成更大的家庭忽视、校园暴力等风险时，儿童独居仍然在农村地区广泛存在，将儿童置于独居状态的名义监护人也没有受到应有的法律约束、惩罚和处置，这无疑是我国不良儿童福利组合及其过于倚重家庭福利提供所具有的显性缺陷。

二　儿童福利制度的时代转向

（一）儿童福利组合的重塑

基于如上事实，如何实现儿童福利责任的有效重塑，将家庭内部福利责任共担机制转变为真正的多元主体责任共担机制，并利用相关制度安排切实督促多元主体在儿童福利提供中正确履责就成为未来政策的重中之重。从现实来看，我国三个育儿现状短时间内难以改变，这决定了我国以家庭为主体的福利组合必须尽快完成较大的转变：一是离婚率上升、家庭核心化及跨区域劳动力流动等因素导致的家庭功能障碍短时间内难以根本性逆转，但核心家庭所承担的养老、助残和育儿压力反而节节攀升，家庭照顾能力衰减与家庭照顾压力增加之间的矛盾将长期存续。二是亲属类型与数量的减少、婚育年龄的推迟和祖辈老龄化迅速等趋势明显，父母之外的亲属尤其是祖辈亲属能够提供的替代性养育能力呈衰减态势，儿童福利责任履行的家内循环可能会开展得越来越艰难。三是我国第三次分配的建设长期以来严重滞后，公益慈善、志愿服务等民间社会力量的成熟度不高，据统计 2015 年我国慈善捐赠、志愿服务和社会组织增加值折算后的总量不到 2000 亿元，相加后约占 GDP 的 0.25%①，这使得民间力量短时间内成为主要替代力量的可能性很低。

上述三个方面的育儿现状使我国应当积极考虑降低现有家庭福利提供的

---

① 关信平：《当前我国社会政策的目标及总体福利水平分析》，《中国社会科学》2017 年第 6 期。

“单核心”作用，而应充分激发公共部门、学校和民间社会在福利提供中的“三驾马车”功能，维护前者在儿童福利提供中基础地位的同时，切实加强政府在家庭履职指导、社区/学校儿童福利项目建设、公益慈善力量引导等领域的资源整合，充分提高公共福利服务项目的落地能力，改变过去过度依赖家庭成员实现福利兜底的福利组合，逐步改变“父母+亲属”的家内福利循环形式，全面形成核心家庭（基础责任）、亲属（辅助责任）、公共部门（引领责任）、社区/学校（托举责任）和民间社会（参与责任）协同参与的新型福利组合形式（见图 7-3），切实改变家庭在当前福利提供过程中责任过重的实践境遇。

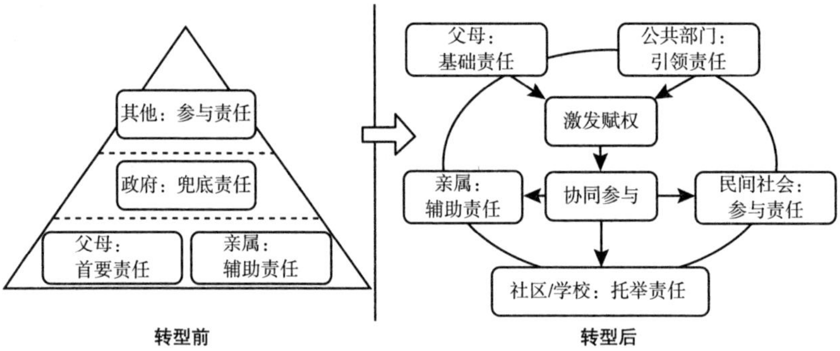

图 7-3　我国儿童福利组合的重塑

相比于原有的儿童福利组合，新型儿童福利组合更加强调三个维度：一是鉴于兜底型政策过于狭窄的覆盖范围以及对儿童福利服务的促进不足已经展现出明显不适应新时期民生保障格局的趋势，我国的公共部门要在新一轮儿童福利体系建设中发挥更大的引领作用，充分为每个家庭赋权增能。二是我国的社区和学校必须积极发挥自身在儿童福利体系中的“托举”能力，利用微观环境的改善来控制留守儿童等特殊弱势儿童的虐待、忽视、欺凌以及由此导致的心理与行为问题。三是民间社会力量需要更好地被激发，通过更多的公益慈善以及志愿服务来健全基本公共服务薄弱地区的儿童福利输送渠道。在这一新型福利组合的建设过程中，公共部门的作用发挥将是决定性的，因为发展中国家的大量经验显示“公私发展组合”（Public-Private Development Mix，PPDM）模型很可能因公共部门、私营部门两者在资源占有上的不对等性而变得虽美好但脆弱[①][②]。因此我们必须高度强调公共部门在长期普惠型民生建设领域所能发挥的引领作用[③]，在中短期内则应重点打通限制儿童福利递送的“最后一公里”障碍。

具体而言，我国应当在五个方面尽快进行政策优化：第一，公共部门亟须迎来一场儿童福利重大思想变革来明确普惠型儿童福利的转型方向。调查显示当前我国留守儿童关爱保护政策的落实情况还有较大欠缺，家庭以外可感知的福利提供对于相当比例的留守儿童而言严重匮乏，过度强调公共部门的兜底责任使针对特定儿童的公共服务投资热情羸弱，由此导致特定儿童在抑郁情绪、越轨行为方面的巨大风险未来可能会带来更大的长期经济损失，因此迫切需要一次大规模的福利思想变革来凝聚儿童福利建设的全民共识，使公共部门逐步走出建设高质量民生保障制度就是实行福利国家高福利的“自惧式”思维[④]。在政策建设领域，国家应当凝聚民生建设的部门共识，以乡村振兴和共同富裕为主要切入点，在这场转型行动中主要以强化院外儿童福利服务普惠性、推动乡村儿童服务职业化、完善儿童福利提供的监测评估体系以及构建可获得的专业支持等四方面为主要目标，着力破解当前儿童公共福利服务严重缺失的问题。

第二，我国应当通过严格且高效的家庭教育指导方案来督促家庭正确履职。从长期来看，家庭仍然在儿童照顾体系中发挥着不可替代的作用，其基础性地位未来也必然需要得到普遍坚持。目前我国单亲家庭和留守家庭等多类型功能障碍家庭有趋于重合的趋势，离异父母中有相当比例会放弃或部分

---

① Wigell, M., "Political Effects of Welfare Pluralism: Comparative Evidence from Argentina and Chile", *World Development*, Vol. 95, 2017, pp. 27-42.

② Shi, S., "The Bounded Welfare Pluralism: Public-private Partnerships under Social Management in China", *Public Management Review*, Vol. 19, 2017, pp. 463-478.

③ 关信平：《全面建成小康社会条件下我国普惠性民生建设的方向与重点》，《经济社会体制比较》2020年第5期。

④ 王思斌：《我国社会政策的实践特征与社会政策体系建设》，《学海》2019年第3期。

放弃自身育儿职责，他们在前往外地务工的同时与子女的情感联结甚至经济联结较少，且在现行法律框架下没有有力的惩罚威慑机制。考虑到家庭在未来仍然会发挥基础性的福利供给作用，我国应当依循新修订的《未成年人保护法》和《家庭教育促进法》等法律严格执法，在家庭福利责任履行过程中进行积极的指导、监督和干预，通过通用性家庭教育指导方案的普及提升父母的懂法守法意识，利用亲子活动或家庭成员活动来提升其育儿的技巧，通过公安机关、司法机关严格依法进行不履责家庭成员的督促、监管和惩戒，推动父母扎实落实育儿责任。

第三，我国应当通过持续推动既有社区儿童福利改革来破解儿童福利递送的“终点线困局”。社区为本的基本公共服务建设是基层治理现代化的重要内容，也是我国近年来开始着重发力的重要领域。囿于目前国家勉力支持下的诸多制度难以落地的关键症结在于“两个机构转型”和“一支队伍建设”的改革乏力，因此国家应当持续推动上述两项改革，尽快将基层未保中心和基层儿童福利院转型升级为信息统合/资源链接中心、临时庇护和干预中心、服务从业者培训督导中心，在做实儿童督导员、儿童主任的基础上推动其向专职或半专职社会工作从业者转变，利用乡镇（街道）社会工作站或民政服务站来增强基层服务者的从业“黏性”。此环节的核心工作乃是适度增加儿童福利的财政投资，加速基层民政机构改革，通过岗位聘任、政府购买等形式给予儿童福利从业者较好的薪资待遇和职业荣誉感，提升基层儿童福利工作者对于职业发展的稳定预期，使社区能够留住稳定从事事务干预的人员并为基层儿童主任提供持续的服务督导。

第四，我国应当在为教师赋权增能的基础上强化校园心理健康指导服务和校园欺凌干预服务的保障力度。目前学校也是家外儿童福利提供过程中的主阵地之一，在其场域内完成的家庭教育指导、安全保障、经济资助为功能障碍家庭提供了重要的支撑，但是其在实践中仍然存在心理健康问题和校园欺凌两项重大风险，迫切需要通过校园关爱服务体系建设来弥补漏洞，提高校园儿童关爱服务体系对于特殊困难儿童的“托举”能力。针对上述两个挑战，政府应当在农村校园持续强化心理健康指导教师的专有岗位，提升专业教师在心理健康指导与校园欺凌预防领域的技巧与素质，通过专业引导培育学生舆论领袖，畅通心理健康服务和暴力求助渠道，提高儿童抗逆力水平及风险求助意识，以综合性校园改革来实现校园场域对儿童福利供给的有效“托举”。

第五，积极利用第三次分配改革的良机彻底激发邻里互助、公益慈善和志愿服务等民间力量。长期以来我国民间力量在基本民生福祉领域所发挥的作用非常有限，这既有公民意识觉醒偏弱的问题，也有公益慈善领域的体制机制未能捋顺的问题。当前我国农村社会蕴含丰富的“恤老慈幼”“邻里守望”民间慈善资源有待政府开发，志愿服务的简单化、形式化及志愿团队的专业性不足严重影响民众参与到志愿服务进程中①②，农村公益慈善市场不够充分与稳定也限制了民间力量的广泛参与，因而积极通过农村“五老”服务的制度激活、专业社会组织的孵化培育、民间慈善观念的优化调整和社会舆论的正确引导来带动农村社会形成留守儿童关爱保护的良好氛围也是相当必要的。

（二）儿童福利转型升级的基础

幸运的是，今天的中国已经意识到相关问题并正在考虑对儿童福利组合进行转型升级。在立法层面，以新颁布的《民法典》《未成年人保护法》《中国儿童发展纲要（2021—2030 年）》等为代表，我国近年来通过多个维度的举措增强了对多主体福利提供的约束力：一是新颁布政策从体系设计上对多主体的福利责任进行了明确规范。例如，新修订的《未成年人保护法》通过 10 个条款的“家庭保护”、17 个条款的“学校保护”、22 个条款的“社会保护”和 19 个条款的“政府保护”分别对家庭、学校、民间社会和公共部门的责任进行分门别类的说明，条款明确阐释了儿童相关利

---

① 陆士桢、蔡康鑫：《社会治理现代化视野中的志愿服务运行与管理》，《中国青年社会科学》2021 年第 6 期。

② Shi, S. , “The Bounded Welfare Pluralism: Public-private Partnerships under Social Management in China”, *Public Management Review*, Vol. 19, 2017, pp. 463-478.

益人在救助性服务、保护性服务和预防性服务等领域的关键问题，对于形成广义儿童福利提供的多主体合力具有重要价值。二是新颁布的政策注重夯实家庭的福利责任履行。新出台的两部法律不但明文规定了监护人的 10 项监护职责与 11 项禁止行为，对监护人的委托监护权责提出了法定要求，而且阐明了国家监督监护人履职的法定义务，强化了国家督促家庭作为基础及首要儿童福利提供者的能力。三是新政策明确了公共部门在儿童福利建设方面的职能定位。相比于以往的法案通常以泛泛的保护原则来界定政府责任，在新修订的《未成年人保护法》中新增了“政府保护”专章，通过专有条款的规定对于各级民政、教育、公安、卫生健康及基层政府在儿童安全、教育、健康、免疫、救助、监护、设施建设、心理健康指导等方面的部门责任权属进行了规定，尤其是其对负有兜底保障义务的民政部门在家庭监护监督指导、救助监护等方面工作提出的 8 条 15 项具体要求对于夯实政府的福利责任履行意义巨大。四是新颁布的政策对于社区、学校和民间社会等多元主体进行了正向的引导。其中，在社区和学校的相关规定中主要突出了社区岗位设置、社区寻访、校园暴力、失学风险、校园欺凌、关爱帮扶、安全管理、性教育和心理健康教育方面的责任，在民间社会领域则积极鼓励社会组织、志愿团队和非正式网络在家庭教育、发现报告、案件转介和干预治疗等儿童全流程服务过程中发挥其专业能力。更加难能可贵的是，新修订的法规政策还通过一系列举措强化各方力量的责任。通过家庭教育指导、委托监护监管、问题家庭惩戒、未成年从业者黑名单、侵害报告、全国儿童保护热线、社区儿童服务专岗、安置庇护、评估帮扶等九项制度的设立，我国不但首次将留守未成年人和困境未成年人关爱帮扶纳入法律框架中，而且强化了“预防—早期介入—响应”的全过程服务链（见图 7-4）。

在政策落实层面，近年来我国也在为儿童福利组合的转型升级做前期准备。首先，财政支出规模的快速提升为公共育儿福利项目的开展奠定了经济基础。2018 年我国与民生福祉密切相关的“教育支出”“社会保障与就业支出”“医疗卫生与计划生育支出”分别达到 3.22 万亿元、2.71 万亿元和

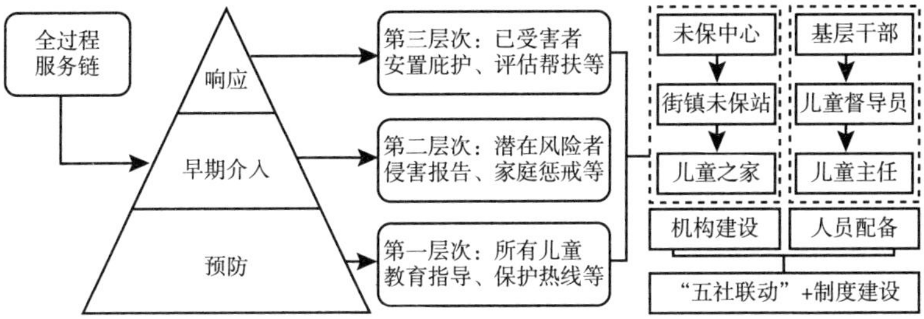

图 7-4　我国“预防—早期介入—响应”全过程服务链

1.57 万亿元①，该数据相比于 2009 年的 1981 亿元、3297 亿元和 1277 亿元分别增长了 15.25 倍、7.22 倍和 11.29 倍②。这种快速的经济发展势头及显性的财政投入增加为普惠型儿童福利项目建设提供了资金保障。其二，党和国家机构改革后的民政工作新格局为政府兜底保障奠定了组织基础。在近年来的机构改革中，民政部出现了较大规模的部门调整，不但救灾、优抚安置、医疗救助等传统业务被剥离出民政系统，而且养老服务、儿童福利、社会工作等业务职能也得到加强。同时，中央社会工作部的成立也为我国未来社会工作实践的发展指明了新方向，这显然为我国儿童福利的良性发展及提高儿童福利投资的效率做好了组织准备。其三，近年来“两个机构转型”和“一支队伍建设”已经实质性地迈出了院外儿童福利服务的转型步伐。通过将孤弃儿童集中至条件较好的区域性养育中心极大限度地释放了基层儿童福利机构和基层未保中心的养育潜力，为其转型成为社区为本的信息统合/资源链接中心、临时庇护和干预中心、服务从业者培训督导中心创造了条件。而乡镇层级儿童督导员和村居层级儿童主任的普遍建立则在名义上实现了儿童家外监督监护的“专人管理”，据统计截至 2019 年底，我国已建立由 67.5 万名村居儿童主任、28.9 万个儿童之家（或儿童中心）和 25.2

---

① 《2018 年全国一般公共预算决算表》，财政部网站，http：//yss.mof.gov.cn/qgczjs/index.html，2019 年 5 月 7 日。

② 《2009 年全国一般公共预算决算表》，财政部网站，http：//yss.mof.gov.cn/qgczjs/index.html，2015 年 2 月 3 日。

万个社区服务中心（站）组成的基层儿童福利服务体系[①]，这为后续开展高水平的专业服务提供了人力准备。其四，我国陆续开展的儿童福利综合试点为政府、学校和社区的福利项目实施奠定了经验基础。近年来，各部门通过“中国儿童福利示范区项目”（2010）、“适度普惠型儿童福利制度建设试点”（2014）、“农村留守儿童关爱保护和困境儿童保障示范活动”（2018）等试点行动及“家庭暴力受害人庇护”（2015）、“留守儿童关爱保护”（2016）等专项行动为儿童福利服务提供的理念转变、物资投送、人才培育、机制建设、过程监管和效果评估积累了宝贵的经验。此外，地方政府积极探索的校园暑期托育、强制报告、热线电话、临时安置、儿童评估、案件转介、强制剥夺监护权、“四点半课堂”和留守儿童之家等制度也为社区和学校平台普及儿童福利服务提供了试点方案。

（三）儿童福利转型升级的障碍

当然现实中，长期以来对家庭福利提供的过度依赖及附着其上的机制设计仍然深刻限制了这一转型进程。具体而言，影响基层儿童福利递送能力的三重障碍需要尽快在制度上加以破解（见图7-5）：一是从财政支出结构角度看，目前我国儿童福利能够获得的财政资金仍然非常有限。以2017年财政部公布的数据为例，当年度我国儿童福利的财政投资规模仅为57.17亿元，约占狭义社会福利（民政福利）投资额的8.38%，约为社会保障和就业总投资的0.23%，约为全国财政支出的0.28‰[②]。此外，由于儿童福利通常被认为是地方性事务，中央财政在儿童福利总投资中的占比也很低，部分地区对于儿童福利事务的不重视也进一步导致其财政支出比较紧张。二是我国基层儿童福利服务队伍建设仍然相对缓慢。目前我国“两个机构转型”遭遇瓶颈，基层未保中心和基层儿童福利院由于人员编制和部门意愿等难以

① 乔东平、黄冠：《从“适度普惠”到“部分普惠”——后2020时代普惠性儿童福利服务的政策构想》，《社会保障评论》2021年第3期。

② 《2017年全国一般公共预算支出决算表》，财政部网站，http：//yss. mof. gov. cn/qgczjs/index. html，2018年5月3日。

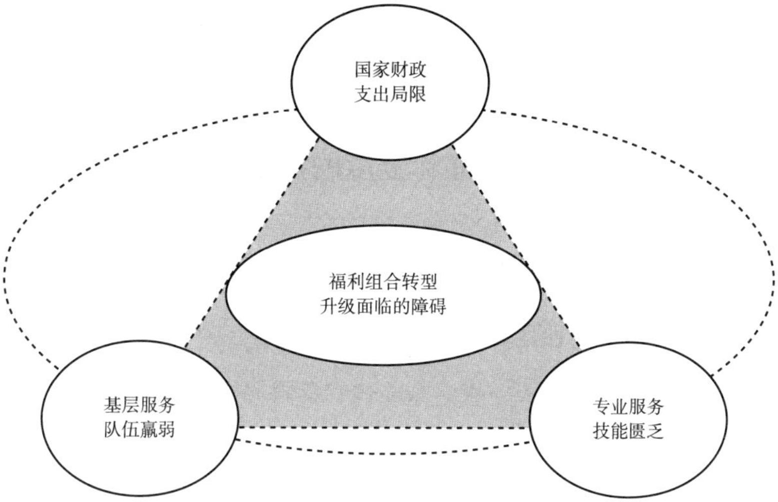

图 7-5　儿童福利组合转型升级的障碍

转型成为院外儿童服务的支持中心。“一支队伍建设”则因财政拨款不足不能形成专人专岗，这对于本就面临繁重工作的基层民政干部而言无疑将增加沉重负担。另外基层群团组织的人手也非常紧张，很多业务开展均为兼职人员，这会进一步加剧基层儿童福利队伍的人员紧张。而我国公益慈善、志愿服务、邻里互助等第三方力量的缓慢发展也限制了其协助公共部门参与儿童福利建设的能力。三是我国一线儿童福利从业者普遍面临着专业技能不足的问题。实践中，基层儿童福利从业者在医疗康复、特殊教育、心理健康指导、社会工作干预等专业技能方面的严重不足深刻限制了社区儿童福利服务提供的质量，并使得部分儿童福利服务流于形式或同质性过强，而独居留守儿童最为关注的校园暴力干预、心理健康指导等服务恰恰是需要较强专业服务技能的领域。专业服务能力匮乏的背后是长期以来基层儿童福利从业者待遇低、工作强度高、专职率低、稳定性差所导致的低就业吸引力和高从业流失率，以及国家对儿童服务相关专业教育、培训和资格认证体系的不重视。从整体上看，尽管儿童福利提供组合的调整方向是明确且笃定的，但当前制度向普惠型方向转型仍然会因国家财政支出结构、基层服务队伍以及专业服务技能等现实障碍而不能真正落地，这也恰恰是儿童福利项目难以真正落地并被儿童所认可的原因。

三 儿童福利制度的建设方略

（一）儿童福利转型升级的历史必然性

前文已经阐释了福利组合结构性失衡及儿童福利体系的脆弱性主要来自国家财政支出有限、基层服务队伍羸弱和专业服务技能匮乏三个方面，这些因素共同促使以留守儿童为代表的特定弱势儿童具有国家福利的低获得感。但从根本上看，我国儿童福利建设的三重障碍主要来自国家在社会保障构架中对社会福利过于边缘化的制度设计，而彻底解决上述问题必须且只能有赖于对现行社会保障架构重资金而轻服务、重保险而轻福利、重效率而轻公平的制度格局做出重大调整，以构建资金保障和服务保障均衡发展的新型社会保障形态。或者说，如果我们将儿童福利建设放置在中国社会保障构架中去观察，当前我国亟须对新时期的社会保障整体框架体系进行较为全面的反思与重塑。

从历史维度追溯这一问题，我国社会福利边缘化的制度设计逻辑源于改革开放初期的四个时空背景，因而其具有特定时期的历史合理性。首先，以普惠性为主要特征的社会福利制度在全球构建的过程中通常是最晚的，其在西方各国的构建时代约为 20 世纪 40 年代末到 60 年代末的福利国家建设时期，其相比于近代社会救助制度的开端 1601 年的《伊丽莎白济贫法》和社会保险制度的开端 19 世纪 80 年代的德国三大社会保险法案明显更晚。制度构建时间更晚的原因主要来自两个方面：一是以“公民权”（civil right）为基础的社会福利获取资格以及社会福利服务提供的天然高成本使得这一制度相比于其他制度更为“奢侈”，因而推行政策时也要达成更全面与稳定的全民共识，这需要时代启蒙以及特定历史事件的深刻影响来凝聚这种共识。二是社会救助、社会保险和社会福利分别是回应农业时代、工业时代以及后工业时代主要风险的典型制度①，故社会福利建设也需要与民众日益觉醒的福利需要相匹配。考虑到社会保障建设初期的1985年，我国人均GDP仅为866.6元②，即使在不考虑物价变动的前提下，相比已有现代化国家迈入普惠型社会福利门槛时普遍超过3000美元的标准也存在极大差距，且1985年我国的财政支出总额仅为1825.9亿元且国家财政略有赤字③，因此我国既在财政上无力构建如此成本高昂的社会保障项目，也无力在促进劳动生产率快速提升的关键期来实现“共同富裕”分配方案的形成，故我国在改革开放初期积极保留了原有社会福利的“补缺型”特征是具有合理性的。

其次，任何一场社会保障改革必须尊重和重视改革成本，因而在我国社会保障架构初创期就必须综合考量原有制度的红利及转轨代价。计划经济时期，作为民生保障政策核心的单位/集体制福利本质上是以劳工福利为纽带、以“国家—单位/集体—劳动者—家属”为链条来提供全民福祉的，这种制度将大量的社会福利津贴和社会福利服务进行了隐形化。由计划经济向市场经济转型是我国实现劳动力增长及主动融入全球产业链的必要之举，但在客观上为我国的基本民生保障工作带来了显著难题，即为增强企业全球竞争力就必须将单位体制下的福利商品化，人口规模巨大条件下的改革成本必然会成为国家制度重建过程中优先考虑的方向，以工资适度比例来维系企业职工与原有单位在养老和医疗上的福利关联成为成本最低的选择。实践中，当单位/集体因市场改革而面临自负盈亏的问题时，单位和集体迫切需要降低养老、医疗等企业的繁重社会责任以适应市场经济的激烈竞争，牢固锁定劳工与企业的福利关联并将就业、物价、工资和

① 郑功成：《中国社会福利改革与发展战略：从照顾弱者到普惠全民》，《中国人民大学学报》2011年第2期。

② 《中国统计年鉴2021》，国家统计局网站，http://www.stats.gov.cn/tjsj/ndsj/2021/indexch.htm，2022年7月10日。

③ 王丙乾：《关于1985年国家预算执行情况和1986年国家预算草案的报告》，中华人民共和国中央人民政府网站，http://www.gov.cn/test/2008-03/24/content_927174.htm，2008年3月24日。

单位福利等隐性社会政策成本显性化就成为公私机构的最优选择，这一选项显然对于以收入关联为基础的社会保险制度而言是最友好的，而福利待遇与公民资格高度捆绑的社会福利制度就难以在市场改革初期得到政策制定者的青睐。同时，政府当时在财政上的不充裕性、对于市场机制参与福利建设的充分信心以及特定历史条件下劳动密集型产业的限制[①]，也使以社会保险为主体的改革表现出最佳的福利机制与市场机制契合性，这一制度随即成为社会保障框架的核心。

再次，东亚福利体制是影响我国社会保障架构的另一重诱因，其“儒教特色”、“家庭中心”和“生产主义”的特点[②]在降低政府福利责任、削减政府福利财政支出的同时也为其社会福利投资较少的制度设计赋予了体制合理性，因此我们发现东亚国家在部署普惠型社会福利政策时往往较为谨慎，有研究甚至表明“亚洲国家社会福利的开支往往仅仅为 GDP 的 5%以内，给予失业人口、老人、穷人、残疾人的财政平均支持水平仅为联合国规定的 35%”[③]。考虑到我国社会保障建设初期财政资源有限，积极推动以家庭为中心、以免费家务劳动为标志的保障形式能够合理利用福利体制优势来提高我国特定时代的财政支出效率，也有利于我国的社会保障资金聚焦就业、反贫困等更加急迫的民生福祉问题。

最后，我国改革开放初期在学理上仍然无法使用中立的态度来评价西方社会福利理论，由西方社会福利理论所支撑、由已有现代化国家经验所验证的普惠型社会福利制度难以获得理论界的高度认同。20 世纪 80 年代社会保障架构初创期，我国面对西方国家的福利改革基本维持了批判性的态度，西方国家 20 世纪 70 年代末期开展福利组合的调整未能被视为一种福利治理形式的综合改革，反而会在意识形态领域给予较多的批评，加之公共管理、社

① 关信平：《中国共产党百年社会政策的实践与经验》，《中国社会科学》2022 年第 2 期。

② 需要指出的是，目前也有一部分学者对于东亚福利体制是不太认可的，故有关东亚福利体制是不是一个单独的福利体制并表现出独立的福利特征在学术界尚有争议。

③ 郑功成：《从高增长低福利到国民经济与国民福利同步增长——亚洲国家福利制度的历史与未来》，《天津社会科学》2010 年第 1 期。

会学学科建设在当时仍然方兴未艾，因而对于普惠型社会福利建设的长期成效缺乏深刻的学术认知①。基于此背景，我国改革开放以来的社会保障建设自初创时期开始就形成了以社会保险制度为主体、以社会救助制度为兜底、以社会福利制度为边缘的社会保障格局，老年人、儿童和残疾人等社会福利保障对象及其保障形式仍然延续了 20 世纪 50 年代的狭义标准，这一制度设计方案得到了当时绝大多数学者的认可。

时至今日，市场经济下的社会保障发展已近四十年，其原有的时空背景已然有了天翻地覆的改变，这也决定了我国需要重新思考当前社会保障布局的合理性并深刻认识到构建普惠型社会福利体系的历史必然性。首先，经过改革开放 40 余年的快速发展，我国 GDP 已经从 1992 年②的 23938 亿元迅速增长至 2021 年的超过 114 万亿元③，人均 GDP 也从 30 多年前的 2043 元跃升至 2021 年的 80976 元④；与此同时，2021 年我国“社会保障和就业”的财政支出总额已经达到 33867 亿元⑤，其相比于十年前增长了约十倍，这为我国下一阶段提供高质量的普惠型社会福利项目奠定了重要的物质基础。其次，我国在社会保障初创时期的诸多转轨红利因经济社会形势的变化而逐步转化为严重的社会风险，以社会福利服务不足为代表的典型问题严重制约了社会保障功能的发挥，现代社会的典型福利服务问题如老人照顾问题、院外儿童保障问题、低收入群体文化贫困问题和残疾人照护问题等都越来越难以通过家庭的主责承担以及政府有限的资金兜底来化解，因而社会福利领域的财政投资局限就容易转变为养老、育儿和助残等诸多领域的社会代价，这与我国持续提升民生福祉并保障基本公共服务均等化的国家

---

① 万国威：《我国社会福利制度的理论反思与战略转型》，《中国行政管理》2016 年第 1 期。

② 本研究使用了 1992 年的数据进行对比，因为 1991 年及以前国家统计局公布的数据是以“国民生产总值”或者“工农业生产总值”而非“国内生产总值”进行统计的。

③ 《全国年度统计公报》，国家统计局网站，http：//www. stats. gov. cn/tjsj/tjgb/ndtjgb/index_ 1. html，2022 年 2 月 28 日。

④ 《全国年度统计公报》，国家统计局网站，http：//www. stats. gov. cn/tjsj/tjgb/ndtjgb/index_ 1. html，2022 年 2 月 28 日。

⑤ 《2021 年财政收支情况》，财政部网站，http：//gks. mof. gov. cn/tongjishuju/202201/t20220128 _ 3785692. htm，2022 年 1 月 29 日。

愿景相冲突，并为我国社会福利的转型升级提供了社会基础。再次，日韩等东亚国家近年来因普遍性的少子老龄化威胁正在向保守社团主义转型，其部分国民在巨大家庭照顾压力下选择以“躺平”方式来变相抗争，政府被迫在老年人居家照顾、公共托育、儿童假期看护、残疾人护理等诸多方面提升了财政预算以避免出现伦理危机，一个典型的例证是日韩两国近年来的儿童福利立法都强化了政府在福利提供中的责任。与此类似，我国近年来的民意在实证调查中不但表现出对国家福利责任的积极期待①和对收入差距的明确感知②，体现出新生代对既有社会政策的强烈不满和改革决心，而且近年来我国在“共同富裕”“共享发展”“第三次分配”等重要民生保障领域凝聚了新共识，国家认识到人民日益增长的美好生活需要和不平衡不充分的发展之间的矛盾业已转化为当前社会的主要矛盾，让所有民众共享改革开放的宝贵制度成果才符合中国特色社会主义的核心要义，这为普惠型社会福利的持续建设奠定了思想基础。最后，随着近年来我国公共管理和社会学等学科的不断完善，特别是随着一批广义社会福利的拥趸者从海外学成归来，我国学术界对欧美各国的社会福利制度安排及其优势劣势有了更为深刻且清醒的认知，学者们普遍意识到在民生保障领域中国与欧美国家日益面临相似的现代化风险及因应之策，因而“全球社会保障制度模式各异，多样化发展，但又殊途同归”③，这为我国构建符合时代诉求的普惠型社会福利奠定了学理基础。

（二）儿童福利转型升级的现实必然性

实践中，推动我国儿童福利转型升级并推进普惠型社会福利发展的国家责任也具有深刻的现实必然性。与儿童福利的中西方差异一样，在西方视野下被广泛视为“国家依法为公民提供旨在保证一定生活水平和尽可能提高

---

① 万国威：《中国大陆弱势群体社会福利态度研究》，《公共管理学报》2015 年第 1 期。

② 岳经纶、张虎平：《收入不平等感知、预期与幸福感——基于 2017 年广东省福利态度调查数据的实证研究》，《公共行政评论》2018 年第 3 期。

③ 郑功成：《中国社会保障改革与未来发展》，《中国人民大学学报》2010 年第 5 期。

生活质量的资金、物品、机会和服务的制度”[①] 的广义社会福利概念在我国被转化为“专为弱者提供的带有福利性的社会服务与保障”[②] 的狭义社会福利概念，并在制度设计中和社会保险、社会救助、优抚安置等一起被视为社会保障架构的必要组成部分。这一设计原则不但与西方国家重视收入与服务均衡保障的制度建设逻辑存在显著差别[③]，而且决定了“在许多国家中仅仅意味着社会保险和现金救济的社会保障一词在中国反而成为包含一切的总称。相反，社会福利服务、社会救助和优抚安置等重要的项目则变成了这一社会保障制度的组成部分，从制度上被降低到福利制度的较为次要的组成部分”[④]，这与人类社会的普遍民生建设规律并不相符。不仅如此，从国家在重要文件中的官方表述[⑤]、财政分配结构[⑥]及人员编制安排[⑦]来看，我国包含儿童福利在内的社会福利制度也明显弱于居于主体地位的社会保险制度，处于三大基础性社会保障制度的最边缘地位，这种失衡的制度保障形式也与我国多种社会保障形式均衡发展、同步共进的长期愿景并不相符。尽管实践中这种制度设计能够节省部分育儿领域的公共福利开支并可集中精力用于扶贫开发、养老保险、医疗保险等更加急迫的社会保障事务，但却是以遏制国家推动社会福利普惠性发展的动力和积极性为代价的，这不仅在一定程度上压抑了后工业社会日益增长的民众福利服务需要，而且使民众福利服务缺失的

---

① 彭华民：《中国组合式普惠型社会福利制度的构建》，《学术月刊》2011 年第 10 期。

② 陈良谨主编《社会保障教程》，知识出版社，1990。

③ 刘继同：《社会福利制度战略升级与构建中国特色福利社会》，《东岳论丛》2009 年第 1 期。

④ 尚晓援：《“社会福利”与“社会保障”再认识》，《中国社会科学》2001 年第 3 期。

⑤ 我国在近年来主要党政重要报告中对社会保障问题的阐释一般的顺序为：社会保障基本原则、养老保险、医疗保险、其他社会保险、社会救助、社会福利、公益慈善等。

⑥ 以 2017 年财政部公布的数据为例，社会福利制度的总财政支出金额为 680 亿元，社会救助制度中城乡低保的支出约为 1476 亿元，基本养老保险制度和基本医疗保险制度的补助则分别为 7449 亿元和 5024 亿元。

⑦ 在党和国家机构改革前，我国社会保险主要的管理部门为人社部养老保险司、医疗保险司（后被调整至医疗保障局）、工伤保险司、失业保险司、农村社会保险司等，社会救助管理部门主要有民政部社会救助司和救灾司（后被调整至应急管理部）等，而社会福利的管理部门仅为民政部社会福利与慈善促进司和社会事务司一部分（改革后分为儿童福利司、老年服务司和社会福利与慈善促进司一部分）。

不良后果及由此造成的隐性财政负担被放任与放大，例如有证据显示仅2010年我国因儿童保护性服务不足而造成的长期经济负担达到1031亿美元①。

整体上看，今天我国儿童福利组合的结构失衡及儿童福利体系的脆弱性可以在制度上归结于社会福利建设的认知与实践长期被边缘化，这一边缘地位的存在虽然具有历史合理性，但是随着我国经济发展、社会矛盾、思想共识和学理认知四个时空背景的转换已经亟须进行改革。或者说，我国儿童福利体系的脆弱性看似是单纯的儿童福利建设与发展问题，但是其背后却深刻关系到我国社会保障架构能否真正抑制“儿童照顾赤字”转变为“儿童照顾危机”② 以及其能否真正发挥社会保障在后工业时代的重要功效，深刻关系到当前社会保障体系设计的合理性。研究认为，尽管我国近年来社会保障制度取得了快速的进步，但是民众对于各项社会福利服务质量及其均等化的要求也在不断提高③，尤其是针对弱势群体的普惠型服务不足已经极大地限制了当前社会保障功能的完全发挥，对于民众获得高质量的福祉并由此产生充裕的福利获得感相当不利。因此，彻底破解儿童福利获得感难题并寻求儿童福利提供领域的良性福利组合必须加强针对儿童的社会投资，强化“儿童投资型国家”的建设理念④，必须着力降低现有福利服务体系中对家庭尤其是核心家庭的过度依赖，必须根本性扭转国家对社会福利事宜的长期边缘化认知并勉力夯实社会福利转型升级过程中的政策落地能力，必须将社会福利制度建设放置在与社会保险制度、社会救助制度建设同等重要的基础性地位，这样才可能在社会福利资源投入及其可实现途径方面有所作为，真正实

---

① Fang, X. M., Fay, D. A., Ji, K. & et al., “The Burden of Child Maltreatment in China: A Systematic Review”, *Bull World Health Organ*, Vol. 93, 2015, pp. 176-185.

② 岳经纶、范昕:《中国儿童的照顾政策体系：回顾、反思与重构》,《中国社会科学》2018年第9期。

③ 关信平:《当前我国社会政策的目标及总体福利水平分析》,《中国社会科学》2017年第6期。

④ 万国威、裴婷昊:《迈向儿童投资型国家：中国儿童福利制度的时代转向——兼论民政部儿童福利司的建设方略》,《社会工作与管理》2019年第4期。

现儿童福利提供水平和获得能力的大幅跃升。总体来看，我国儿童福利迫切需要解决“历史欠账”问题的深层次制度意涵乃是重塑社会福利在社会保障大格局中的制度定位，而推动现阶段社会福利整体地位的提升不但是完善社会保障制度“织密兜老”属性及增强其经济社会发展适应性的关键步骤，也是实现我国基本公共服务均等化和促进共享发展的重要举措。

第八章
结论、讨论和建议

一　留守儿童问题是儿童福利制度局限的微观镜像

“保障妇女儿童合法权益”和实现高质量的“幼有所育”是党的二十大报告做出的庄严承诺①，也是我国深入践行普惠性、基础性和兜底性民生保障政策并不断实现人民对美好生活的向往的建设方向。具体到儿童福利领域，儿童对既有福利提供的获得感既是检验当前制度普惠性、可及性和有效性的核心标准，也是推动未来普惠性强且均等性高的儿童福利转型升级的重要基础，故从福利接受者角度去审视当前我国儿童福利体系中的多元主体责任转换形式并深入解构既有制度设计缺陷就变得尤为关键。实践中，尽管我国儿童福利制度近年来在覆盖范围、保障形式、机构建设和机制创新等领域都取得了长足的进步，但是囿于该制度长期以来坚持“补缺型”的发展理念并主要将院内福利作为工作重心，因此以留守儿童为代表的特定弱势儿童就有可能面临父母缺席而带来的严重福利缺失。基于 4943 名农村儿童的问卷调查以及 183 名被访者的深度访谈，当前有关我国留守儿童福利态度的研究可以得出五个基本结论。

① 习近平：《高举中国特色社会主义伟大旗帜　为全面建设社会主义现代化国家而团结奋斗——在中国共产党第二十次全国代表大会上的报告》，《人民日报》2022 年 10 月 26 日，第 1 版。

（一）留守儿童可感知的福利提供下降

研究首先发现，我国留守儿童的福利获得感相比于父母监护儿童显著下降。既有的定量研究观察到，以独居留守儿童为代表的监护缺失儿童通常具有较强的国家福利责任认同，其对国家在儿童福利布局中的角色、功能和价值呈现普遍的积极态度，尤其是在“促进家人陪伴”“保障周边安全”“减少校园欺凌”等方面的支持度达到近九成。这种高认同度一方面源于他们对公共部门合理分配社会财富并保障基本民生需要的高信赖感和高依赖度，另一方面也与他们在多方面面临较为窘困的童年逆境和不利处境有关。但是从感知到的福利提供来看，目前留守儿童的福利获得不但整体上相比于普通儿童明显偏少，而且独居、他人监护等特殊类型的留守儿童相比于亲属监护的留守儿童存在显著劣势，这证实家庭的功能性障碍事实上造成了儿童群体之间的分裂，严重去功能化的家庭可能是以牺牲子女福利获得水平为代价来勉力维持福利供应的。质性调查结果与此类似，独居、他人监护留守儿童在可感知福利提供领域比普通儿童更差，多数被访者在生活照顾、生病照顾、情感关怀、安全保障和心理慰藉等福利服务领域存在严重匮乏的现象，少数被访者甚至在资金保障方面也面临严重困境，这显示监护缺失经历对于儿童的福利获得已经造成明显的负面影响。综合定量和定性的分析结果，研究认为留守儿童尤其是有监护缺失经历的留守儿童可感知的福利提供远远落后于父母监护儿童，并突出表现在其保护性服务和预防性服务领域①，这已经严重威胁到其基本福利需要的满足并理应引起政策的高度关注。

（二）留守儿童可感知的家内福利缺位

研究还发现，我国留守儿童可感知的家内福利组合出现了明显的主体缺位。定量调查结果显示，我国单亲养育和部分亲属养育儿童尚能够实现家庭内部的福利代偿，其可感知的家内福利替代会显著增加，这在一定程度上弥

① 徐月宾：《儿童福利服务的概念与实践》，《民政论坛》2001 年第 4 期。

补了核心家庭福利提供下降而带来的福利缺失。但当独居、他人监护留守儿童的核心家庭出现功能性障碍后，其他家庭成员并不能实现有效的福利补偿，这些留守家庭通常会降低儿童的福利享有水平，而稳健的且能够及时回应儿童重大风险的家庭福利组合形式在这两类留守家庭并不能被观察到。定性调查结果也证实，由于选择让子女独居或由非亲属成人监护的家庭通常面临着贫困、丧亲或离异等家庭困境，且其他家庭成员往往也无力或无意为其子女提供保护性或预防性服务，因而其安全保障、生活及医疗照顾、社会风险就普遍需要以儿童自身力量来单独抗衡，家庭内部的福利责任共担机制事实上不能有效发挥作用。研究认为，既有儿童福利体系中过于倚重家庭的制度设计方案虽然以低社会成本较好地维系了部分留守家庭内部的福利循环，但对于严重去功能化家庭而言其家庭已经难以在儿童福利提供中发挥有效作用，儿童福利服务的家庭保障功能已经出现了明显的漏洞，故尽快建立充裕的福利多元主体责任共担机制在政策上极为必要。

（三）留守儿童可感知的家外福利局限

研究持续观察到，我国留守儿童可感知的家外福利提供依然羸弱。尽管我国政府近十年来积极推动“补缺型”儿童福利制度的转型，且通过村居儿童主任在农村社区构建起一套含纳社区寻访、强制报告、临时庇护、心理干预、留守儿童关爱保护活动等公共福利项目的院外儿童服务体系，但是从实操性来看，政府、群团组织、学校/社区的福利提供无论是在资源投入还是在实现途径方面都具有低感知度，独居、他人监护留守儿童等亲子分离儿童能够真正感受到的此类福利提供既在程度上有限又在地位上边缘，故我国院外儿童福利转型并未获得多数被访儿童的认可。此外，志愿组织等社会力量的作用虽然近年来也不断被政策倡导，但是实际上其能够发挥的作用也极为有限。定性研究结果同样显示，财政资金、人员队伍和专业技能等三方面的障碍限制了基层民政、教育、公安及带有部分行政功能的官方群团组织的功能发挥，既有社区为本的儿童福利制度难以为具有监护障碍的留守儿童提供有效的家外保护与支持，学校为基础的儿童福利服务面临着心理健康服务和校园安全保障等两方面的突出障碍，民间社会则因资源匮乏而难以在农村社会展现真正价值，故家外力量很难真正发挥福利补偿效应。研究意识到，我国家外儿童福利获得感低与其本身的儿童福利设计理念落后、公共财政投资有限以及政策落地能力弱有关，人员、经费及技能水平的约束导致现行政策不但难以维护真正有需要儿童的兜底保障，而且使社区、学校和民间社会的服务积极性不易调动，因而未来的儿童福利改革必须有效疏通政策执行的“最后一公里”，切实提高国家在关键公共福利项目方面的重视程度与落地能力。

（四）留守儿童的福利态度源自自利性需要

研究认为，我国留守儿童福利态度的形成主要源于自利性的风险防范需要。基于以往研究，自利性通常是成人福利态度形成的主要诱因，基于特定利益或特定风险，成年人会主动生成、调整或改变自身对于国家福利责任的依赖度①②。而本研究的定量结果同样显示，监护缺失的留守儿童对国家福利责任的认同及其对福利责任履行的评价通常也是以其感受到的实际风险为依据的，童年逆境所带来的多重压力事件塑造了特定儿童群体的主观福利期待，并使之自动降低了对于国家福利提供的正面评价。定性研究结果则进一步观察到，校园暴力、心理健康等风险构成了留守儿童日常生活的最大挑战，其最认同的公共福利项目也主要以消除上述威胁为导向，且当脆弱的儿童福利制度无法有效回应并降低既有风险时，被访者对此方面的福利评价会更加负面，这反映出相当比例留守儿童的主观态度是以对既有风险的感知为依据而形成的。综合上述研究结果，研究认为本质上看留守儿童福利态度的形成逻辑与成人世界一样带有典型的自利属性③，即当儿童意识到突出的风

① Papadakis, E., & Bean, C., “Popular Support for the Welfare State: A Comparison between Institutional Regimes”, *Journal of Public Policy*, Vol. 13, 1993, pp. 227-254.

② Pettersen, P. A., “Welfare State Legitimacy: Ranking, Rating, Paying: The Popularity and Support for Norwegian Welfare Programs in the Mid 1990s”, *Scandinavian Political Studies*, Vol. 24, 2001, pp. 27-49.

③ 万国威：《中国大陆弱势群体社会福利态度研究》，《公共管理学报》2015 年第 1 期。

险防范压力且制度无法有效应对上述风险时，他们通常就会对所期待的公共福利责任提出更高的要求并对既有的公共福利项目表现出更有限的福利获得感，因此当福利期待显著上升时其往往意味着社会风险在加剧。

（五）留守儿童的福利态度预示着制度变革

留守儿童福利态度的研究结果预示着我国需要迎来社会福利领域的重大变革。透过留守儿童福利态度调查一隅，研究清晰地观察到我国既有的儿童福利体系在实操层面与福利接受者的期待相去甚远，其近年来的政策进步和制度改革仍然未能被福利接受者广泛认可，被访者对于当前院外儿童福利制度的低普惠性、低可及性及高隐患性表现出了相当程度的负面评价，无法真正体现出现行制度可以较好地维系独居留守儿童的福利获得感。进一步的制度讨论结果显示，我国儿童福利制度的落地能力不足表面上看是民政部推动的“两个机构转型”和“一支队伍建设”政策执行效果不佳，但从根本上看则源于我国将包含儿童福利制度在内的社会福利制度放置在社会保障框架中过于边缘的地位，使得其在政策安排、机构建设和资金拨付方面与社会保险等资金给付型制度差距过大，从而难以在制度上实现福利资金与福利服务的均衡发展。尽管既有社会保险一家独大的社会保障架构在改革开放初期具有一定的历史合理性，但随着我国经济社会基础、政策转轨成本、东亚福利体制、学科学理建设等时空背景发生重大改变，现行制度已经越来难以回应后工业社会广大民众对照顾性服务需要的呼声，亟须通过一场针对社会保障框架的重大改革来解决新时期“家庭照顾赤字”的社会痛点问题。研究认为，留守儿童福利态度及其背后所反映的基层儿童福利服务匮乏可能仅仅是当前我国农村基层基本公共服务不充裕和不均衡的一个现实镜像，是我国兜底性民生保障政策“托底”能力不足及社会保障“织密兜牢”状况不佳的一个微观表征，但我们仍然期待以此为观察原点来撬动我国有关社会保障架构的深层次改革，以期真正实现家庭、公共部门、学校和民间社会等多维主体在特定儿童福利服务领域的协同共进。

二　系统改善儿童福利制度的具体举措

针对如上讨论，我国应当充分理解留守儿童福利态度的典型特征，深刻认识到其福利态度背后所反映的监护缺失儿童所遭遇的童年逆境及既有制度的羸弱性，积极明确既有福利态度对于国家构建普惠性强、可及性高和协同性强的院外儿童福利体系的重要启示，并从以下四个方面进行积极的政策调整。

（一）强化院外儿童福利服务的落地能力

我国应当在充分提升公共福利项目落地能力的同时尽快提升院外儿童福利服务的实际质量。当前，儿童福利转型升级的核心工作乃是政策的有效落实，故面对当前人员、资金和技术的三大障碍必须坚持如下五方面的具体举措。

一是要彻底改变儿童福利制度在整体社会保障大格局中过于边缘的地位。国家应当进一步优化当前社会保障的整体架构，扭转福利资金和福利服务的失衡关系①，尽快提高以儿童福利为代表的社会福利领域的财政投资力度及中央财政在总体财政支出中的占比，在政策上突出特定困境儿童福利资金和福利服务的双向并重保障形式，从而在维护底线公平的前提下“织密兜牢”社会保障网②。

二是要积极推动城乡均衡的普惠型儿童福利服务体系。国家应当将儿童福利事务纳入国民经济和社会发展规划，将相关经费纳入各级政府的年度财政预算中，并建立常态化的督查考核机制和稳定的经费保障机制，依法普及农村育儿领域的公共福利项目，推动补缺型儿童福利制度向普惠型儿童福利制度的全面转型，将农村儿童福利享有者的覆盖范围真正从“标准的小众”

① 郑功成：《面向2035年的中国特色社会保障体系建设——基于目标导向的理论思考与政策建议》，《社会保障评论》2021年第1期。

② 景天魁、毕天云：《论底线公平福利模式》，《社会科学战线》2011年第5期。

向“精准的大众”[①] 转移。

三是要将农村留守儿童问题的解决嵌入乡村振兴、共同富裕、社会治理体系创新和流动人口管理等重大战略部署中。国家应当利用产业回流和农民工培训等政策积极吸引部分农民工返乡创业或就近就业，应通过健全国民收入再分配来全面提升农业人口的基本收入水平并强化托底型社会政策的兜底保障能力，增强大数据技术在农村贫困人口和弱势儿童兜底保障工作中的精准识别能力，应通过农村社会治理机制的优化重组来强化“五社联动”在育儿体系中的作用，从而从根本上压缩留守儿童独居或变相独居的空间。

四是要扎实推进基层儿童福利项目的落地实践和畅通可实现途径。国家应当优先推动乡村儿童福利从业者的职业化，彻底解决儿童福利项目不能脱离试点的可持续发展问题，构建儿童福利从业者从人员选聘、专业培训到督导考核的综合保障制度，设置一线儿童福利从业者的固定岗位和专项津贴，构建各地儿童福利从业规范、督导及监测评估机制，在岗位聘任、资金统筹与技能培训等三个重点领域夯实一线儿童福利从业者的动机与能力，通过“最后一公里”的畅通来提高儿童福利项目的基层递送能力。

五是要鼓励各部门利用机制建设来破除院外儿童福利制度拓展过程中的关键障碍。当前我国社会福利服务领域难以“下沉”是社会政策体系结构的重点问题[②]，民政部门应利用地方社会工作站的建设来协同完善和提升儿童督导员/儿童主任的知识体系和实务能力，教育部门应通过心理教师的岗位设置与选配培训提升学校应对心理健康服务与校园欺凌干预的能力，公安机关应当着力打造校园氛围、社会环境并构建安全的儿童成长空间，其他官方群团组织应以社区和学校为依托积极拓展专业性强的心理健康、情感关爱、校园暴力干预等活动并增强困境儿童的主动发现、信息共享和资源链接能力。

---

① 顾严：《儿童福利：从“标准的小众”到“精准的大众”》，《中国民政》2018 年第 3 期。

② 林闽钢：《中国社会政策体系的结构转型与实现路径》，《南京大学学报》（哲学·人文科学·社会科学）2021 年第 5 期。

（二）构建“韧性家庭”生态系统

我国应当在严格督促家庭履职的同时为留守儿童构筑富有韧性的家庭支持型政策。当前，我国以留守儿童为代表的监护缺失儿童普遍面临着丧亲、离异及贫困等家庭功能障碍，并严重影响了其福利获得能力，因而需要从如下五个方面进一步加以政策优化。

一是严格落实既有法律法规中有关父母首要监护责任的法定义务。国家应当以新修订的《未成年人保护法》和《家庭教育促进法》等重要法律为依托，持续引导、督促和监管家庭在子女抚育及家庭教育领域正确履职，以社区和学校为主阵地对存在严重安全保障、物质匮乏和监护缺失隐患的家庭实施强制报告和强制家庭教育培训，以公安和司法机关为后盾对于不履行国家法定义务的家庭予以坚决惩治，避免儿童单独居住或多名未成年人独自生活等重大隐患的出现。

二是根本性扭转过度倚重家庭的儿童福利递送方案。正如刘继同所言，“中国特色、现代、普惠、广义儿童福利制度建设的当务之急和关键之举是重构中国特色现代儿童福利观和家庭福利观，中国特色现代儿童福利与家庭福利制度建设的福利责任主体是国家”①，考虑到现代社会育儿的高风险和低收益，国家应当正确认识儿童、家庭、政府和社会在育儿体系中的关系并构建育儿领域的“社会投资型国家”②。国家不应当再将现代家庭视为全能家庭而应利用社会政策投资及可及性强的公共福利项目适度降低其育儿负担，以避免“家庭照顾赤字”向“家庭照顾危机”转变③。

三是准确研判并积极因应新生代人口的婚姻观、家庭观、育儿观和福利观。国家应当正确理解社会福利新共识与家庭性别分工新共识对传统育儿模

---

① 刘继同：《中国特色现代儿童福利观的范围内容、层次结构与制度灵魂角色》，《人文杂志》2022 年第 1 期。

② 乔东平、谢倩雯：《西方儿童福利理念和政策演变及对中国的启示》，《东岳论丛》2014 年第 11 期。

③ 岳经纶、范昕：《中国儿童的照顾政策体系：回顾、反思与重构》，《中国社会科学》2018 年第 9 期。

式的冲击[①]，避免家庭照顾责任的过度隐性化和女性化，明确儿童照顾者的社会贡献并给予其适度补贴，尤其是对多子女家庭而言应当在税收减免、税收抵扣、育儿补贴和公共育儿服务项目优惠等方面给予显性的经济照顾，积极完善与留守儿童高质量成长密切关联的公共托育、学前教育、校园住宿和市场化托管监督等项目。

四是从源头上降低独居留守儿童及其家庭所面临的重大社会风险。鉴于童年逆境是影响被访儿童福利获得感的深层诱因，国家应当积极瞄准校园暴力、心理健康和情感忽视等去功能化家庭子女所面临的重大风险，做好普惠型政策预防、高风险儿童甄别筛选和问题儿童实务干预三个层面的介入服务，努力加强知识普及和技能倡导、强制报告和主动发现、临时庇护与专业干预等三个重点环节的监测评估，加强去功能化家庭的风险评估和过程管理，在强化挫折教育的同时积极提高儿童抵御不确定风险的抗逆力水平。

五是通过完善家庭外围的生态系统来构筑“韧性家庭”。为了增强家庭的自我恢复能力，国家有必要通过家庭教育指导政策来优化婚姻关系、亲子关系和代际关系并促进家庭功能的自主修复，通过社会救助制度的匹配来提升家庭面对突发困难和长期风险时的韧性，通过亲情文化、同伴文化、邻里文化和慈善文化的培育来引导家庭成员、伙伴、乡邻和社会力量等非正式力量参与家庭抗逆力的塑造，通过积极打造儿童友好型社区、学校和城市来优化家庭保护的外围空间环境。

（三）落实多元主体福利责任共担机制

我国应当在引导福利多元主体高效参与的同时形成协同性强的福利责任共担机制。当前我国儿童福利的责任共担往往以家庭的内循环为主，而事实上缺乏福利多元主体对于家庭责任履行的代偿，这大大降低了监护缺失儿童的福利享有水平，因而未来在持续强化公共部门兜底与支持责任的同时应当

① 万国威、裴婷昊：《迈向儿童投资型国家：中国儿童福利制度的时代转向——兼论民政部儿童福利司的建设方略》，《社会工作与管理》2019 年第 4 期。

加强家庭、社区、社会组织、志愿团队等主体在保障和改善民生方面的责任①，具体做到如下五个方面。

一是要通过六个责任聚焦来破解留守儿童的服务缺位问题。国家应重点围绕丧亲、离异和贫困家庭构建资金和服务并行的保障政策，以政府部门为基础重点完善社会救助、儿童福利和公益慈善等制度的衔接，以学校为基础重点开展普惠性较强的校本家庭教育服务、心理健康服务和欺凌干预服务，以社区为基础重点建设普惠与特惠相结合的社区寻访服务、强制报告服务和情感关爱服务，以转型后的儿童救助保护机构为基础重点建设特惠性和专业性较强的临时庇护服务和介入干预服务，以民间社会为基础重点发展瞄准度高的经济资助与社会关爱服务。

二是要优先补强农村社区治理这个短板。当前在家外儿童福利提供过程中，学校业已成为福利效果转变的“催化剂”，其在家庭教育、安全保障等方面的成效显著，但遗憾的是近年来国家积极推动的社区建设则作用有限，这严重限制了国家相关惠民政策的落实。未来国家应当积极利用乡村振兴战略实施的宝贵契机对具有刚性需要的农村基层福利服务从业者进行赋权增能，增强其融入基层治理体系的意识和能力，提供福利接受者可及范围内的社工支持。

三是要高度重视多元主体的专业能力建设。福利多元主体参与儿童福利服务事宜也需要走专业化道路，尤其是心理健康、情感关爱、校园暴力干预等具有较强福利服务专业性要求的事务更需要有针对性，否则善意的预期有可能转变为不良的结果。国家应当积极做好各维度主体的参与引导，加强学校、社区中教育、医疗、心理和社会工作等专业力量的资源整合，强化专业人才队伍的选配、考核及职业化，提升专业实务人员在儿童服务活动中的话语权，各类高校和智库机构也应当利用试点方案为标准化的专业干预方案提供稳定的智力支持。

四是要注重福利多元主体的协同互动。目前在见效快且难度低的部分福

① 关信平：《中国共产党百年社会政策的实践与经验》，《中国社会科学》2022年第2期。

利项目上多维主体往往都乐于参与，如对于留守儿童的经济资助不但有完整的社会救助政策也有较充裕的公益慈善资源，但在见效慢且难度大的福利服务领域目前各主体的参与意愿和能力明显不足。国家应当在儿童福利提供过程中做好整体布局，含纳基本资金保障与服务保障的福利项目必须实现政府完全兜底，贴近儿童的社区和学校应当以福利服务提供为主，社会组织、民间志愿团队和公益慈善力量的介入则应尽可能向专业的福利服务方向引导。

五是要引导民间社会舆论净化婚姻、家庭与育儿观念。囿于我国当前不当婚姻家庭观念给留守儿童带来的负面影响，我国应当强化在文化舆论方面对家庭功能的正向引导，降低人为性质的家庭去功能概率。国家应当以典型家庭案例为基础，突出对外出务工家庭婚姻和睦、孝亲慈幼和构建良性亲子关系的倡导，摒除育儿领域的“躺平”思想，增强社区舆论领袖在此领域的引领价值，引导社会舆论形成儿童友好、家庭友好的社会环境，并通过相应的法治宣传使全社会广泛形成“重视儿童”“重视婚姻”“重视家庭”的良性共识，以从源头上降低留守儿童监护缺失及陷入重大风险的概率。

（四）推动建设流动儿童关爱保护体系

我国应当在缩小户籍制度限制的基础上尽快构建流动儿童关爱保护体系。儿童随父母迁徙是一个较好解决留守以及家庭监护缺失问题的方式方法，但当前户籍及附属于户籍制度上的基本公共服务享有资格仍然高度限制了很多留守儿童随父母进行跨省迁移，并在教育机会、公共托育等问题上表现得最为突出。因此，未来应当在五个方面积极优化政策，促进留守儿童转变为流动儿童过程中在基本公共服务领域的公平享有。

一是要做好流动儿童关爱保护体系的顶层设计。建议国务院参照《关于加强农村留守儿童关爱保护工作的意见》（国发〔2016〕13号）之文件规格出台“关于加强流动儿童关爱保护工作的意见”，将“居住地与户籍所在地不一致且离开户籍所在地半年以上的不满十六周岁的未成年人”纳入政府的关爱保护范畴，将儿童福利工作统筹布局为“三类儿童兜底保障”（孤弃儿童、事实无人抚养儿童和困境儿童）、“两类儿童关爱保护”（留守儿童和流动儿童）和“一类儿童临时救助”（流浪儿童）的分层次综合保障体系。

二是要提升流入地儿童基本公共服务的共享能力。建议国家设置流入地基本育儿服务清单，适度降低积分落户或资格准入门槛，鼓励流入地政府为在地流动家庭提供一揽子涉及孕产期检查、公共托育、学前教育、高中教育、家庭教育指导、社区监护寻访、机构庇护和心理干预等项目的基本公共服务，推动区域内重要民生保障资源的均衡配置。

三是要夯实流动儿童关爱保护工作的基层服务能力。建议国家相关部门抓紧完成“两个机构转型”和“一支队伍建设”改革，将流动儿童关爱保护工作纳入民政部儿童福利司归口管理，将现有的“农村留守儿童关爱保护和困境儿童保障工作部际联席会议制度”扩展至流动儿童，依法制定流动儿童机构与社区关爱保护手册，稳固流动儿童关爱保护监督、指导和考核标准，纳入对基层儿童服务机构、社区、城市儿童福利从业者的综合评价体系，推动实现城市一线儿童服务人员的职业化或半职业化。

四是要增强流动儿童的信息监管能力。建议国家通过摸底排查尽快建立“流动儿童基本信息数据库”并与留守儿童、困境儿童等相关儿童及低收入家庭信息数据库整合，对刚性支出较大的流动家庭开放临时救助申请端口，依法为流动儿童及其家庭的信息汇集、动态监管、兜底保障和服务介入提供智能化指引。

五是要强化社会力量和公益慈善力量的系统引领。建议各级政府牢牢把握国家有关第三次分配改革的重大战略构想，积极引导、鼓励和推动社群（邻里）互助、志愿服务、慈善捐赠和非营利育儿服务等社会力量广泛参与流动儿童关爱保护事业。建议国家在城市地区优先购买流动婴幼儿社区监护照料、受暴流动儿童社区监护、青春期流动儿童社区/机构心理慰藉、社区家庭教育指导及社区儿童公益活动类的一线社工服务，切实降低留守家庭向流动家庭转换过程中的基本公共服务缺失风险。

参考文献

Aiken, M., & Bode, I., "Killing the Golden Goose? Third Sector Organizations and Back-to-work Programs in Germany and the UK", *Social Policy & Administration*, Vol. 43, 2009.

Arts, W., & Gelissen, J., "Three Worlds of Welfare Capitalism or More? A State-of-the-art Report", *Journal of European Social Policy*, Vol. 12, 2002.

Arts, W., & Gelissen, J., "Welfare States, Solidarity and Justice Principles: Does the Type Really Matter?", *Acta Sociologica*, Vol. 44, 2001.

Bartels, L. M., *Unequal Democracy: The Political Economy of the New Gilded Age*, Princeton, NJ: Princeton University Press, 2016.

Blekesanue, M., & Quadagno, J., "Public Attitudes toward Welfare State Policies", *European Sociological Review*, Vol. 19, 2003.

Blekesaune, M., "Economic Conditions and Public Attitudes to Welfare Policies", *European Sociological Review*, Vol. 23, 2007.

Bradshaw, J., & Mayhew, E., "Public Attitudes to Dependency and the Welfare State", *International Journal of Market Research*, Vol. 46, 2004.

Chaney, P., & Wincott, D., "Envisioning the Third Sector's Welfare Role: Critical Discourse Analysis of Post-Devolution Public Policy in the UK 1998–2012", *Social Policy & Administration*, Vol. 48, 2014.

Chang, H., Dong, X., & Macphall, F., "Labor Migration and Time Use

Patterns of the Left-behind Children and Elderly in Rural China", *World Development*, Vol. 39, 2011.

Chen, L., Yang, D., & Ren, Q., *Report on the State of Children in China*, Chicago: Chapin Hall at the University of Chicago, 2015.

Cheng, Q., & Ngok, K., "Welfare Attitudes towards Anti-poverty Policies in China: Economical Individualism, Social Collectivism and Institutional Differences", *Social Indicators Research*, Vol. 150, 2020.

Committee on Psychosocial Aspects of Child and Family Health, Committee on Early Childhood, Adoption, and Dependent Care, and Section on Developmental and Behavioral Pediatrics, Andrew, S. G. & et al., "Early Childhood Adversity, Toxic Stress, and the Role of the Pediatrician: Translating Developmental Science into Lifelong Health", *Pediatrics*, Vol. 129, 2012.

Dahlberg, L., "Interaction between Voluntary and Statutory Social Service Provision in Sweden: A Matter of Welfare Pluralism, Substitution or Complementarity?", *Social Policy & Administration*, Vol. 39, 2005.

Dai, Q., & Chu, R. X., "Anxiety, Happiness and Self-esteem of Western Chinese Left-behind Children", *Child Abuse & Neglect*, Vol. 86, 2018.

Dallinger, U., "Public Support for Redistribution: What Explains Cross-national Differences?", *Journal of European Social Policy*, Vol. 20, 2010.

Davis, J., & Brazil, N., "Migration, Remittances and Nutrition Outcomes of Left-behind Children: A National-level Quantitative Assessment of Guatemala", *PLoS ONE*, Vol. 11, 2016.

Edlund, J., "Trust in the Capability of the Welfare State and General Welfare State Support: Sweden 1997-2002", *Acta Sociologica*, Vol. 49, 2006.

Fang, X. M., Fay, D. A., Ji, K. & et al., "The Burden of Child Maltreatment in China: A Systematic Review", *Bull World Health Organ*, Vol. 93, 2015.

Fedele, A., & Depedri, S., "In Medio Stat Virtus: Does a Mixed Economy

Increase Welfare?", *Annals of Public and Cooperative Economics*, Vol. 87, 2016.

Feldman, S., & Steenbergen, M., "The Humanitarian Foundation of Public Support for Social Welfare", *American Journal of Political Science*, Vol. 45, 2001.

Gainous, J., Martinez, M., & Craig, S., "The Multiple Causes of Citizen Ambivalence: Attitudes about Social Welfare Policy", *Journal of Elections, Public Opinion and Parties*, Vol. 20, 2010.

Gilbert, N., "Restructuring the Mixed Economy of Welfare: Three Modes of Privatization", *European Policy Analysis*, Vol. 1, 2015.

Goerres, A., & Prinzen, K., "Can We Improve the Measurement of Attitudes towards the Welfare State? A Constructive Critique of Survey Instruments with Evidence from Focus Groups", *Social Indicators Research*, Vol. 109, 2012.

Graham, E., & Jordan, L. P., "Migrant Parents and the Psychological Well-being of Left-behind Children in Southeast Asia", *Journal of Marriage and Family*, Vol. 73, 2011.

Guan, S., & Deng, G., "Whole-community Intervention for Left-behind Children in Rural China", *Children and Youth Services Review*, Vol. 101, 2019.

Guilen, A., & Petmesidou, M., *Dynamics of Welfare Mix in South Europe*, Welfare State Transformation Collective Volume, 2007.

Guo, J., & Gilbert, N., "Public Attitudes toward Government Responsibility for Child Care: The Impact of Individual Characteristics and Welfare Regimes", *Children and Youth Services Review*, Vol. 44, 2014.

Guo, J., Ren, X., Wang, X., and et al., "Depression among Migrant and Left-behind Children in China in Relation to the Quality of Parent-child and Teacher-child Relationships", *PLoS ONE*, Vol. 10, 2015.

Han, C., "Attitudes toward Government Responsibility for Social Services: Comparing Urban and Rural China", *International Journal of Public Opinion Research*, Vol. 24, 2012.

Hu, H., Lu, S., & Huang, C. C., "The Psychological and Behavioral

Outcomes of Migrant and Left-behind Children in China", *Children and Youth Services Review*, Vol. 46, 2014.

Huang, Y., Wang, Y., Wang, H., and etc., "Prevalence of Mental Disorders in China: A Cross-sectional Epidemiological Study", *The Lancet Psychiatry*, Vol. 6, 2019.

Iob, E., Lacey, R. & Steptoe, A., "Adverse Childhood Experiences and Depressive Symptoms in Later Life: Longitudinal Mediation Effects of Inflammation", *Brain Behavior and Immunity*, Vol. 90, 2020.

Jager, M. M., "United but Divided: Welfare Regimes and the Level and Variance in Public Support for Redistribution", *European Sociological Review*, Vol. 25, 2009.

Jager, M. M., "What Makes People Support Public Responsibility for Welfare Provision: Self-interest or Political Ideology?", *Acta Sociologica*, Vol. 49, 2006.

Jaime-Castillo, A. M., "Public Opinion and the Reform of the Pension Systems in Europe: The Influence of Solidarity Principles", *Journal of European Social Policy*, Vol. 23, 2013.

Jakobsen, T. G., "Welfare Attitudes and Social Expenditure: Do Regimes Shape Public Opinion?", *Social Indicators Research*, Vol. 101, 2011.

Jia, Z., Shi, L., Cao, Y., & et al., "Health-related Quality of Life of Left-behind Children: A Cross-sectional Survey in Rural China", *Quality of Life Research*, Vol. 19, 2010.

Jin, X., Chen, W., Sun, I., & et al., "Physical Health, School Performance and Delinquency: A Comparative Study of Left-behind and Non-left-behind Children in Rural China", *Child Abuse & Neglect*, Vol. 109, 2020.

Jung, H., Herrenkohl, T. I., Lee, J. O., and et al., "Gendered Pathways from Child Abuse to Adult Crime through Internalizing and Externalizing Behaviors in Childhood and Adolescence", *Journal of Interpersonal Violence*, Vol. 32, 2017.

Kallio, J., & Kouvo, A., "Street-level Bureaucrats' and the General Public's Deservingness Perceptions of Social Assistance Recipients in Finland", *Social Policy & Administration*, Vol. 49, 2015.

Kikuzawa, S., Olfasdottir, S., & Prescosolidou, B. A., "Similar Pressures, Different Contexts: Public Attitudes toward Government Intervention for Health Care in 21 Nations", *Journal of Health and Social Behavior*, Vol. 49, 2008.

Kim, H., Huh, S., Choi, S., and et al., "Perceptions of Inequality and Attitudes towards Redistribution in Four East Asian Welfare States", *International Journal of Social Welfare*, Vol. 27, 2018.

Kim, J. W., "Dynamics of Welfare Mix in the Republic of Korea: An Expenditure Study between 1990 to 2001", *International Social Security Review*, Vol. 58, 2005.

Kulin, J., *Values and Welfare State Attitudes: The Interplay between Human Values*, Published in Attitudes and Redistributive Institutions across National Contexts, Print & Media, Umea, Sweden, 2011.

Larsen, C., "The Institutional Logic of Welfare Attitudes: How Welfare Regimes Influence Public Support", *Comparative Politics*, Vol. 41, 2008.

Lee, Y., & Ku, Y., "East Asian Welfare Regimes: Testing the Hypothesis of the Developmental Welfare State", *Social Policy & Administration*, Vol. 41, 2007.

Lennard, J. L., "Childcare and Welfare Mix in France", *Annals of Public and Corporative Economics*, Vol. 74, 2003.

Liang, Y., Wang, L., & Rui, G., "Depression among Left-behind Children in China", *Journal of Health Psychology*, Vol. 22, 2017.

Ljunge, M., "Increasing Demandson the Welfare State? Trends in Behavior and Attitudes", *CESifo Economic Studies*, Vol. 57, 2011.

Lu, Y., "Parental Migration and Education of Left-behind Children: A Comparison of Two Settings", *Journal of Marriage and Family*, Vol. 76, 2014.

Nguyen, C. V., "Does Parental Migration Really Benefit Left-behind Children? Comparative Evidence from Ethiopia, India, Peru and Vietnam", *Social Science & Medicine*, Vol. 153, 2016.

Pettersen, P. A., "Welfare State Legitimacy: Ranking, Rating, Paying: The Popularity and Support for Norwegian Welfare Programs in the Mid 1990s", *Scandinavian Political Studies*, Vol. 24, 2001.

Powell, M., & Barrientos, A., "Welfare Regimes and Welfare Mix", *European Journal of Political Research*, Vol. 43, 2004.

Roosma, F., Gelissen, J. & Van Oorschot, W., "The Multidimensionality of Welfare State Attitudes: A European Cross-national Study", *Social Indicators Research*, Vol. 113, 2013.

Roosma, F., Van Oorschot, W., & Gelissen, J., "The Preferred Role and Perceived Performance of the Welfare State: European Welfare Attitudes from a Multidimensional Perspective", *Social Science Research*, Vol. 44, 2014.

Sabbagh, C., & Vanhuysse, P., "Exploring Attitudes towards the Welfare State: Students' Views in Eight Democracies", *Journal of Social Policy*, Vol. 35, 2006.

Schmidt, A., & Spies, D., "Do Parties Playing the Race Card Undermine Natives' Support for Redistribution? Evidence from Europe", *Comparative Political Studies*, Vol. 47, 2014.

Schmidt, A., "Economic Inequality and Public Demand for Redistribution: Combining Cross-sectional and Longitudinal Evidence", *Socio-Economic Review*, Vol. 14, 2016.

Seibel, W., "Welfare Mixes and Hybridity: Analytical and Managerial Implications", *Voluntas: International Journal of Voluntary and Nonprofit Organizations*, Vol 26, 2015.

Shi, S., "The Bounded Welfare Pluralism: Public-private Partnerships under Social Management in China", *Public Management Review*, Vol. 19, 2017.

Sun, X., Tian, Y., Zhang, Y., and et al., "Psychological Development and Educational Problems of Left-behind Children in Rural China", *School Psychology International*, Vol. 36, 2015.

Suzuki, L. K., & Greenfield, P. M., "The Construction of Everyday Sacrifice in Asian Americans and European Americans: The Roles of Ethnicity and Acculturation", *Cross-Cultural Research*, Vol. 36, 2002.

Turner, H. A., Finkelhor, D., Hamby, S. L., & et al., "Family Structure, Victimization, and Child Mental Health in a Nationally Representative Sample", *Social Science & Medicine*, Vol. 87, 2013.

Van Oorschot, W., & Meuleman, B., "Welfarism and the Multidimensionality of Welfare State Legitimacy: Evidence from the Netherlands, 2006", *International Journal of Social Welfare*, Vol. 21, 2012.

Vu, H. Q., & Rook, K. S., "Acculturation and Intergenerational Relationships in Vietnamese American Families: The role of Gender", *Asian American Journal of Psychology*, Vol. 4, 2013.

Wang, L., Feng, Z., Yang, G., and et al., "The Epidemiological Characteristics of Depressive Symptoms in the Left-behind Children and Adolescents of Chongqing in China", *Journal of Affective Disorders*, Vol. 177, 2015.

WHO, "Global Status Report on Preventing Violence against Children 2020", https://www.who.int/publications/i/item/9789240006379.

Wickramage, K., Siriwardhana, C., & Vidanapathirana, P., "Risk of Mental Health and Nutritional Problems for Left-behind Children of International Labor Migrants", *BMC Psychiatry*, Vol. 15, 2015.

Wigell, M., "Political Effects of Welfare Pluralism: Comparative Evidence from Argentina and Chile", *World Development*, Vol. 95, 2017.

Wong, T. K., Wan, S. P., & Law, K. W., "High Expectations and a Low Level of Commitment: A Class Perspective of Welfare Attitudes in Hong Kong",

Issues & Studies , Vol. 44, 2008.

Yang, K. , Peng, H. , & Chen, J. , "Chinese Seniors' Attitudes towards Government Responsibility for Social Welfare: Self-interest, Collectivism Orientation and Regional Disparities", *International Journal of Social Welfare* , Vol. 28, 2019.

Zhang, H. , Zhou, H. , & Cao, R. , "Bullying Victimization among Left-behind Children in Rural China: Prevalence and Associated Risk Factors", *Journal of Interpersonal Violence* , Vol. 36, 2021.

Zhang, J. , Yan, L. , Qiu, H. , & et al. , "Social Adaptation of Chinese Left-behind Children: Systematic Review and Meta-Analysis", *Children and Youth Services Review* , Vol. 95, 2018.

Zhang, Y. , & Zheng, X. , "Internal Migration and Child Health: An Investigation of Health Disparities between Migrant Children and Left-behind Children in China", *PLoS ONE* , Vol. 17, 2022.

Zhao, C. , Zhou, X. , Wang, F. , and et al. , "Care for Left-behind Children in Rural China: A Realist Evaluation of a Community-based Intervention", *Children and Youth Services Review* , Vol. 82, 2017.

Zhao, F. , & Yu, G. , "Parental Migration and Rural Left-behind Children's Mental Health in China: A Meta-analysis based on Mental Health Test", *Journal of Child and Family Studies* , Vol. 25, 2016.

Zhao, X. , Fu, F. , & Zhou, L. , "The Mediating Mechanism between Psychological Resilience and Mental Health among Left-behind Children in China", *Children and Youth Services Review* , Vol. 110, 2020.

Zhou, M. , Murphy, R. , & Tao, R. , "Effects of Parents' Migration on the Education of Children Left Behind in Rural China", *Population and Development Review* , Vol. 40, 2014.

Zsuzsa, S. , "The Welfare Mix in Hungry as a New Phenomenon", *Social Policy and Society* , Vol 2, 2003.

陈国华：《农村中小学教师对留守儿童的认知》，《西北人口》2010年第5期。

陈友华、庞飞：《福利多元主义的主体构成及其职能关系研究》，《江海学刊》2020年第1期。

陈友华、徐愫：《中国老年人口的健康状况、福利需求与前景》，《人口学刊》2011年第2期。

程福财：《从经济资助到照顾福利：关于上海儿童与家庭照顾福利需求的实证调查》，《中国青年研究》2013年第9期。

邓智平：《福利态度还是福利程度：福利国家再认识》，《广东社会科学》2015年第4期。

丁煜、杨雅真：《福利多元主义视角的社区居家养老问题研究——以XM市XG街道为例》，《公共管理与政策评论》2015年第1期。

段成荣、吕丽丹、王宗萍：《城市化背景下农村留守儿童的家庭教育与学校教育》，《北京大学教育评论》2014年第3期。

段成荣：《解决留守儿童问题的根本在于止住源头》，《武汉大学学报》（人文社会科学版）2016年第2期。

范昕、庄文嘉、岳经纶：《生，还是不生——全面二孩时代生育配套政策调整的公众态度研究》，《学术研究》2019年第12期。

范兴华、余思、彭佳、方晓义：《留守儿童生活压力与孤独感、幸福感的关系：心理资本的中介与调节作用》，《心理科学》2017年第2期。

范梓腾、宁晶：《技术变革中的福利态度转变——自动化替代对个体养老责任偏好的影响》，《社会学研究》2021年第1期。

辜胜阻、易善策、李华：《城镇化进程中农村留守儿童问题及对策》，《教育研究》2011年第9期。

顾严：《儿童福利：从"标准的小众"到"精准的大众"》，《中国民政》2018年第3期。

关博：《中国大陆地区社会福利制度与东亚福利模式的异质性：多维度视角比较》，《宁波大学学报》（人文社会科学版）2015年第2期。

关信平：《全面建成小康社会条件下我国普惠性民生建设的方向与重点》，《经济社会体制比较》2020 年第 5 期。

关信平：《当前我国社会政策的目标及总体福利水平分析》，《中国社会科学》2017 年第 6 期。

关信平：《农民工参与城镇社会保障问题：需要、制度及社会基础》，《教学与研究》2008 年第 1 期。

关信平：《中国共产党百年社会政策的实践与经验》，《中国社会科学》2022 年第 2 期。

韩央迪、张瑞凯：《农民工的福利态度及其影响因素研究——以北京市农民工群体的调查为例》，《中国社会工作研究》2017 年第 1 期。

韩央迪：《从福利多元主义到福利治理：福利改革的路径演化》，《国外社会科学》2012 年第 2 期。

何文炯、王中汉：《论老龄社会支持体系中的多元共治》，《学术研究》2021 年第 8 期。

侯玉娜：《父母外出务工对农村留守儿童发展的影响：基于倾向得分匹配方法的实证分析》，《教育与经济》2015 年第 1 期。

胡翼青、戎青：《电视与留守儿童人际交往模式的建构——以金寨燕子河镇为例》，《西南民族大学学报》（人文社会科学版）2011 年第 10 期。

黄骏敏、杨文健：《残疾人福利供需差距分析及对策研究——以江苏省南京市为例》，《社会保障研究》2015 年第 6 期。

黄黎若莲：《“福利国”、“福利多元主义”和“福利市场化”》，《中国改革》2000 年第 10 期。

黄叶青、余慧、韩树蓉：《政府应承担何种福利责任？——公民福利态度的影响因素分析》，《公共行政评论》2014 年第 6 期。

金灿灿、屈智勇、王晓华：《留守与流动儿童的网络成瘾现状及其心理健康与人际关系》，《中国特殊教育》2010 年第 7 期。

景军、吴涛、方静文：《福利多元主义的困境：中国养老机构面临的信任危机》，《人口与发展》2017 年第 5 期。

景天魁、毕天云：《论底线公平福利模式》，《社会科学战线》2011年第5期。

李庆海、孙瑞博、李锐：《农村劳动力外出务工模式与留守儿童学习成绩——基于广义倾向得分匹配法的分析》，《中国农村经济》2014年第10期。

李永鑫、骆鹏程、谭亚梅：《农村留守儿童心理弹性研究》，《河南大学学报》（社会科学版）2008年第1期。

李钟帅、苏群：《父母外出务工与留守儿童健康——来自中国农村的证据》，《人口与经济》2014年第3期。

林闽钢、陈颖琪：《东亚福利体制研究争论及新议题》，《中国社会科学评价》2020年第4期。

林闽钢：《福利多元主义的兴起及其政策实践》，《社会》2002年第7期。

林闽钢：《中国社会政策体系的结构转型与实现路径》，《南京大学学报》（哲学·人文科学·社会科学）2021年第5期。

刘红艳、常芳、岳爱、王欢：《父母外出务工对农村留守儿童心理健康的影响：基于面板数据的研究》，《北京大学教育评论》2017年第2期。

刘继同：《改革开放30年来中国儿童福利研究历史回顾与研究模式战略转型》，《青少年犯罪问题》2012年第1期。

刘继同：《国家与社会：社会福利体系结构性变迁规律与制度框架特征》，《社会科学研究》2006年第3期。

刘继同：《人类需要理论与社会福利制度运行机制研究》，《中共福建省委党校学报》2004年第8期。

刘继同：《社会福利制度战略升级与构建中国特色福利社会》，《东岳论丛》2009年第1期。

刘继同：《中国儿童福利立法与政策框架设计的主要问题、结构性特征》，《中国青年研究》2010年第3期。

刘继同：《中国特色现代儿童福利观的范围内容、层次结构与制度灵魂角色》，《人文杂志》2022年第1期。

刘继同：《中国现代儿童福利服务体系制度化建设论纲》，《探索与争鸣》2021年第10期。

刘志军：《留守儿童的定义检讨与规模估算》，《广西民族大学学报》（哲学社会科学版）2008年第3期。

龙飞腾、刘国华、蔡建雯、张孟佳：《福利国家政党何时会推行不符合传统党派路线的福利改革？——党派政治和前景理论的解释》，《公共管理与政策评论》2021年第5期。

陆士桢、蔡康鑫：《社会治理现代化视野中的志愿服务运行与管理》，《中国青年社会科学》2021年第6期。

陆士桢：《中国儿童社会福利需求探析》，《中国青年政治学院学报》2001年第6期。

陆士祯、常晶晶：《简论儿童福利和儿童福利政策》，《中国青年政治学院学报》2003年第1期。

吕利丹：《从“留守儿童”到“新生代农民工”——高中学龄农村留守儿童学业终止及影响研究》，《人口研究》2014年第1期。

马春华：《中国家庭儿童养育成本及其政策意涵》，《妇女研究论丛》2018年第5期。

潘璐、叶敬忠：《“大发展的孩子们”：农村留守儿童的教育与成长困境》，《北京大学教育评论》2014年第3期。

彭华民、黄叶青：《福利多元主义：福利提供从国家到多元部门的转型》，《南开学报》（哲学社会科学版）2006年第6期。

彭华民：《福利三角：一个社会政策分析的范式》，《社会学研究》2006年第4期。

彭华民：《论需要为本的中国社会福利转型的目标定位》，《南开学报》（哲学社会科学版）2010年第4期。

彭华民：《中国组合式普惠型社会福利制度的构建》，《学术月刊》2011年第10期。

乔东平、黄冠：《从“适度普惠”到“部分普惠”——后2020时代普惠性儿童福利服务的政策构想》，《社会保障评论》2021年第3期。

乔东平、谢倩雯：《西方儿童福利理念和政策演变及对中国的启示》，《东岳论丛》2014年第11期。

全国妇联课题组：《全国农村留守儿童 城乡流动儿童状况研究报告》，《中国妇运》2013年第6期。

尚晓援：《“社会福利”与“社会保障”再认识》，《中国社会科学》2001年第3期。

尚晓援：《从国家福利到多元福利——南京市和兰州市社会福利服务的案例研究》，《清华大学学报》（哲学社会科学版）2001年第4期。

宋宝安、杨铁光：《观念与需求：社会养老制度设计的重要依据——东北老工业基地养老方式与需求意愿的调查与分析》，《吉林大学社会科学学报》2003年第3期。

宋月萍、张耀光：《农村留守儿童的健康以及卫生服务利用状况的影响因素分析》，《人口研究》2009年第6期。

谭深：《中国农村留守儿童研究述评》，《中国社会科学》2011年第1期。

唐有财、符平：《动态生命历程视角下的留守儿童及其社会化》，《中州学刊》2011年第4期。

田毅鹏、吕方：《单位社会的终结及其社会风险》，《吉林大学社会科学学报》2009年第6期。

万国威、裴婷昊：《留守儿童的虐待风险及其治理策略研究》，《人口学刊》2020年第3期。

万国威、裴婷昊：《迈向儿童投资型国家：中国儿童福利制度的时代转向——兼论民政部儿童福利司的建设方略》，《社会工作与管理》2019年第4期。

万国威：《迈向“儿童投资型国家”：我国低生育率的福利逻辑及儿童福利制度的转型升级》，《华中科技大学学报》（社会科学版）2023年第

3 期。

万国威:《我国儿童群体社会福利态度的定量研究》,《南开学报》(哲学社会科学版) 2014 年第 4 期。

万国威:《我国社会福利制度的理论反思与战略转型》,《中国行政管理》2016 年第 1 期。

万国威:《中国大陆弱势群体社会福利态度研究》,《公共管理学报》2015 年第 1 期。

汪大海、张建伟:《福利多元主义视角下社会组织参与养老服务问题——“鹤童模式”的经验与瓶颈》,《华东经济管理》2013 年第 2 期。

王东海:《农村留守儿童人格教育刍议》,《西北人口》2008 年第 5 期。

王辉:《政策工具视角下多元福利有效运转的逻辑——以川北 S 村互助式养老为个案》,《公共管理学报》2015 年第 4 期。

王思斌:《我国社会政策的实践特征与社会政策体系建设》,《学海》2019 年第 3 期。

王玉龙、姚治红、姜金伟:《农村留守儿童亲子依恋与情绪调节能力的关系:留守时间的调节作用》,《中国临床心理学杂志》2016 年第 3 期。

肖越:《社会公平感、再分配偏好与福利态度——基于 CGSS2015 数据的实证分析》,《大连理工大学学报》(社会科学版) 2021 年第 3 期。

熊跃根:《转型经济国家中的“第三部门”发展:对中国现实的解释》,《社会学研究》2001 年第 1 期。

徐月宾:《儿童福利服务的概念与实践》,《民政论坛》2001 年第 4 期。

闫金山:《家庭对青年养老责任分担态度的影响研究——基于 4 期 CGSS 调查数据》,《调研世界》2019 年第 9 期。

杨菊华、段成荣:《农村地区流动儿童、留守儿童和其他儿童教育机会比较研究》,《人口研究》2008 年第 1 期。

杨琨、袁迎春:《共识与分化:福利国家公民的福利态度及其比较研究》,《公共行政评论》2018 年第 3 期。

杨爽:《东亚福利体制中儿童照顾的福利态度——基于国际社会调查项

目数据的比较分析》，《北京社会科学》2021 年第 2 期。

杨通华、魏杰、刘平、张胜洪、郑勤妮、何飞：《留守儿童心理健康：人格特质与社会支持的影响》，《中国健康心理学杂志》2016 年第 2 期。

姚进忠：《福利多元：农民工城市融入服务体系建构的社会工作行动研究》，《中国行政管理》2018 年第 1 期。

叶敬忠、王伊欢、张克云、陆继霞：《父母外出务工对留守儿童生活的影响》，《中国农村经济》2006 年第 1 期。

岳经纶、范昕：《中国儿童的照顾政策体系：回顾、反思与重构》，《中国社会科学》2018 年第 9 期。

岳经纶、郭英慧：《社会服务购买中政府与 NGO 关系研究——福利多元主义视角》，《东岳论丛》2013 年第 7 期。

岳经纶、尤泽锋：《在华国际移民能享受社会福利吗？——基于公众福利态度的分析》，《华南师范大学学报》（社会科学版）2020 年第 1 期。

岳经纶、张虎平：《收入不平等感知、预期与幸福感——基于 2017 年广东省福利态度调查数据的实证研究》，《公共行政评论》2018 年第 3 期。

岳经纶：《专栏导语：福利态度：福利国家政治可持续性的重要因素》，《公共行政评论》2018 年第 3 期。

岳经纶：《社会政策学视野下的中国社会保障制度建设——从社会身份本位到人类需要本位》，《公共行政评论》2008 年第 4 期。

臧其胜：《政策的肌肤：福利态度研究的国际前沿及其本土意义》，《公共行政评论》2016 年第 4 期。

张继元：《少子化时代日本儿童照顾责任意识变革》，《社会保障评论》2020 年第 2 期。

张克云：《中西部农村贫困地区的儿童福利现状及需求分析》，《中国农业大学学报》（社会科学版）2012 年第 4 期。

张莉、申继亮：《农村留守儿童主观幸福感与公正世界信念的关系研究》，《中国特殊教育》2011 年第 6 期。

张思锋、唐敏、周淼：《基于我国失能老人生存状况分析的养老照护体系框架研究》,《西安交通大学学报》(社会科学版)2016年第2期。

张秀兰、方黎明、王文君:《城市家庭福利需求压力和社区福利供给体系建设》,《江苏社会科学》2010年第2期。

郑春荣、郑启南:《新世纪以来德国民众福利态度的变化及其影响因素分析》,《公共行政评论》2018年第3期。

郑功成:《从高增长低福利到国民经济与国民福利同步增长——亚洲国家福利制度的历史与未来》,《天津社会科学》2010年第1期。

郑功成:《从国家—单位保障制走向国家—社会保障制——近30年来中国社会保障改革与制度变迁》,《社会保障研究》2008年第2期。

郑功成:《面向2035年的中国特色社会保障体系建设——基于目标导向的理论思考与政策建议》,《社会保障评论》2021年第1期。

郑功成:《中国社会保障改革与未来发展》,《中国人民大学学报》2010年第5期。

郑功成:《中国社会福利改革与发展战略:从照顾弱者到普惠全民》,《中国人民大学学报》2011年第2期。

钟涨宝、聂建亮:《政策认知与福利判断:农民参加新农保意愿的实证分析——基于对中国5省样本农民的问卷调查》,《社会保障研究》2014年第2期。

周福林:《从已婚妇女的子女状况看留守儿童的形成》,《统计研究》2008年第6期。

朱丹、易红、鲁志敏:《初中农村留守儿童学业求助的特点研究》,《中国特殊教育》2007年第11期。

后　记

本研究旨在通过一项基于八省份的实证调查来反思我国儿童福利制度的转型方案。近年来，我国儿童福利制度出现了明显的进步，不但先后将农村留守儿童、困境儿童、事实无人抚养儿童等弱势儿童纳入官方的保障体系中，而且在儿童保护的形式、方法与策略等领域也有显著优化，一系列重要的制度如强制报告、强制剥夺监护权、临时庇护、长期庇护、转介安置、从业人员“黑名单”等开始逐步进入法律体系中，为兜牢守稳我国未成年人保护的底线提供了重要的制度支撑。但在实践中，我国儿童福利制度由于建设较晚，仍然可能存在多个方面的桎梏，例如基层儿童福利服务队伍建设的羸弱使得服务递送能力较为受限，两个机构的转型不力也使得相当多的弱势儿童面临着家庭风险转嫁至自身的严峻局面，这些都可能会加剧留守儿童等不同类型弱势儿童的窘境。

正是基于上述问题，本研究希望对我国留守儿童享有的福利状况进行大范围调查，利用福利态度的测量来观察儿童群体在福利组合形式、公共福利充裕性、公共福利可及性、公共福利输出以及国家福利责任等多领域的认知，从儿童视角去观察既有福利供需状态及其背后的制度逻辑。调查中，研究观察到相当比例的留守儿童面临着极为严峻的发展困境，包括但不限于物资匮乏、躯体暴力、校园欺凌、精神障碍以及严重的行为失范。一些典型案例甚至让人异常揪心，尤其是在独居或他人监护类型留守儿童的访谈中，研究发现他们普遍面临着更高的侵害风险以及由此导致的心理与行为问题，家庭的监护缺失风险已经明显地转移至其自身，使他们在成长中步履维艰。当观察到长期独居案例、自残案例、早婚案例、严重家庭暴力案例以及残酷校园暴力案例等个案的时刻，当观察到部分孩子在长期监护缺失条件下而变得异常“懂事”以至于丧失了儿童群体天性的时刻，当部分儿童在我们面前泣不成声地讲述亲子关系经历的时候，我数度潸然泪下并坚定地认为自己有必要通过学理研究来真实地反映该类群体目前面临的不利局面，通过制度分析来为国家有效减少有功能障碍家庭的监护问题而建言献策。在不确定风险显著增加的现代社会，我国长期以来坚持的过于补缺的制度设计已经难以适应新时期家庭功能障碍带来的巨大挑战，它集中表现在留守儿童等特殊弱势儿童身上并形成了监护缺失而导致福利缺失的循环链，近期发生在邯郸的有关校园欺凌致死事件就深刻地反映了这种巨大的潜在风险。

同时，从大量数据与案例的讨论中我也深刻地意识到，讲好中国故事绝不意味着盲目地回避问题以及蒙蔽制度建设的弊端，讲好中国故事的核心仍然是真实地探索国家发展经验、正视既有不足并最大限度地推动政策进步，这才能够真正对得起我的每一位访谈者，才能够真正地推进我国基本民生保障制度更具人民的获得感，才能够真正成为一名不负时代担当的有良心的学者，上述理念也成为本研究在调研和写作过程中一直坚持的首要原则。事实上，本研究也很好地达成了政策倡导的效果，近年来我基于实证调查而形成的一些重要专报得到了中共中央办公厅、教育部、民政部等国家相关部门领导的批示和重视，一些研究成果陆续为国家重要政策的拟定提供参考，尤其是有关弱势儿童心理健康、儿童福利机构改革、流动儿童政策建设等方面的建议被多次纳入国家最新出台的一系列文件中，国家并未回避而是努力改变问题，这使我更愿意以图书的形式来分享既有的调查结果及理论反思，因为这对于推进我国学术领域对该问题的认知以及有效提升我国儿童福利制度的普惠性、可及性是有帮助的。

最后我要感谢一些人对本书的支持。首先感谢家人对我此次调查的支持，本书的调查开始于儿子满月时，到我调查完毕儿子已经过了半岁生日，坦言之我是个不太负责的父亲，但值得感谢的是太太和父母对我的调查给予了极大的宽容和理解，他们从无怨言，这为我从事相关儿童福利领域的调查研究提供了坚定的后盾。同时，彭华民教授、文军教授、关信平教授等老师对于我过去几年的学术成长也有很大帮助，他们的指导使得我的研究主题更加聚焦、思维更加开阔。一些国家机关的工作人员和学校的校长、老师为本次调查提供了诸多方便，当他们听说我的研究主题后，很多人并不是拒绝给自己添麻烦或是担心调查对自己产生不利影响，而是给予了自觉的充分支持，他们分享案例时几乎知无不言，这也让我非常感动。我期待利用此书持续为我国留守儿童等弱势儿童的健康成长保驾护航，希望国家通过有力的社会政策来更好地推进他们融入家庭、融入社会。

万国威于夏雨岛

2024 年 3 月 18 日

附　录
访谈人员名录

编号	地点	称呼	基本情况介绍
乡村学校校长或教师(共计 44 名)			
JS001	四川	SXM 老师	初中语文老师,18 年教龄,10 年班主任经历
JS002	四川	WN 老师	初中德育主任,20 年教龄
JS003	四川	LXN 老师	初中美术老师,兼任心理咨询教师,1 年教龄
JS004	四川	WXD 老师	小学五年级班主任,25 年教龄
JS005	四川	LYF 老师	小学数学老师,班主任,8 年教龄,3 年班主任经历
JS006	四川	LYF 老师	小学数学老师,3 年教龄,3 年班主任经历
JS007	四川	YSH 老师	小学四年级数学老师,3 年教龄,3 年班主任经历
JS008	四川	TXP 老师	初中九年级物理老师,担任 3 年德育主任,9 年教龄
JS009	四川	HJZ 老师	初中体育老师,10 年教龄,非班主任
JS010	四川	YXJ 老师	小学代课老师,1 年教龄,非班主任
JS011	辽宁	ZP 老师	小学教师,班主任,16 年教龄,38 岁
JS012	辽宁	SWJ 老师	小学科学课教师,6 年教龄,30 岁
JS013	辽宁	CC 老师	初中七年级物理老师,班主任,7 年教龄,34 岁
JS014	辽宁	WMH 老师	小学语文和数学老师,班主任,28 年教龄,50 岁
JS015	辽宁	TMM 老师	小学语文和数学老师,班主任,23 年教龄,45 岁
JS016	辽宁	JSS 老师	初中班主任,24 年教龄,22 年班主任经历,47 岁
JS017	辽宁	LRR 老师	初中语文老师,25 年教龄,15 年班主任经历,47 岁
JS018	辽宁	YJ 老师	初中七年级语文老师,36 年教龄,16 年班主任,54 岁
JS019	辽宁	QHX 老师	小学六年级老师,20 年教龄,20 年班主任经历,41 岁
JS020	河南	XYC 老师	初中《道德和法治》课老师,27 年教龄,20 年班主任
JS021	河南	ZXJ 老师	初中副校长,21 年教龄,10 余年班主任经历,45 岁
JS022	河南	XF 老师	初中校长,15 年教龄,40 岁

续表

编号	地点	称呼	基本情况介绍
JS023	河南	ZXZ 老师	初中校长,语文和历史老师,班主任,35 年教龄,52 岁
JS024	河南	GYY 老师	小学六年级语文老师,19 年教龄,班主任,37 岁
JS025	河南	SYH 老师	小学六年级数学老师,24 年教龄,班主任,43 岁
JS026	河南	LLQ 老师	小学语文老师,班主任,19 年教龄,38 岁
JS027	湖北	ZHY 老师	初中八年级语文老师,班主任,25 年教龄,45 岁
JS028	湖北	ZRQ 老师	初中数学老师,23 年教龄,15 年班主任经历,45 岁
JS029	湖北	ZFL 老师	初中德育主任,10 年班主任经历,53 岁
JS030	江苏	SLX 老师	小学三年级英语老师,非班主任,1 年教龄,25 岁
JS031	江苏	WT 老师	初中八年级物理老师,班主任,2 年教龄,28 岁
JS032	江苏	XJH 老师	初中八年级老师,非班主任
JS033	江苏	SYP 老师	初中九年级化学老师,25 年教龄,45 岁
JS034	广西	HRR 老师	小学三年级语文老师,政教主任,7 年教龄,28 岁
JS035	广西	CLH 老师	小学五年级语文老师,4 年教龄,26 岁
JS036	广西	LJF 老师	小学六年级数学老师,班主任,26 年教龄,48 岁
JS037	广西	LXM 老师	小学五年级老师,20 年教龄,41 岁
JS038	广西	PDD 老师	初中九年级化学老师,30 年教龄,51 岁
JS039	广西	WPX 老师	初中九年级化学和生物老师,班主任,23 年教龄,44 岁
JS040	广西	YYF 老师	初中九年级化学老师,班主任,7 年教龄,30 岁
JS041	陕西	CKT 老师	初中班主任,10 年教龄
JS042	陕西	WLH 老师	初中心理老师,负责一线儿童保护,15 年教龄
JS043	陕西	HYQ 校长	初中校长,负责儿童心理教育问题,30 年教龄
JS044	陕西	DLB 老师	初中班主任,15 年教龄
政府官员、社区干部和志愿组织负责人(共计 12 名)			
ZC001	陕西	HHP 书记	女,县团委干部,29 岁,工作 5 年,负责全县儿童保护事务
ZC002	陕西	WDL 股长	男,县教育局股长,41 岁,在教育部门工作 10 余年
ZC003	陕西	XGL 股长	女,县民政局股长,负责民政体系下的儿童保护政策,从事此工作 1 年多,45 岁
ZC004	陕西	GD 所长	男,派出所所长,42 岁,在派出所工作 9 年
ZC005	陕西	WYJ 主任	女,乡镇妇联干部,32 岁
ZC006	陕西	ZJH 主任	男,乡镇党委组织委员,分管民政工作,分管此项工作 6 年,42 岁
ZC007	陕西	LF 镇长	男,乡镇分管教育的副镇长,40 岁
ZC008	陕西	WXL 民警	男,校园所在地民警,32 岁
ZC009	陕西	DYT 书记	女,乡镇团委副书记,担任此职务 1 年,28 岁
ZC010	陕西	YSM 书记	男,村支书,48 岁,担任村支书 15 年

续表

编号	地点	称呼	基本情况介绍
ZC011	陕西	ZGR 主任	男，村支书，50 岁，担任 21 年村支书
ZC012	陕西	LYF 主任	女，村儿童主任，负责具体落实儿童政策，35 岁
长期独居或长期由他人监护留守儿童（共计 17 名）			
TS001	四川	XK 同学	女，15 岁，长期独居，爸爸各地做生意，三四个月回家，妈妈两三岁就离家不归了
TS002	辽宁	LYH 同学	男，12 岁，父母 9 岁离异，父母分别外出务工，由一个 35 岁的托管人照顾
TS003	辽宁	LL 同学	男，14 岁，父母在沈阳打工，周一到周五长期住校，周末长期独自居住
TS004	辽宁	ZSG 同学	男，14 岁，父亲长期做生意，母亲在沈阳工作，周一到周五长期住校，周末独自居住
TS005	陕西	XKX 同学	男，13 岁，爸爸一个月或半个月回来一次，妈妈长期在成都务工，独自居住
TS006	陕西	FY 同学	男，12 岁，爸爸外出打工，妈妈去世，长期托管
TS007	陕西	WH 同学	男，14 岁，爸爸每个月回来一次，妈妈去世，长期独居
TS008	陕西	DYL 同学	女，11 岁，父母在杭州工作，长期托管，寒暑假去姥爷家
TS009	陕西	THH 同学	女，13 岁，父母分别在陕西汉中和江苏打工，平时住校，周末去托管班
TS010	陕西	HYC 同学	女，14 岁，五年级时爸爸去世，妈妈和哥哥在江苏打工，平时住校，周末独居
TS011	陕西	CZH 同学	男，13 岁，父母离婚，爸爸去新疆打工，平时住校，周末去托管班
TS012	湖北	LJP 同学	男，12 岁，再婚家庭，爸爸在广西打工，长期托管
TS013	湖北	XJ 同学	男，13 岁，父母离异，妈妈失联，爸爸季节性外出打工，父亲不在家时独居
TS014	湖北	LY 同学	男，15 岁，父亲去世，母亲外出务工刚检查出乳腺癌，独居
TS015	江苏	LXT 同学	女，13 岁，爸爸妈妈开长途货车，多名未成年人单独居住
TS016	广西	DYY 同学	女，14 岁，爸爸在来宾打工，妈妈智力残障，平常长期住校，过年住舅舅家
TS017	广西	LL 同学	女，10 岁，从一年级开始住校，父母在柳州打工，长期住校，过年住舅舅家
单亲、祖辈或亲属养育留守儿童（共计 110 名）			
PU001	四川	SYJ 同学	女，13 岁，初中，父母双方去成都打工，75 岁外婆照顾
PU002	四川	HXY 同学	男，14 岁，初中七年级，父母在深圳打工，70 岁奶奶照顾
PU003	四川	LXJ 同学	男，14 岁，初中七年级，父母在沿海地区打工，外公外婆照顾

续表

编号	地点	称呼	基本情况介绍
PU004	四川	WHF 同学	女,13 岁,初中七年级,父母在云南开店,爷爷奶奶照顾
PU005	四川	JYD 同学	女,15 岁,初中八年级,父母在浙江打工,76 岁奶奶照顾
PU006	四川	ZZN 同学	女,10 岁,小学四年级,父母在浙江务工,奶奶照顾
PU007	四川	HQ 同学	男,9 岁,小学四年级,父母在贵阳开店,外婆照顾
PU008	四川	HSY 同学	女,11 岁,小学四年级,父母在上海务工,奶奶照顾
PU009	四川	LLH 同学	男,11 岁,小学五年级,父母在成都务工,奶奶照顾
PU010	四川	GHH 同学	女,11 岁,小学五年级,父母在成都务工,外公外婆照顾
PU011	四川	YST 同学	男,14 岁,初中八年级,父亲外出务工,和外婆、妈妈一起生活
PU012	辽宁	LLH 同学	女,11 岁,爸妈分别在铁岭和省外打工,祖辈照顾
PU013	辽宁	ZXY 同学	女,12 岁,父母在大连打工,爷爷奶奶照顾
PU014	辽宁	WHR 同学	男,13 岁,父亲五岁离家出走,和妈妈、外公外婆同居
PU015	辽宁	HYF 同学	女,12 岁,父母离婚后各自重组家庭,父亲在福建打工,母亲在本地,奶奶照顾
PU016	辽宁	LGL 同学	男,13 岁,父母离婚后在沈阳和大连务工,奶奶照顾
PU017	辽宁	BL 同学	女,14 岁,父母离婚后在沈阳和浙江打工,姥爷姥姥照顾
PU018	辽宁	LYL 同学	女,12 岁,父母在北京打工,奶奶和爷爷照顾
PU019	辽宁	WYH 同学	女,12 岁,父母在武汉务工,由未结婚的老姨照顾
PU020	辽宁	CY 同学	男,12 岁,爸爸在大连养牛,妈妈在本地工作,由爷爷奶奶照顾
PU021	辽宁	ZYR 同学	女,12 岁,父母在河北和广东工作,爷爷奶奶照顾
PU022	辽宁	MHF 同学	女,11 岁,父母在新疆工作,爷爷奶奶照顾
PU023	辽宁	CHJ 同学	女,12 岁,父亲在北京打工,母亲和外公外婆照顾
PU024	辽宁	DYY 同学	女,12 岁,父母在开原市工作,爷爷奶奶照顾
PU025	河南	YJY 同学	男,13 岁,父母分别在上海和青岛务工,爷爷奶奶照顾
PU026	河南	ZJ 同学	男,13 岁,父母都在上海务工,爷爷奶奶照顾
PU027	河南	BFF 同学	女,11 岁,父母都在深圳务工,爷爷奶奶照顾
PU028	河南	LXY 同学	女,13 岁,父母离异,母亲在三个月时离家出走,父亲在北京工作,爷爷奶奶照顾
PU029	河南	HJB 同学	男,10 岁,父母在北京打工,由 70 多岁的爷爷奶奶照顾
PU030	河南	BHG 同学	女,13 岁,父母都在天津打工,爷爷奶奶照顾
PU031	河南	YSX 同学	男,11 岁,父母都在北京打工,爷爷奶奶照顾
PU032	河南	HYN 同学	男,12 岁,父母分别在山东和河北打工,奶奶照顾
PU033	河南	ZH 同学	女,13 岁,父母分别在郑州和武汉打工,爷爷奶奶照顾
PU034	河南	MFY 同学	女,14 岁,父母在北京打工,爷爷奶奶照顾

续表

编号	地点	称呼	基本情况介绍
PU035	河南	WY 同学	男,12 岁,父母在苏州工作,爷爷照顾
PU036	甘肃	MZX 同学	女,13 岁,父母离异,父亲在广州务工,母亲失联,平常住校,周末爷爷奶奶照顾
PU037	甘肃	LTT 同学	男,14 岁,父母在西藏务工,平常住校,周末和姑姑、姑父和姐姐一起生活
PU038	甘肃	WSR 同学	女,11 岁,爸爸在兰州工作,和妈妈、爷爷奶奶生活
PU039	甘肃	ZYY 同学	女,12 岁,爸爸在兰州务工,母亲失联,和爷爷奶奶生活
PU040	甘肃	ZX 同学	男,14 岁,爸爸在兰州务工,母亲失联,和奶奶共同生活
PU041	甘肃	DZX 同学	男,11 岁,父母离异,妈妈在成都务工,和父亲、爷爷奶奶和妹妹共同生活
PU042	甘肃	LFY 同学	女,12 岁,父母离异,父亲在白银务工,爷爷奶奶照顾
PU043	甘肃	GYY 同学	女,12 岁,爸爸在外务工,生母离家出走,和奶奶、姑姑一家生活,爷爷植物人
PU044	甘肃	DXX 同学	女,12 岁,父母离异后均在兰州工作,爷爷奶奶照顾
PU045	甘肃	ZHR 同学	男,12 岁,母亲去世,父亲在外地打工,爷爷奶奶照顾
PU046	甘肃	JHY 同学	女,10 岁,父亲在新疆打工,母亲在兰州打工,爷爷奶奶照顾
PU047	甘肃	WXL 同学	男,11 岁,父母离异,父亲在宁夏务工,和后妈、爷爷奶奶生活,后妈有虐待行为
PU048	甘肃	LJT 同学	女,14 岁,父亲很早去世,母亲外出务工,周一到周五住校,周末和奶奶居住
PU049	甘肃	LJW 同学	男,12 岁,父母离婚后分别在兰州和酒泉务工,爷爷照顾
PU050	甘肃	DCC 同学	男,14 岁,爸爸在河南信阳打工,妈妈在家照顾
PU051	甘肃	WHR 同学	男,13 岁,父母分别在重庆和西安打工,爷爷奶奶照顾,曾经有校园欺凌经历
PU052	甘肃	WSY 同学	男,13 岁,父母分别在西安和北京务工,平时住校,周末会爷爷奶奶家
PU053	陕西	WMY 同学	女,11 岁,妈妈在北京务工,和爸爸居住
PU054	陕西	LZM 同学	男,11 岁,父母离异后在天津和上海务工,爷爷奶奶照顾
PU055	陕西	LLF 同学	女,13 岁,父母在河北打工,爷爷奶奶照顾,爷爷精神分裂症,奶奶严重类风湿
PU056	陕西	LXQ 同学	女,13 岁,父母在山西打工,爷爷照顾自己和弟弟
PU057	陕西	ZYH 同学	女,13 岁,父母在西宁打工,和婶婶与堂哥共同生活
PU058	陕西	GLZ 同学	女,11 岁,父母在无锡打工,奶奶照顾
PU059	陕西	TSS 同学	女,11 岁,父母在浙江打工,平时住校,周末回爷爷奶奶家

续表

编号	地点	称呼	基本情况介绍
PU060	陕西	HSQ 同学	女，12 岁，父亲去年去世，母亲在新疆打工，平时住校，周末回爷爷奶奶家
PU061	陕西	CFX 同学	男，13 岁，父母分别在上海和四川务工，平时住校，周末爷爷奶奶照顾
PU062	陕西	ZLH 同学	女，13 岁，父母离异后母亲失联，父亲在江苏打工，平时住校，周末爷爷奶奶照顾
PU063	陕西	CK 同学	女，13 岁，妈妈去世，爸爸在太原打工，平时住校，周末去爷爷奶奶家
PU064	陕西	JDY 同学	女，11 岁，爸爸和爷爷在西宁打工，妈妈因奶奶身体不好回来，四年级前长期托管
PU065	湖北	HLR 同学	男，13 岁，妈妈在上海打工，爸爸去世，爷爷奶奶照顾
PU066	湖北	LXN 同学	男，13 岁，父母离异，和爸爸、奶奶居住，妈妈打工
PU067	湖北	CBC 同学	女，11 岁，父母在福建打工，长期住校，周末和成年姐姐住
PU068	湖北	LSY 同学	女，13 岁，爸爸外出打工，妈妈自杀，体弱的爷爷奶奶照顾
PU069	湖北	TT 同学	男，15 岁，妈妈在青田打工，父亲在老家开店，和外公外婆、舅舅舅妈居住
PU070	湖北	YSY 同学	男，14 岁，爸爸外出打工，妈妈 5 岁离家，爷爷奶奶照顾
PU071	湖北	WLH 同学	男，13 岁，爸爸坐牢，妈妈在武汉务工，爷爷奶奶照顾
PU072	湖北	LLQ 同学	男，13 岁，父母在江苏镇江打工，与外婆和小姨共同居住
PU073	湖北	LFH 同学	女，13 岁，爸妈外出务工，体弱的爷爷奶奶照顾
PU074	湖北	ZXF 同学	男，14 岁，爸爸在意大利工作，和妈妈居住
PU075	湖北	XZY 同学	男，14 岁，父母离异，母亲外出，爸爸在家，爷爷奶奶照顾
PU076	湖北	ZY 同学	女，12 岁，父亲季节性务工，和妈妈、爷爷奶奶一起生活，妈妈有精神性疾病
PU077	湖北	ZFB 同学	男，13 岁，父亲在日本务工十年后回来，母亲去世，爷爷奶奶照顾
PU078	江苏	ZNN 同学	女，15 岁，爸爸季节性外出务工，和妈妈居住
PU079	江苏	PDY 同学	男，15 岁，妈妈去世，爸爸在杭州务工，外公外婆照顾
PU080	江苏	DX 同学	男，13 岁，妈妈去世，爸爸外出打工，爷爷奶奶照顾
PU081	江苏	LTT 同学	女，13 岁，爸爸妈妈外出务工，由大表哥照顾
PU082	江苏	ZN 同学	女，13 岁，父母离异，父母在无锡和宿迁，奶奶照顾
PU083	江苏	ZQS 同学	女，11 岁，爸爸在南京打工，住校，周末和妈妈居住
PU084	江苏	XLL 同学	女，11 岁，父母在上海打工，住校，爷爷奶奶照顾
PU085	江苏	LX 同学	女，13 岁，父母离异，母亲外出失联，父亲、爷爷奶奶同居
PU086	江苏	GDH 同学	男，14 岁，父母离异，父亲在上海务工，母亲失联，奶奶照顾

续表

编号	地点	称呼	基本情况介绍
PU087	江苏	WYH 同学	女,15 岁,父母离异,父亲外出务工,奶奶照顾
PU088	江苏	HW 同学	男,15 岁,父母在海上做运输,爷爷奶奶照顾
PU089	江苏	SGY 同学	男,14 岁,父母在南京打工,爷爷奶奶照顾
PU090	江苏	LZM 同学	男,15 岁,父亲 6 岁时因工伤去世,母亲长期在宿迁打工,奶奶照顾
PU091	江苏	ZHH 同学	女,14 岁,3 岁时父母离异,父亲和后妈在上海打工,另育一男,奶奶照顾
PU092	江苏	HYQ 同学	男,14 岁,母亲 6 岁离家后失联,父亲在上海打工,姑姑照顾
PU093	江苏	ZNL 同学	女,13 岁,父母离异,父亲在上海打工,奶奶照顾
PU094	江苏	XFL 同学	女,13 岁,父母一年级开始外出打工,与爷爷奶奶同居,有 90 岁太奶奶需要照顾
PU095	广西	LHT 同学	女,12 岁,父母在浙江打工,爷爷奶奶照顾
PU096	广西	RXY 同学	女,11 岁,父亲在柳州打工,母亲去世,爷爷奶奶照顾,有早恋情节
PU097	广西	LL 同学	女,11 岁,父母在广东中山打工,奶奶照顾
PU098	广西	PS 同学	女,13 岁,父母在广东务工,需要照顾多病的奶奶,相依为命
PU099	广西	WD 同学	女,15 岁,父母在广东打工,爷爷奶奶照顾
PU100	广西	LSH 同学	女,14 岁,父母在广东打工,爷爷奶奶照顾
PU101	广西	ZZH 同学	女,14 岁,父母二年级离异后分别在广东打工,爷爷奶奶照顾
PU102	广西	LFH 同学	女,11 岁,母亲一年级改嫁后被外婆抛弃,父亲在广东打工,爷爷奶奶照顾
PU103	广西	ZY 同学	女,11 岁,父母同时去浙江务工,成年姐姐和爷爷奶奶照顾
PU104	广西	ZP 同学	男,12 岁,父母同时去上海务工,爷爷奶奶照顾
PU105	广西	ZJH 同学	女,12 岁,父母离异后母亲失联,父亲在广东打工,爷爷奶奶照顾
PU106	广西	SDY 同学	女,12 岁,爸妈在桂林打工,外婆照顾
PU107	广西	ZNL 同学	女,11 岁,父母离异后分别去桂林和贵阳打工,爷爷奶奶照顾
PU108	广西	LJN 同学	女,12 岁,父亲在全国各工地修路,母亲去世,爷爷奶奶照顾
PU109	广西	LHQ 同学	男,11 岁,父母在柳州务工,爷爷奶奶照顾
PU110	广西	HY 同学	女,13 岁,父母在柳州务工,爷爷奶奶照顾

图书在版编目(CIP)数据

留守儿童的福利态度与儿童福利制度的转型升级 / 万国威著 . --北京：社会科学文献出版社，2024. 12.
ISBN 978-7-5228-4693-4

Ⅰ. D632. 1

中国国家版本馆 CIP 数据核字第 2025SX7837 号

留守儿童的福利态度与儿童福利制度的转型升级

著　　者 / 万国威

出 版 人 / 冀祥德
责任编辑 / 张　媛
责任印制 / 王京美

出　　版 / 社会科学文献出版社 · 皮书分社（010）59367127
地址：北京市北三环中路甲 29 号院华龙大厦　邮编：100029
网址：www. ssap. com. cn
发　　行 / 社会科学文献出版社（010）59367028
印　　装 / 三河市尚艺印装有限公司

规　　格 / 开 本：787mm × 1092mm　1/16
印 张：15　字 数：229 千字
版　　次 / 2024 年 12 月第 1 版　2024 年 12 月第 1 次印刷
书　　号 / ISBN 978-7-5228-4693-4
定　　价 / 89. 00 元

读者服务电话：4008918866